河北省社会科学基金项目（项目编号：HB15ZX017）

变革社会中的道德冷漠问题研究

于建星 著

上海三联书店

我们应当认识到，人类的天性并不仅仅是恶，他带有多种特征，有些在伦理学上也可被称为积极和善良的。我们要再次提到合作的意愿和对社会生活的喜好。我们应该竭尽全力，通过教育、传统和文化来加强这一特征。我们应该把道德体系建立在我们固有的生物社会天性早已造就的肥沃土地上，而不该凭空创造抽象的准则、命令和禁令。这样虽然不能带来“全新的人类”，但“旧有的”或许能聚集起新的道德力量。

——弗朗茨·M.乌克提茨

目　录

导　论
变革社会中的道德重建

变革社会并非指当代中国所独有的社会发展阶段，变革社会是人类社会现代化进程中所必经的历史阶段。变革社会即社会变革。变革社会是对既有的社会结构与价值体系进行了解构与重新的编码所造就的发生全方位、系统化变动的社会。因而，变革社会也即转型社会。对于社会转型，人们有着多种界说，不过，从严格意义上来讲，社会转型不仅是一场全面的、整体性的社会结构变革，更是人自身的思想、文化、心理深刻的变革。舍勒就曾讲到："现代现象不仅是一场事物的转变，不仅是环境、制度、知识的基本概念及形式的转变，不仅是所有知识事务的转变，更是人自身的一场转变，是人的身体、行动、心理和精神的内在构造本身的转变；不仅是人的实际生存的转变，而且是人的生存标尺的转变。"[①]现代社会因其所实现的如此全方位与深刻的变化，相较于前现代社会而言即为变革社会。如此剧烈的历史变革首先发生在西方世界，西方世界是全球第一个实现了现代化的区域。当然，这并不意味着西方化即为现代化，因为现代性不是西方世界所独有的特性，我

① [德]马克斯·舍勒：《舍勒选集》上卷，刘小枫译，上海三联书店 1999 年版，编选导言，第 24 页。

们应强调的是现代化而非西方化。现代性是一个家族，作为家庭成员的现代性是多样的，因而，现代性的西方模式不是唯一"真正的"现代性，尽管现代性的西方模式享有历史上的优先地位，并且将继续作为其他现代性的一个基本参照点。[①] 不过，对于现代性的西方模式我们也不能弃之若敝，由于西方世界较早地进行了现代化，其现代化进程中所取得的经验以及诸多教训对于后发国家仍有借鉴与启发作用。这些借鉴与启发是多方面的，包括科学技术、体制制度、道德建设，等等。

西方自中世纪后，开启了文艺复兴、宗教改革、启蒙运动与工业革命，最后通过政治革命确立了近代的政治体制、经济体制与社会体制。其中，英国是近代西方国家最为典型的代表。对此，即便对日耳曼民族极为自傲的黑格尔都不得不承认——"英国的物质生存建筑在工商业之上，英国人担任了伟大的使命，在全世界中作文明的传播者；因为他们的商业精神驱使他们遍历四海五洲，同各野蛮民族相接触，创造新的欲望，提倡新的实业，而且是首先使各民族放弃不法横行的生涯，知道私产应当尊重，接待外人应当友善，成立了这些为商业所必要的条件。"[②]在社会转型的过程之中，英国社会的政治秩序、经济秩序与伦理秩序等均发生了剧烈的变革。在变革社会之中，人的行为方式、生活方式、价值取向都会发生明显的转变。社会越来越具有商品社会的特质。因此，某种程度上变革社会即商业社会。

变革社会并不是全善的，变革社会中也衍生出一些坏的、恶的东西，因而这就使得变革社会成为一种集先进与落后、崇高与卑劣于一体的社会。一方面，社会的阴暗丑陋的东西沉渣泛起，传统道

① [以色列]艾森斯塔特：《反思现代性》，旷新年、王新松译，生活·读书·新知三联书店 2006 年版，第 38 页。

② [德]黑格尔：《历史哲学》，王造时译，上海书店出版社 1999 年版，第 449 页。

德失落，人们陷入深刻的道德危机与信仰危机；另一方面，社会由封闭走向开放，人们由依赖走向自立，道德由虚幻走向真实。

一

社会的变革从文明类型上看就是社会由传统农耕文明向工业文明与商业文明的转变，社会整体而言进入了商业社会。[①] 商业社会较人类社会之前的阶段更加富裕，人民也更加自由。在商业社会，人们通过契约设定人的权利义务关系，通过努力来获取财富、地位与荣誉。这时，财富、地位与荣誉不再以先天的身份为准，而是要靠个人的后天的努力与奋斗。商业社会创造了新的人、新的理念与新的时代精神。

首先，商业社会造就了全新的人。全新的人具有以下四种特质：(1)这种新人是自我确信的人。所谓自我确信就是人认识自己并相信自己。“从中世纪的教士格言‘天意高难问’(Do not seek to know high things)变为荷兰卡尔文宗的座右铭‘敢为明智’(Dare to be wise)。”[②]每个个体都自命不凡，都在追求自我实现、自我成功并以此为荣。具有自我确信的人拥有独立人格，强调反思与批判的价值与作用，强调“我思故我在”，那些未经过批判与审视的原则不具有天生的合理性。自我确信的人承认意志的自由与选择的自由，同时也甘愿承担为此选择所付出的成本与代价。(2)这种新人是爱自己的人。人爱惜自己，而不是抛弃或鄙视自己，应该来讲是一种历史的进步。“对我们自己个人幸福和利益的关心，

---

① “一切人都要依赖交换而生活，或者说，在一定程度上，一切人都成为商人，而社会本身，严格地说也成为商业社会。”([英]亚当·斯密：《国民财富的性质和原因的研究》上卷，郭大力、王亚南译，商务印书馆 1974 年版，第 20 页)

② [美]理查德·拉克曼：《不由自主的资产阶级》，郦菁等译，复旦大学出版社 2013 年版，第 3 页。

在许多场合也表现为一种非常值得称赞的行为原则。”[①]自爱是其他德性的基石，一个不能自爱的人又怎样能够爱他人呢？更为重要的是，爱自己并不意味着就不爱他人，乃至于损人利己。自爱的人也是具有同情心的人，自爱的人也是能够进行他爱的人。(3)这种新人是对财富有渴求的人。这种新人不再羞于谈利，而是对利进行了善的论证。君子喻于义，君子亦喻于利。路德与加尔文的宗教改革家认为创造出更多的财富才有更大的可能成为上帝的选民，黑格尔则主张“假如把这种对利害关系的关心称为热情——这指全部个性忽略了其他一切已有的或者可能的关心和追求，而把它的整个意志倾注于一个对象，集中它的一切欲望和力量于这个对象——我们简直可以断然声称，假如没有热情，世界上一切伟大的事业都不会成功。”[②]同时，在现实生活中，人们又往往通过财富占有的多少来衡量与评定个体的成败。(4)这种新人是具有理性精神的人。这种理性精神尤为突出地表现为追逐美德与追逐财富并不矛盾上。这种理性精神中隐含着这样一种内容：应以合理正当的方式增殖财富与占有并消费财富，财富的享用应当有益于人的自身的身心健康。正是由于有了这种新的道德意识，有了对个人的独立、实利以及对获利的途径等全新的价值判断，才会有市场经济活动主体的存在，才在总体上不至于使经济主体在经济生活与日常私人交往以及公共交往活动中分裂为二元的，才保持了人格的圆满性与完美性。

其次，商业社会造就了平等与自由的理念。马克思曾讲：“如果说经济形式，交换，确立了主体之间的全面平等，那么内容，即促

---

① [英]亚当·斯密：《道德情操论》，蒋自强等译，商务印书馆 1997 年版，第 400 页。

② [德]黑格尔：《历史哲学》，王造时译，上海书店出版社 1999 年版，第 23 页。

使人们去进行交换的个人材料和物质材料，则确立了自由。”[①]经济交往的主体是交互主体，它不仅是我的手段，而且，它与我一样都具目的性。惟如此，持续的平等的经济交往才可能持存下去，持续的经济交往、等价交换需要且持续强化人的平等与自由的意识与理念。经济交往活动中的人一定是平等的人，这种平等是既把自己当人看，也要求把别人也当人看，即将我与他视作同为手段与目的链上的一个环节。商业社会不仅带来平等，商业社会更为重视自由。自由即由自己做主，不受他者的约束与限制。“每一个人，在他不违反正义法律时，都应听其完全自由，让他采用自己的方法，追求自己的利益，以其劳动即资本和任何其他人或其他阶级相竞争。”[②]总之，在商业社会中，人们重视平等、珍视自由、推崇权利。

第三，商业社会带来科学、理性与进步的时代精神。商业社会是一个充满成功、希望和活力的社会。商业社会不仅见证了时代的变化，而且还见证了人们实现自身欲求能力的增长。商业社会通过技术的变革、政治的变革与教育的变革等诸多变革，显示出人类前所未见的力量和智慧。在商业社会之中，人们坚信在科学与理性的作用下，人应该且能够“将不可视的转变为可视的，将不能说出的转变为可以言说的，将未知的转变为已知的。”[③]在科学与理性的作用下，人们对于客观必然性的认识不断加深，那些原先外在的自然界和社会发展的客观规律就不断地由外在盲目的必然性化为“为我的必然性”，人认识了必然，掌握了规律，人便实现了自由。

---

① 《马克思恩格斯全集》第46卷(上册)，人民出版社1979年版，第197页。

② [英]亚当・斯密：《国民财富的性质和原因的研究》下卷，郭大力、王亚南译，商务印书馆1974年版，第253页。

③ [美]斯蒂芬・埃里克・布隆纳：《重申启蒙》，殷杲译，江苏人民出版社2006年版，第20页。

人们对必然性认识得越全面、越深刻，人们的行动就越主动，人们自由的程度也就越大，人也便越来越有信心。随着知识的增长，人们的恐惧就会减少；对于过去人们只能膜拜的事物，现在人们则试图去探求它、征服它。有了如此的信念，人们便会更加相信进步、推崇发展，人们形成了如此的信念——“一切不美好的东西都会伴随着发展而迎刃而解。”与此同时，商业对人们习俗也会产生巨大的影响。商业（包括制造业）能够带来人的自主与自立，商业能够移风易俗。历史一再表明：哪里有商业，哪里就有善良的风俗；哪里有商业，哪里就会扫除愚昧；哪里有商业，哪里就会带来文明。

二

任何变迁——哪怕是往好的方向变化——都会有破坏性的一面。尽管商业社会有着如上诸多的优点，但是商业社会也有许多不足：商业社会是一个英雄主义消减的社会，商业社会是一个精英文化退隐的社会，商业社会是一个人类精神家园失落的社会。具体而言，商业社会存有以下几点不足：

第一，商业使得人的思想受到束缚，商业使人们的见识变得狭隘。在商业社会里，随着社会精细化分工的加剧，人们越来越只能从事某几项或某一项单一的工作，人们不再可能像前现代社会的人那样从事各式各样的工作、具有多样性的生活技能，精细化的分工、单一的操作使人成为流水线中的一个环节、一个步骤甚至是一个部件，人不能全面地发展自己的各种潜能，更为重要的是长期的异化使人精神也会发生钝化，个体逐渐失去了批判的意识与反思的能力，陷入了麻木的状态。

第二，商业使人们轻视教育，忽视教育的育人作用与功能。在商业社会中，由于商业的兴旺以及精细化的社会分工，使得谋生的机会增多。谋生的机会增多使得社会当中不少的人（尤其是社会的低层）对于教育的作用有所忽视。他们认为不需要进行系统的学习与持续的教育，仅靠体力就可以谋生，那么在他们眼中教育就是可有可无的。然而，教育是重要的与必要的。忽视教育的后果是极其严重的。由于缺乏教育，这些人对生活就会缺乏长远规划；由于缺乏教育，这些人就会缺乏前进的动力；由于缺乏教育，这些人就沉迷于低俗的生活趣味之中。轻视教育以及忽视教育的现象对于个体、家庭、民族与国家而言所造成的不良后果都是十分巨大的。

第三，商业社会使人豪气消沉、缺少勇敢精神。商业社会的生活是琐碎的、日常化的生活，商业社会不再像以往社会那样关注宏大的历史叙事，反而更多地是关注个体化的私人叙事。长此以往，“几乎没剩下什么可以唤起人类精神的东西，随之而来的即便不是一个衰亡的年代，也是一个消沉的年代。”[①]商业社会推崇的英雄与偶像要么是商业巨子要么是演艺明星，而不再是战场上的勇士与竞赛场上的强者。此外，商业社会有着精细化的社会分工，几乎所有人的职责都有着明确的界定与划分。社会的日常治安有警察，而护卫国家则有军队。因而，绝大多数国民的心思“不断用在享乐方面，因此变得懦怯，没有须眉气概。”[②]所以，一种尚武之气自然而然地在社会中开始消减，血性与豪情的荷尔蒙的分泌在机械化、商品化时代开始消减，这是一个不争的事实。

第四，商业社会易使人迷失自我，陷入唯我主义与利己主义的深渊。在商业社会，人们往往过于注重自我，而忽视他者；个体太注重权利，而忽视义务。这种状况同时也便造就了商业社会之中

① [英]亚当·弗格森：《文明社会史》，林本椿、王绍祥译，浙江大学出版社 2010 年版，第 245—246 页。

② [英]坎南：《亚当·斯密关于法律、警察、岁入及军备的演讲》，陈福生、陈振骅译，商务印书馆 1962 年版，第 264 页。

会有相当一部分人对于自由的理解是狭隘的与偏颇的，他们往往将自由理解为我行我素、为所欲为乃至无法无天，他们陷入了极端个人主义、利己主义的深渊。在商业社会，人们对于自爱给予了认同，自爱本身并无过错，但是过度的自爱就转化为自私，就是恶了。在商业社会并不是所有的人都能够正确地理解利益。[①] 有相当一批人在对于利益的狂热追求中迷失了方向：他们认为人生的意义与价值就在于占有物，占有金钱，物欲的满足就是人生的幸福；为了追求利益，他们不择手段，坑蒙拐骗层出不穷，假冒伪劣屡禁不止；为了追求利益，他们背弃了理想，忘却了道德，泯灭了良知。

第五，商业社会造成了社会的冷漠与人际的疏离。商业社会为什么会出现这样的现象呢？这是因为在商业社会谁不适应效益文明的机理谁就要被淘汰。其实，竞争就是商业社会的灵魂。因而，商业社会的主导价值就不再是勇气、信仰与牺牲而是精明、适应与效用。在商业社会之中所有的一切都具有了商品性而且只有进入了交换关系中这些商品的价值与作用才是显在的与真实的。如果对方不能进入到交换关系之中，对方就是无价值的，至少对我是如此。此外，商业社会流动性增强，陌生人的大规模出现，道德的约束持续下降。在商业社会如此社会风气与氛围中，路见不平、拔刀相助的好汉与古道热肠、扶危济困的善人未见增多，相反，事不关己、高高挂起的“理性人”与见死不救、麻木不仁的“冷漠人”却屡见不鲜。

---

① 正确的利益观应包括以下三点：第一，利益是重要的，不过利益不是至上的，利益是服务于人的，人才是唯一与至善的目的；第二，金钱只是获得幸福的手段，不能将金钱视为人生的一切，更不能将人的价值用金钱来衡量；第三，正确理解利益，就是要求人们不仅要追求自己的利益，尊重与保卫自己的利益，同时也要尊重与保障他人与社会的利益，不能损人利己，损公肥私。

三

即便是一个成熟的商业社会自身都是优缺点并存的社会，更何况一个处于变革中的社会（一个处于初级阶段或中级阶段的商业社会）呢？对于变革社会的如此现状，我们不应采取情绪冲动式的表达——要么全盘肯定要么全面否定，我们应该站在历史唯物主义的立场上，对其进行客观的、全面的分析与考查。翻开人类近现代史，我们就发现几乎所有进入现代化的国家都曾经出现道德滑坡、社会失范的现象。不管我们喜欢还是不喜欢、愿意还是不愿意，道德滑坡、社会失范似乎就是人类文明进步过程中必不可少的代价。当然，代价的多少以及代价的表现方式是可控的，这取决于我们的意愿、能力与选择。此外，变革社会中出现了人际的疏离、道德的冷漠等不良的社会现象，一方面是一种恶，它是社会前进过程中的某种代价，另一方面它也是社会历史发展进程中的一种否定性的环节，它也有其价值，它是促进社会进步的历史契机，它促使社会中智识之士以及普通群众都重新思考未来、谋划个体的人生以及社会伦理秩序的重构。当然，欲实现如此之宏大的目标，首先就要正确认识是何种原因造就了变革社会中的道德失范。

第一，追求名利的心理。现代社会是一世俗社会，商业社会更承认世俗的合理性。世俗的人一定具有世俗之心，所谓世俗之心简单来讲就是追求尘世间的功名利禄并以此为荣、以此为乐。追求名利、嫌贫爱富是人的一般心理。必须承认功成名就是世俗中的人前进的动力以及奋斗的目标。任一世俗之人都愿意取得他人的尊敬避免他人的蔑视，而要获得他人的尊敬主要有两条途径：一条是通过学习知识和培养美德；另一条是取得财富和地位。在这两者之中，财富与地位则更受推崇。原因有二：其一，绝大多数人相信——“没有东西比一个人的权力和财富更容易使我们对他尊视；也没有东西比他的贫贱更容易引起我们对他的鄙视。”①其二，培养知识和美德的过程是一条十分艰难与漫长的路，相对来讲财富与权力的获取相对容易些。因而在任一社会之中(尤其是变革的社会)，大多数人开始疯狂地追求财富和地位。如此一来，“我们可以预料，如果在某个社会，对外在利益的追求变得压倒一切，德性的概念起初可能是其本性被改变，然后可能几近被抹杀，虽然其影像可能还很丰饶。”②

第二，道德约束力的弱化。社会流动的加快、人们的活动范围扩大以及交往对象的增加，使得道德约束的作用也随之弱化。变革社会之中的人们开始走出“家门”，人们不再局限于一时一地，人们交往范围与交往对象不断增加与扩大，随之而来的是外在约束与内在约束的弱化。这种情况正如亚当·斯密所说的那样：“当他在乡村中的时候，他的行为，也许有人注意，所以他自己也许非当心自身行为不可。在这种情况下，而且只在这种情况下，才可以说他有他的名声，行为不正，就会损及名声。但当他一走进大的社会，他马上就沉于卑贱和黑暗中了。他的行为，再也没有人观察注意了，于是他就任情而动，不加检点，委身于一切卑劣的游荡和罪恶。”③道德的遵守并不是无条件的，道德的遵守是有成本与效益核算的；同时，道德的践行是需要保证的，既需要自律又需要他律。在一个成熟与稳定的社会体系中，他律的体系(包括风俗、习惯、禁忌、舆论、宗教、政治、法律等等)能够有效地监督个体的行为，个体违反道德的成本远远大于收益，个体在绝大多数时间内是既有秩

---

① [英]休谟：《人性论》下册，关文运译，商务印书馆1980年版，第394页。

② [美]麦金太尔：《德性之后》，龚群、戴扬毅等译，中国社会科学出版社1995年版，第248页。

③ [英]亚当·斯密：《国民财富的性质和原因的研究》下卷，郭大力、王亚南译，商务印书馆1974年版，第353页。

序的遵循者。而在一个制度正在建构的变革社会中，既有的道德保障体系已经被破坏而新的道德保障体系并未完全确立或者即便表象上已确立起来但在现实中并未能充分有效地发挥作用，个体违背道德所带来的收益远远会大于其为此所付出的成本，社会当中就会有相当一批人钻制度空子，成为“自由骑士”。

第三，人们角色意识的模糊。由于社会的急剧变迁，人们变得不知所从，不知如何定位，人们的角色意识不是清晰的而是模糊的。变革社会中的人们既不像传统的农业社会也不像成熟的商业社会中的人们那样有着清晰的、确定的角色定位，变革社会中的人们的角色处于流变之中，人们的角色定位是含糊的与不清晰的。中肯地讲，社会的稳定源于社会成员角色定位的准确与稳定。对此，麦金太尔在论述古代希腊的英雄社会时说：“在英雄社会中，道德和社会结构事实上是同一回事。这里只有一套社会联结物。与社会结构性质不同的道德是不存在的。评价问题就是社会事实问题。……因为既定的规则不但分派了人们在社会秩序中的位置和身份，而且还规定了他们应该付出的和应该得到的东西；规定了他们如果不能遵守这些规则，应被如何处置和对待；当其他人不能遵守，又应如何处置和对待。”①而在变革社会中，角色及其规定则既是不充分的同时更是变动的，因而，变革社会造成了这样的一种现实：在变革社会之中人们似乎都在飘荡之中，一切似乎都是虚浮无根的，人们的价值观、荣辱观、是非观等等均是如此。

第四，传统的缺失。“传统是秩序的保证，是文明质量的保证。”②传统是不可或缺的。作为合理反思的经验之累积的传统影

① [美]麦金太尔：《德性之后》，龚群、戴扬毅等译，中国社会科学出版社 1995 年版，第 155—156 页。

② [美]爱德华·希尔斯：《论传统》，傅铿、吕尔译，上海人民出版社 2009 年版，第 20 页。

响着甚至是决定着人的成长。个体来到这个世界，他就要接受社会所提供的背景性的制度框架，他就要接受既往人类合理反思基础上的经验累积的传统。事实上，个体的社会化过程就是对于既有的秩序、规则的接受与认同。因而，人一定且必然“活在传统的掌心中”。传统是“根”，传统是人们依恋的对象，传统是人的精神家园，失却了传统，人的精神世界以及行为规范将会是无源之水、无本之木。失却传统，人的灵魂将无所安顿，人的精神将无所慰藉。此外，传统还是一切新的价值规范生长的基点。当然，传统并不是十全十美的，我们需要对传统加以创新，予以改变，不过这同样需要建立在传统的基础之上，而不是彻底抛弃传统。对于变革社会来讲，价值冲突、道德混乱的原因还在于人们在社会转型中抛弃了既有的传统，打碎了旧有的精神家园，那些曾经激励鼓舞人们的价值、理想、信念似乎在一夜之间烟消云散，人们变得无所适从，因而，行为失范、道德失矩也就不难理解了。

四

那么，面对着变革社会中的道德失范的现象，我们该持何种态度呢？是满怀信心？还是悲观失望？抑或是绝望？中肯地讲，在经过一个风雷激荡的变革社会之后，当社会整体的权利—义务结构更加公正合理之后，人们的道德水准、社会的文明程度都会有一个大幅度的提升。恩格斯对此做过精彩的评论——“资本主义生产愈发展，它就越不能采用作为它早期阶段的特征的那些小的哄骗和欺诈手段。波兰犹太人即欧洲商业发展最低阶段的代表的那些小气的骗人伎俩，那些使他们在本乡本土获得很多好处并普遍使用的狡猾手段，只要他们一来到汉堡或柏林，就会使他们陷入困境。同样，一个经纪人，犹太人也好，基督徒也好，如果从柏林或汉堡来到曼彻斯特交易所，他就会发现（至少在不久以前还是这样），要想廉价购入棉纱或布匹，最好还是放弃那一套固然已经稍加改进但到底还很低劣的手腕，虽然这些手腕在他本国被看作生意经智慧的顶峰。但是，随着大工业的发展，据说德国的许多情况也改变了……连那条旧德国规矩基本守则也声誉扫地了，那条守则就是：先给人们送上好的样品，再把蹩脚货送去，他们只会感到称心满意！的确，这些狡猾手腕在大市场上已经不合算了，那里时间就是金钱，那里商业道德必然发展到一定的水平，其所以如此，并不是出于伦理的狂热，而纯粹是为了不白费时间和辛劳。"[①]从恩格斯这一段精彩的论述中我们应该对于社会发展与道德进步充满信心。

那么，变革社会应该确立何种道德秩序与伦理规范呢？杜兰特在其《哲学的故事》一书提出了这样的观点——"耶稣说，道德是对弱者的仁爱；尼采说，道德是强者的英勇；柏拉图说，道德是整体的有效和谐。也许这三种学说必须结合起来才能得到一个完美的伦理学。"[②]或许杜兰特这一对伦理学的认知为我们重构变革社会中的伦理秩序提供了一个有益的借鉴。我们欲建构的一个良序社会应该能够做到欲望的个体、自由的秩序与社会的公义三者的有机统一。这样的社会既是充满了活力又充满了友善，既是自由的又是平等的，既是公平的又是正义的，既是稳定的又是和谐的。这应该是我们努力的方向。

① 《马克思恩格斯选集》第4卷，人民出版社1995年版，第419页。

② [美]威尔·杜兰特：《哲学的故事》上册，金发燊等译，生活·读书·新知三联书店1997年版，第61页。

第一章
道德冷漠概述

2006年南京的“彭宇案”以及2011年广东省佛山的“小悦悦事件”不断地触动我们神经：我们的社会之中有没有道德冷漠？我们又该如何面对道德冷漠？中肯地讲，尽管我们并不喜欢道德冷漠，然而道德冷漠作为人类社会中的一个病理症候却并未从现实生活中彻底消失。我们之所以关注道德冷漠现象，并非仅仅是对现实生活中病态的人际关系一种无奈与叹息，更是全社会对于信任重建的呼吁与呐喊！为了人们美好生活之实现，我们有必要深入研究道德冷漠形成的原因以及重建和谐人际关系的方式与方法。这是我们的应为与能为！这就要求我们首先要研究道德冷漠的概念以及道德自我等这些基本的道德问题。

第一节　道德冷漠的概念

一、冷漠

冷漠是人类社会中常见的一种现象，人们对此往往都可以说出一二，不过易流于表面；而且不同的学科对于冷漠都有各自的规定性，但欠缺整体把握。笔者认为对于冷漠概念的把握应从哲学的高度来加以规定与理解。从道德哲学的角度来看冷漠，冷漠则是一种破坏优良个体、美好生活与美好秩序的一种恶，冷漠会造就个体的心理不健全、共同生活能力的下降以及社会团结的分裂。冷漠有诸多的表现形式。冷漠可以分为个体的冷漠、社会的冷漠与制度的冷漠。

作为个体的冷漠首先是指作为人的个体一种负面的消极心理感觉或心理状态。作为个体的冷漠首先表现为对外界的刺激没有正面的回应。比如，某个人对人世间的亲情、友情与爱情不珍惜，对理想、事业与追求不热爱，对他人的不幸漠然视之、对社会的不公正也是听之任之。作为个体的冷漠既是指对他者同情心的丧失，更是指对自我关切心的丧失。其次，作为个体的冷漠是一种消极防御型的心理机制，个体担心自己在人际交往中受到伤害，因而会以犹疑、彷徨的灰色眼睛看待世界与人生，会对他人怀有戒心、猜疑甚至是敌对的心态。之所以个体会产生冷漠往往是因个体在具体的生活境遇中受到心灵伤害而不能得到有效疏解以及为此所做的错误归因所致。作为个体的冷漠不仅是一种消极心态，更会演变为个体的处世原则。

冷漠不仅仅有个体的冷漠，冷漠还包括社会的冷漠。社会的冷漠的出现是不难理解的，如果一个社会之中众多的社会成员都出现个体冷漠，那么这个由冷漠个体所造就的社会必然是冷漠的社会。个体的冷漠与社会的冷漠是相互影响。相互作用的。冷漠的社会氛围还会使不冷漠的人逐渐变得冷漠起来并且使冷漠的人更加冷漠。这是一种恶的循环。社会的冷漠具体表现为：在这个冷漠的社会之中，人人只顾自己而不顾他人；在这个冷漠的社会之中，处处充斥着权势与金钱的味道；在这个冷漠的社会之中，处处充斥着对成功者的赞扬；在这个冷漠的社会之中，处处充斥着对失败者的蔑视、对失意者的无视以及对弱者的歧视。冷漠的社会是只讲竞争而不讲合作的社会，冷漠的社会是只重事功而不重精神的社会。在冷漠的社会中，个体感觉不到社会的温暖与他人的关切；在冷漠的社会中，每一个人虽然都看似忙忙碌碌，但每一个人内心深处是极度地空虚与寂寞的。

冷漠不仅仅有个体的冷漠与社会的冷漠，冷漠还体现为制度的冷漠。制度会有冷漠吗？人们必然会有如此的追问。欲回答这一问题，我们有必要先从何为制度谈起。制度是关于权利与义务的安排，一个好的制度就是能够做到权利与义务的对等安排或者是恰如其分的安排。好的制度就是公正的制度，好的制度同时又是人性的制度。好的制度通过人性的设计体现出制度的温暖。因而人们通常考量一种制度好坏的标准是公正与仁慈两个标准的统一。亚当·斯密对于好的制度有这一表述——“与其说仁慈是社会存在的基础，还不如说正义是这种基础。虽然没有仁慈之心，社会也可以存在于一种不很令人愉快的状态之中，但是不义行为的盛行却肯定会彻底毁掉它。”[①]如果我们认真思考斯密这一表述，我们是会得出如此结论的：一个制度应该是公正的，同时又应该是仁慈的。制度的好或好的制度体现在制度安排的合理与公正，同时制度应该体现出制度的温暖。印度的种性制度以及南非原先的种族隔离制度就是不好的制度；纳粹的种族灭绝就是更加邪恶的制度。尽管类似上述这样具有明显恶的制度安排是不常见的，但是在通常的制度安排中，有些看似公正的制度实质上却隐含着冷漠。比如先交费再治疗的医疗制度安排事实上就隐含着将不能按时交费的病人（无论其处于何种紧急状况中）排除在施救范围之外，这实质上就是一种制度的冷漠。

冷漠的表现形式是多样的，有亲情冷漠、邻里冷漠、职场冷漠，

---

① [英]亚当·斯密：《道德情操论》，蒋自强等译，商务印书馆 1997 年版，第 106 页。

等等，不过一般而言冷漠最主要的表现形式为政治冷漠与道德冷漠。基于本书的主题，我们在此重点探讨的是道德冷漠。

二、道德冷漠

我们在定义道德冷漠概念之前，首先要思考一下道德冷漠是不是一个真问题，道德冷漠这一概念能否成立？如果成立是在何种意义上成立？我们首先就要回答这个问题——冷漠（道德冷漠）的现象存在不存在？只要有生活阅历的人都会承认道德冷漠现象是存在的，见死不救者、见危不帮者、落井下石者以及麻木不仁者在生活中并不少见，因此社会中是存在道德冷漠现象的。基于这一事实，道德冷漠的概念也是成立的。同时，道德冷漠不仅仅是一个事实判断，道德冷漠同时又是一个价值判断。所谓事实判断是承认生活之中存在道德冷漠现象这一事实；所谓价值判断是指道德冷漠现象虽是实然的存在，但却是人类社会的病态反映，它不应该存在。因而，提出道德冷漠这一概念、研究道德冷漠这一现象，目的是消解道德冷漠现象而非承认道德冷漠存在的合理性。简而言之，道德冷漠是一"现存"的存在，但不是一"现实"的存在。

道德冷漠顾名思义即道德上的冷漠，道德冷漠是冷漠的一种重要表现形式。由于道德囊括人的所有活动，道德是无所不在、无时不有的，所以在最为宽泛意义上所有的冷漠都可以视作道德冷漠。不过，我们在此采用狭义意义上的道德冷漠。那么，何为狭义意义上的道德冷漠呢？狭义的道德冷漠是指在人们拥有正常的道德认知的情况下基于种种原因对自己进行道德催眠，拒斥道德责任、默认恶的存在、纵容恶的存在甚至是故意为恶的现象。道德冷漠现象的存在反映了个体病态的心理、病态的人际关系以及病态的社会氛围与社会环境。

道德冷漠的主体是指那些原本具有道德能力、具有正常思维、能够进行正常道德认知与逻辑推理的人，但是由于其不作为从而再度失去了道德自我的人。植物人或精神错乱的人不存在道德冷漠之说。那些原本具有道德自我的人因其道德冷漠而失去道德自我的原因是多方面的，既可能是个体主体的原因（道德认知的偏差、道德意志的薄弱以及道德勇气的不足等）也可能是外在客体的原因（社会支持的匮乏、制度激励的不足与制度保障的欠缺等）。但无论是何种原因，道德冷漠的主体表现出病态的道德心理：(1)道德冷漠反映个体同情心的匮乏。同情首先是人的一种情感，是对别人的不幸遭遇在感情上发生共鸣。同情还是人的一种品质。作为品质的同情是指人能持续地、长久地、现实地表现出来对他人不幸的怜悯之情而形成的稳定的心理特质和意志品质。作为品质的同情是指人有手足同胞之感，有悲天悯人之情怀。更为重要的同情还是一种行动。同情并不仅仅停留在其情感这一表象上，同情还要化主观为现实，同情要经由行动来展现为品质。作为行动的同情指的是旁人对于他人的痛苦和不幸的怜悯、体恤，以及由此引发的帮助别人摆脱痛苦的援助行为。同情是重要的与可贵的。因此，休谟对同情给予高度评价："（一）同情是人性中一个很强有力的原则，（二）它对我们的美的鉴别力有一种巨大的作用，（三）它产生了我们对一切人为的德的道德感。由此我们可以推测，它也产生了许多其他的德；而且各种性质之所以获得我们的赞许，只是因为它们趋向于人类的福利。"①总之，同情是人之为人的标志，也是人性的伟大与崇高的表现。冷漠即情感的匮乏，道德冷漠则是同情心的匮乏。道德冷漠的表现至少有以下两种：要么没有产生同情心，即"心都未动"；要么有同情心却无同情的行动，仅仅是"心动"而非"行动"。总之，道德冷漠表现为对遭遇困境、需要

---

① [英]休谟：《人性论》下册，关文运译，商务印书馆 1980 年版，第 620 页。

帮助的人的冷漠与无视。(2)道德冷漠反映个体义务感的消减。义务是与应当和正当紧密相联的概念,义务在“在实践意义上用它专指道德冲动被视为是或多或少必要的那类行为与节制。”[①]对于个体而言,义务具有先天性。[②] 每个个体成人的过程就是将这些义务、秩序、要求由他律到自律、自觉,这也即个体对伦理秩序的“得”,这便是道德。当然个体道德形成与确立的这一过程必然要经过个体自觉的反思,必然要经过个体对伦理这一客观精神的重新建构。总之,个体德性源自于个体对于义务的认知、践履与担当。“空谈义务而没有行动,义务就没有任何意义。”[③]成为人,成为一个有道德的人,关键不在于对义务的认知与认同而在于对义务的担当。义务的承担给人以成就感与神圣感,而未能尽到义务则给人以沉重感与负罪感。若从义务的角度来看道德冷漠,道德冷漠则是对于道德义务的无视与麻木以及并未真实地践行与担当。生活之中不乏有这样的人——看到他人陷入困境并不是主动帮助反而认为与自己无关。这样的人秉承的是丛林法则,信奉的是成王败寇的宗旨。他们缺乏责任心与义务感,他们秉持这样的理念:成功是我的成功,失败是我的失败;没有人为我负责,我为何要为他人负责呢?这样的人的心理是冷漠与冷酷的,因而,他们不可能做出暖人的善心善举的。(3)道德冷漠反映个体道德意志的薄弱。道德意志是在道德认识和道德情感的基础上形成的。当一个人对某一道德体系有了一定的认识和理解,认识到了它的高尚性,产生了热爱感情并决心用它支配自己的行为时,便产生了道

① [英]亨利·西季威克:《伦理学方法》,廖申白译,中国社会科学出版社 1993 年版,第 237 页。

② 义务是由前人所创立并出现在具体个体来世之先,因而义务具有先天性,不过这种先天性并不是唯心的与不可知的。

③ [德]黑格尔:《精神现象学》下卷,贺麟、王玖兴译,商务印书馆 1979 年版,第 171 页。

德意志。道德意志决定着人的道德行为的方向和方式，并抑制和排除来自外部或内部的障碍和干扰，使人长时间地专注于所确定的目标的完成，并且努力保持个人一系列行为的稳定性和一贯性。道德冷漠的产生不仅仅是道德认知与道德情感的偏差，更在于道德意志的薄弱。之所以现实生活之中会出现道德冷漠的现象，往往不在于个体没有正确的道德认知，反而是个体虽有正确的道德认知与适度的同情心，但由于个体道德意志的不坚定（尤其是道德勇气的不足）所致。血性的消减与意志的薄弱是造就道德冷漠的主要原因。(4)道德冷漠反映了个体道德认知的偏差。道德认知的偏差最集中的表现便是荣辱观的颠倒。荣辱观既可以视为一个群体、民族和国家长期积淀的民族精神、价值观念的集中体现，同时荣辱观又是这一时代人们对于善恶的评价状况，以及人们所希寄的理想人格以及社会正义的状态的理性表达。荣辱观既表明社会支持什么、反对什么，又标识个人将此社会规范内化为自己的内心判断，并形成信念，进而从内心对自己的所作所为进行自我反省。正确的荣辱观会促使人积极向上，造就卓越的个体与健全的社会；而错误的荣辱观则会使人沉沦，造就卑劣的个体与病态的社会。道德冷漠从道德认知角度来讲就是个体荣辱观的颠倒与混乱，道德个体不再以追求神圣与高尚为荣，也不再以低俗与邪恶为耻，甚至采取无是无非的原则与恶相合作，即与恶同流合污，更有甚者助纣为虐。

道德冷漠表现为一种病态的人际关系。作为病态的人际关系的道德冷漠主要表现为人与人之间的疏远与隔膜、相互冷淡与互不关心。对于这种病态的人际关系，弗罗姆是这样描述的："一个人与他人的具体人际关系已失去了其直接性与人情味特征，而呈现出一种操纵精神与工具性特点。市场规律是所有社会及人际关系的准则。”[①]市场法则越过了其适用范围——市场——而成为所有人际交往中唯一法则，这样人与人之间便只剩下“赤裸裸的金钱关系”，这样的人际关系充斥的是利用、怀疑与相互提防。对此，弗罗姆不无悲哀地讲道：“现代人与其同胞的关系如何？这是一种两种抽象体两个活机器之间相互利用的关系。雇主利用雇员，推销商利用顾客。每个人都是除己之外的别人的一个商品，总是受到一定友好的对待，因为他即使现在没有用处，也许将来会有用的。现在的人际关系中，再也找不到多少爱与恨，人们有表面上的友好和更多表面上的公平。但在表面之下是人与人之间的距离与相互的冷漠，以及大量的难以捉摸的互不信任。”[②]现代社会病态的人际关系产生了严重的信任危机。人们对任何事情往往会产生这样的追问——“这是真的吗？”如果这种状况不能短期内加以改变，一个“除了我自己，我该相信谁”的信任危机的社会也很有可能会随之形成。如果从病态的人际关系上看，道德冷漠现象（尤其是旁观者现象）就是人际不信任最突出的表现。之所以有相当一批人在危急场合不敢挺身而出，关键就在于个体的恐惧——担心被救助者讹诈、担心好心没好报，等等。其实，这种恐惧事实上就是不相信——不相信他人、不相信制度与制度性承诺。

道德冷漠反映了一种病态的社会氛围与社会环境。道德冷漠不仅仅是人一种主观感觉，更是一种客观现实。现代社会，冷漠某种程度上已成为这个社会的标志，人与人之间看似和平相处，实则是保持距离与相互冷淡。现代社会中的人往往持彼此怀疑与相互不信任的心理：这个社会就是“人人为自己，上帝为大家”；我没有见过谁帮助过我，我又因何去帮助他？假设有人帮助我，那么他极

① [美]埃里希·弗罗姆：《逃避自由》，刘林海译，国际文化出版公司2007年版，第82页。
② [美]埃里希·弗罗姆：《健全的社会》，王人庆等译，国际文化出版公司2007年版，第120—121页。

有可能别有用心！这种状态事实上已经化为一种客观的社会现实，已经是人的真实的生存样式。对此，鲍曼说道："通过城市生活的令人高兴的喧闹，它展示了冷血人的冷漠，在很大的程度上，社会的入侵是被减少到互换——这正如我们以前看到的——留给参与人冷漠和不负责任的现金链条，并且相互的服务被仅仅以钱的数量所衡量，这紧紧地追随着知识性的、没有情绪的、没有感情的城市人的态度。"①

既然道德冷漠是病态的个体心理、病态的人际关系以及病态的社会氛围，那么道德冷漠就决不是一种价值中立。价值中立是指对不同的价值与生活方式持一种容忍的态度与中立的立场，承认不同的价值与生活方式各有其存在的理由，不同的价值与生活方式没有高低贵贱之别。不过需要强调的是价值中立并不是绝对意义上的中立。首先，价值中立事实上本身就是一种价值取向。其次，价值中立背后仍然有着人们的强烈的道德希冀——"它仍然可以认肯某种道德品格的优越性并鼓励某些道德美德。"②道德冷漠是对道德的拒斥，是对责任与义务的逃避，即便看似无害的冷漠与麻木的心理事实上仍然会造就恶的后果，更遑论平庸的恶与穷凶极恶等这些造成严重社会危害的行动，因此，道德冷漠决不是道德中立而是典型的非道德主义。

道德冷漠实质上是对恶的默许与纵容，道德冷漠是对应为之事不为、对不应为之事反而为，道德冷漠是对善的不弘扬与对恶的不制止，道德冷漠要么是纵容坏人作恶，要么是自己无意或有意为恶。道德冷漠是恶的合谋与帮凶，因此，道德冷漠实质就是一种恶。旁观者的道德冷漠是对恶的默许；平庸的恶是故意给自己找

---

① [英]齐尔格特・鲍曼：《通过社会学去思考》，高华等译，社会科学文献出版社 2002 年版，第 58—59 页。

② [美]罗尔斯：《政治自由主义》，万俊人译，译林出版社 2000 年版，第 206 页。

到推脱责任的理由与借口从而心安理得地去成为恶的帮凶；此外，还有一种更为恶劣的道德冷漠——穷凶极恶。所谓穷凶极恶是指某些丧失了人性却并未丧失理性的杀人恶魔以某种所谓崇高的理由进行大规模的、有计划的、有步骤的种族灭绝或者大屠杀，穷凶极恶最为突出的代表人物便是希特勒。

三、道德冷漠的类型

变革社会中的道德冷漠的现象是时有发生的，人们对此也是十分关注的。从日常生活中人们讨论的“老人摔倒该不该扶”到“公交车上该不该给老年人让座”，从媒体热议的“彭宇案”到“小悦悦”事件以及近些年来随着阿伦特及其“平庸的恶”与“根本的恶”在中国研究的兴起人们对道德冷漠进行了相当深入的讨论。从这些讨论中，我们大体也可以看出道德冷漠可以分为以下三种类型：

1. 旁观者的冷漠：本体性不安全与生存性焦虑

2011 年 10 月 13 日发生在广东佛山的“小悦悦”事件是近些年来最引人关注的道德冷漠事件，当小悦悦被汽车碾压发生后的 7 分钟内，18 名路人经过事发地竟然都视而不见，最终小悦悦于第二天去世。同时这也是近些年来最引人注目的旁观者冷漠事件。其实，对于旁观者冷漠的现象，美国拉坦尼和达利在上世纪 60 年代就对此作过专门的研究，并以旁观者冷漠的现象来形容暴力犯罪或者其他悲剧的目击者令人不解的旁观者的不介入这一社会现象，他们得出旁观者冷漠的原因是人的从众心理、责任扩散、社会比较等。[①] 这些解释均有其合理性的成分，都能够对旁观者的冷

---

① 参见[美]E. P. 霍兰德：《社会心理学原理和方法》，冯文侣等译，广东高等教育出版社 1988 年版，第 296—299 页。

漠做出某种合理性的解释。不过,笔者更愿意从生存本体论的角度来回答这一问题。为什么会出现旁观者冷漠的现象?为什么人们一般会采取自保的态度而不愿挺身而出?关键在于人的本体性安全不能得到保障。

本体性安全是"指理所当然的常规的安全性,它体现出了存在连续性的意义。"[①]本体性安全是指个体对其自我认同的连续性以其个体与外界联系的持久性具有信心;个体若对自我认同的连续性有了如此的信心,个体若其与外界联系的持久性具备了如此的信心,个体便会产生本体性安全。有了本体性安全保障的个体便会放心大胆地去做他认为是安全的事情而不会有任何迟疑与犹豫。然而,现实之中个体的本体性安全经常会受到挑战,因此个体极易产生焦虑。焦虑即恐惧、担心与害怕。焦虑是人的生存基本样式,即有了人便会有人的焦虑。焦虑伴随着人的始终。最早的焦虑源自个体早期与看护者分离的担心,更为重要的是焦虑并不会随人的成长而消亡,焦虑的种子是伴随着人的一生的。对于社会中的个体而言,人易形成焦虑。特别是在一个制度性保障、制度性支撑并不十分健全的社会中,人更易恐慌、犹疑、徘徊与观望:若我见义勇为,是否会出现流血又流泪的后果?若我挺身而出,会不会给我带来不必要的麻烦(比如我见义勇为但却被诬陷为肇事者,之后我要尽一切努力举证我不是肇事者而是见义勇为者,最后当我费尽周折证明我是见义勇为者而诬陷者却几乎不受惩罚……)?面对着这样极具现实可能性的后果,个体难道不会产生出担心、害怕与焦虑?对此的答案是显而易见的。因而,在这种状况下,道德冷漠现象(特别是旁观者的冷漠)的出现似乎

① [英]安东尼·吉登斯:《社会理论与现代社会学》,文军、赵勇译,社会科学文献出版社 2003 年版,第 194 页。

也就不难理解了。

2. 受助者的冷漠：怨恨与报恩心的缺失

道德冷漠事件中的当事人不仅仅包括旁观者(救助者事实上也在其中)还包括受助者，因而，道德冷漠不仅仅指旁观者的冷漠，道德冷漠还包括受助者的冷漠。如果说旁观者的冷漠是伤人心的话，那么受助者的冷漠更易伤人心。受助者的冷漠是指受助人接受到他人的爱心关怀与救助之后并未有感激之情或感谢之言，反而认为这是其理所当然的“应得”，甚至有个别受助者不仅仅不感恩，反而还对施助者恶语相向，这即通常所讲的“好心当作驴肝肺”“恩将仇报”。这种受助者冷漠的现象是影响较为恶劣的行为，近些年来受助者的冷漠典型的案例有2010年复旦黄山门事件①以及2012年邓锦杰救人案②。

为什么受助者没有任何感激之情或感谢之言呢？为什么受助者亦是如此冷漠呢？原因是多方面的，受助者之所以未能有感恩之心与感恩之举，除了个人生存境况不好以及个人德性修养较差的原因外，更为主要的原因在于社会的结构性压力所致的怨恨。其实，在现代社会，无论是强者还是弱者都会产生怨恨

---

① 2010年12月12日，由复旦大学10名在校生、4名校友与4名校外人员自发组成的“驴友”团在黄山登山探险时迷路，被困悬崖边。12月13日，在黄山市警方营救下，被困“驴友”脱险，而年仅24岁的黄山市公安局温泉派出所民警张宁海却在搜寻归来途中不幸牺牲。登山的学生被救出后，网上不断爆出事件“内情”，称复旦学生登山实为“逃票”、对民警牺牲冷漠无情等。(参见《复旦学子陷“黄山门”》,《现代快报》2010-12-16日F19版)

② 2012年7月3号在湖南娄底孙水河公园河段，有一家三口在游泳时溺水，正在河边遛狗的小伙邓锦杰和其他两名市民闻讯下水救人，溺水者成功获救，率先下水的邓锦杰却不幸身亡。让人心寒的是，当大家正全力搜寻救人英雄邓锦杰时，被救的一家人却漠然地选择了悄悄离开。据目击者称，当时有人拦住他们的车不让走，被救者只极其冷酷地回了一句“关我屁事”。(参见《邓锦杰　舍命救起“白眼狼”》,《现代快报》2012-7-8日A24版)

的情结。[①]在此，为了论证主旨的需要我们仅从弱者的怨恨谈起。为什么弱者易产生怨恨呢？这是因为弱者尽管从表象上有着平等的权利与自由，但在现实中由于能力等条件的限制却往往难以实现自己的意愿。因此，在弱者身上易产生诸如“羡慕、嫉妒、恨”这样的情绪。在一个现代社会之中，竞争成为社会的灵魂，社会必然是两极化的社会。在这样的社会里，会有成功者，比如比尔·盖茨、乔布斯、巴菲特、柳传志、刘强东、马云，等等；在这样的社会里，更会有失意者，比如年青人中的蚁族、房奴与杀马特以及中年的下岗工人、商海中的失败者，等等。本事主义哲学以及效率优先法则是这一社会的通行法则。成功者自然会有其喜悦，失败者自然会有其烦恼。对于失意者而言，即便有失意的情绪也不得不隐忍起来，看着成功者的功成名就与志得意满，此时对于失意志者而言，怨恨的心理是很容易产生的。怨恨的产生是有其现实根源的，怨恨是一种有明确前因后果的心灵自我毒害，怨恨是个体将这种负面的心灵毒害经过系统化与长期化的方式在内心中加以的隐忍形

① 美国学者彼得·盖伊认为在资本主义社会之中，怨恨充斥于社会的各个阶级与阶层，人人都觉得在社会之中受到了伤害。“谈论资本主义的时候，我们常常太把注意力放在阶级冲突上而忽略一个事实：在资本主义所制造的伤员中，为数不少是资本家。我这里所说的‘伤’，并不是指金钱或社会地位上的‘伤’，而是指心理上的‘伤’。这些还能走路的伤者包括了闲不下来的金融家、企业主、经理人、店主，他们像是得了强迫症似的不停工作，没有所谓的假期或退休。……赚钱本来只是手段，但对这些人，手段却变成了目的。他们这种‘不守安息日的财富追求’乃是一种心理扭曲的反映。”(参见[美]彼得·盖伊：《施尼兹勒的世纪：中产阶级文化的形成，1815—1914》，梁永安译，北京大学出版社 2006 年版，第 255 页)可见，在彼得·盖伊眼中，所有的人都是受害者，不仅仅弱者受到了伤害，即便是所谓强者(竞争中的优胜者)也受到了伤害。强者的神经不会放松下来，强者每时每刻都是紧张的，他们或许有成就感与自豪感，但更多的是危机感与紧迫感，他们时刻还要防范他人超越自己，甚至更为担心自己从竞争的竞速路中被抛下来。同时，强者内心也充满了怨恨，因为“强中自有强中手”，总有比他们更好的人，因而，他们内心之中也会有羡慕、嫉妒与恨。

式的。怨恨有着如此的特点："其一，在怨恨中涉及的是重视对他人作出的一种确定的情绪性反应的感受和咀嚼，这种咀嚼加深那一确定的情绪，并进入个体的中枢，因而便使这一情绪逐渐脱离位格的表达范围和行动范围……；其二，这个词也意味着，这种情绪之品质是消极的，即包含着一种敌意的动态。"①怨恨心态与报复感在实质上最为相近。那么，怨恨什么呢？又该怎样怨恨呢？其实，怨恨的对象是无所不包的，怨恨的对象包括外在的一切事物，甚至怨恨的对象还包括自身。这即人们通常所讲的"怨天尤人"。怨恨不仅仅是一种心理，怨恨更会转化为外在的行动，甚至会构成社会的结构。怨恨的转化形式主要有两种：一是由怨恨转化为仇恨，报复社会，其中较为典型的是福建南平校园凶杀案②；二是由怨恨转化为冷漠，主要表现为政治冷漠与道德冷漠。

3. 行动者的冷漠：穷凶极恶、平庸的恶与自以为善的恶

行动者的冷漠一般认为有"平庸的恶"与"自以为善的恶"，其实行动者的冷漠还包括"穷凶极恶"。穷凶极恶是一种极端的恶。不过这种极端的恶有时人们并不将其视为道德冷漠，因为它是凶残与邪恶的，似乎与冷漠并不沾边。不过如果仔细思考某些穷凶极恶的杀人犯，他们那种周密的杀人计划以及视人命为草芥的行为，事实上是可以算为一种冷漠——一种彻底的冷漠。

"平庸的恶"这一概念源自阿伦特在《艾克曼在耶路撒冷》一书

① [德]马克斯·舍勒：《价值的颠覆》，罗悌伦等译，生活·读书·新知三联书店 1997 年版，第 3—4 页。

② 经公安部门调查，犯罪嫌疑人郑某系福建南平人，中专毕业，未婚，原为马站社区诊所医生，2009 年 6 月辞职。据犯罪嫌疑人供认，作案动机为周边的人看不起他，说他有桃花病；婚姻不顺，女友迟迟不与其结婚；辞职之后，另谋新职不成，觉得活着没意思。2010 年 3 月 23 日早晨，曾为福建南平社区医生的郑民生进入南平实验小学挥刀施暴。在不到 1 分钟的时间里，6 男 7 女共 13 名孩子倒在血泊中，当场死亡 3 人，还有 5 人在送到医院后抢救无效死亡。此事一经报道即引起社会极大恐慌。(《南平校门口发生特大凶杀事件》，《中国教育报》2010 - 3 - 24，01—02 版)

中的对于艾克曼这些纳粹帮凶行为的思考。阿伦特认为在邪恶的体制中类似于艾克曼这样的普通人原本并不是穷凶极恶的人，反而是一个平庸的人，他可能内心并无主动作恶的意图，但是他放弃了反思与思考，默认制度的不合理要求以及上级的不道德命令，找出种种理由来说服自己心安理得地去为恶，从而成为邪恶制度的帮凶，这便是平庸的恶。平庸的恶的现象出现有当事者个体自身的原因，也有现代社会科层制运行机理的原因。“现代组织是一种为使人的行为免受行为者个人的信仰和感情影响而设计的新发明。在此，纪律是唯一的责任，它排除了所有其他责任。”[①]科层制极其强调纪律，通过科层制不断的自我强化从而使个体在体系中严格遵守纪律，听从上级的指示与安排，从而自身的主动性与能动性不断地消减。机智、有效地完成其上司交代的事务才是第一要务，因而社会之中绝大多数人（几乎所有体制内的人与相当一批体制外的人）会形成对他所面临的一整套关系体系绝对服从的“从属型人格”。科层制造就了人的责任推卸与责任漂移，这时候人便可以心安理得地作麻木不仁的执行者了。

“自以为善的恶”是一种恶，自以为善的恶与伪善是有区别的。伪善也是一种恶，不过伪善是自己清楚地知道自己在为恶而表面上装作为善。自以为善的恶是自己真正认为自己是在为善、自己是在从事着光荣而神圣的事业，然而事实却不是这样，事实上个体却是在确确实实地为恶。这种自以为善的恶之行为具有更大的破坏力，因为当事者自身认为自己在从事着高尚与神圣的事业，个体内心之中充满了神圣感与使命感，因而是勇往直前、义无反顾的，但是这种自以为善的恶的破坏力是巨大的，相比伪善，它的危害性

---

① [英]齐格蒙·鲍曼：《生活在碎片之中》，郁建兴等译，学林出版社 2002 年版，第 304 页。

更大。这是因为伪善的主体事实上由于内心有愧行动起来并不直接反而会有所犹豫，这样所造成的危害并不十分巨大。相反这种自以为善的恶所造就的危害就极其巨大了。类似状况在历史中并不少见。西方十字军东征的基督徒满怀着神圣感对异教徒的烧杀抢掠就是如此，受法西斯主义错误思潮影响的普通德国人原本以为在从事着神圣与高尚的事业事实上在二战期间做出过多少罪恶的事情啊（种族歧视、种族灭绝、大屠杀，等等）。值得注意的是那些自以为善的恶的当事者往往也会诉诸于自己的良心，不过良心有形式的良心与真实的良心的区别。良心是否真实是不能自以为是的。这是因为良心是不能自己证明自己是正确的，良心的正确与否同样是需要一个外在的客观标准的。因而，当有些人自以为是凭着善良意志行事时事实上有可能是在助纣为虐、为非作歹。没有什么比出于虔诚而为非作歹更为可怕、更具破坏性。因此，人们应该要警惕自己的良心，人们应该认真地甄别自己的良心，要将良心建立在真理性的知识基础之上，而非简单的自我确信的基础之上。

四、道德冷漠的特点

道德冷漠是人类活动的产物，它的形成与表现方式与人的活动密切相联，因而它具有鲜明的人为性、历史性与时代性。除此之外，道德冷漠还具有以下的特点：

1. 道德冷漠具有传染性

道德冷漠包括个体心灵的冷漠状态、人与人之间冷漠与疏离的关系以及冷漠的社会氛围等。所有这些病态的心理与时代风尚都具有传染性。个体的心灵会通过个体的言行表现出来，传递给他人与社会，会造就相应的负面影响。你的冷漠会造就我的冷漠，我的冷漠又会造就他人的冷漠。道德冷漠的传染性还包括作为旁观者恶的效应的传递性。某一个旁观者(尤其是事件刚开始时的当事人)的冷漠会不断地传递给其他的在场者(或后来者),这会形成一种恶的群体效应,既然他人不出头,我为什么要挺身而出呢?更应值得关注的是,某一个典型的道德冷漠事件会给社会造成不良的示范,会造成后续冷漠事件持续的出现。现在审视"彭宇案",我们就会发觉无论"彭宇案"的事件的真相究竟如何,"彭宇案"所造成的后果则是确定无疑的了:当你想见义勇为时你首先想到的不是"怎样救人"而是"救人万一被讹该如何是好"。这样的普遍心理所造成的社会现实就是即使有不少的人想见义勇为却不敢见义勇为,因此旁观者有所增多而行动者未见明显增长。旁观者的冷漠会使其他社会成员也会冷漠;而受助者的冷漠则不仅会伤了施助者的心而且还会对其他社会成员产生更大的负面效应。受助者那种对于救助者的冷漠甚至是恩将仇报所产生"好心没好报"这样的道德效应的负面作用是巨大的,它会使社会其他的成员在行善时更加犹豫、徘徊与观望。

2. 道德冷漠具有危害性

道德冷漠是社会生活与道德生活的毒药,道德冷漠会给个体与社会造成巨大的伤害。道德冷漠会造成人们对道德义务的无视以及道德期望的降低,更为重要的是道德冷漠会造成人的危机与社会的危机。所谓人的危机就是个体不再作为一个健全的人而存在,他是片面的、异化的与物化的存在。所谓社会的危机主要是指整个社会陷入了信任危机:我想做好事,但我担心别人以为我别有用心;我想扶起摔倒的老太太,但我担心被讹诈;我想对路边的乞丐行善,但我担心乞丐可能比我还有钱,等等。总之,道德冷漠最终会导致如此的现象——"除了我自己我还该相信谁?"也许这还不是最为严重的后果,最为严重的后果可能是"我连我自己都不敢相信了"。这恐怕既是社会的悲哀又是个体的悲哀了!

3. 道德冷漠具有普遍性

道德冷漠并非现代社会所独有，也并非是变革社会中的一大特色。自人类社会产生以来，就存在道德冷漠现象。中国古代社会有道德冷漠现象："事不关己，高高挂起"是一种道德冷漠；"朱门酒肉臭，路有冻死骨"是一种道德冷漠；"杀人盈野，杀人盈城"也是一种道德冷漠……西方社会有道德冷漠现象：古希腊社会中必然存在着怯懦、自私、贪婪等行为，否则古希腊哲人也不会将勇敢作为"四主德"之一；16 世纪圈地运动中的英国必然存在着道德冷漠现象，否则便不会有托马斯·莫尔《乌托邦》的诞生；19 世纪的英国存在着道德冷漠的现象，恩格斯曾这样描述当时的英国伦敦人——"他们彼此从身旁匆匆走过，好像他们之间没有任何共同的地方，好像他们彼此毫不相干……所有这些人愈是聚集在一个小小的空间里，每一个人在追逐私人利益时的这种可怕的冷淡、这种不近人情的孤僻就愈是使人难堪，愈是可恨。虽然我们也知道，每一个人的这种孤僻、这种目光短浅的利己主义是我们现代社会的基本的和普通的原则，可是，这些特点在任何一个地方也不像在这里，在这个大城市的纷扰里表现得这样露骨，这样无耻，这样被人们有意识地运用着。"[①]道德冷漠伴随着人类社会相当长的时间，作为人类社会中的一个病理，道德冷漠的现象可能在以后相当长的一段时间，我们不得不与之相伴相随。

4. 道德冷漠具有必然性

对于道德冷漠的必然性，也许有人存在误解。我们在这里所讲的道德冷漠必然性并不是为现实中存在道德冷漠的现象作辩护，而是要冷静客观、实事求是地分析道德冷漠的特性，目的是将道德冷漠的危害降到最低进而消除道德冷漠。我们在这里所讲的

① 《马克思恩格斯全集》第 2 卷，人民出版社 1957 年版，第 304 页。

道德冷漠必然性有着以下三层涵义：(1)当道德冷漠产生的内在条件与外在条件均具备时，道德冷漠一定会发生，它是不以人的意志为转移的；(2)当道德冷漠产生的内在条件与外在条件均已消亡时，道德冷漠一定不会发生，这同样是不以人的意志为转移的；(3)人的善意并不必然会转化为善举，现实中某些因素（无论内在的因素或外在因素）会阻碍人的良心、人的意愿转化为真实的行动，知行不一、知行分离的现象一直都是存在的。因此，只要这些因素存在，道德冷漠必然就会发生。在谈及道德冷漠必然性时，有必要对作为道德代价的道德冷漠作一说明。作为道德冲突（道德选择）中道德代价的道德冷漠的存在是必然的。当个体面临着同时需要承担两种义务且现实中个体只能择一而承担时，他无论是选择承担哪一个义务事实上都是建立在对另一个义务牺牲的基础之上，他的善举对于被其舍弃的善的对象而言就是一种伤害。作为道德偶像的禹，为治水"居外十三年，过家门不敢入。"(《史记·夏本纪》)大禹的这一行为是忘我的奉献，是有功于社稷的善举与大德；不过，禹的这一行为对于自己的家庭则非善举，反而在相当程度上就是对自己妻儿的冷漠，对于禹的妻儿来讲，禹的这一行为就是一种恶。因此，从这个角度上而言，作为道德冲突（道德选择）中道德代价的道德冷漠的存在是必然的。不过，我们在此必然对此予以强调，作为道德冲突（道德选择）中道德代价的道德冷漠只是相对意义上的道德冷漠，它与绝对意义上的道德冷漠的恶是不同的，作为道德冲突（道德选择）中道德代价的道德冷漠仅具有恶的形式而不具有恶的实质。对此，我们应该明晰。

5. 道德冷漠具有可控性

道德冷漠是人类道德生活中的一种病态的症候，我们应该学会坦然面对。对于道德冷漠的存在，我们既不能因其存在就大惊小怪、惊慌失措，也不能因其存在就熟视无睹、听之任之。正确的态度是我们应该正视这一问题，将其危害控制到最小的程度。道德冷漠可控吗？对此的回答是肯定的。道德冷漠的可控性可以做两方面的解读：事实层面的解读与价值层面的解读。道德冷漠可控性事实层面的解读是对道德冷漠可控性所作的一种事实判断与实然判断。人类社会从整体上讲越来越文明，人类社会中的粗俗与野蛮越来越少，人际间的温情也越来越多，这是一种符合人类社会历史进程的事实判断。道德冷漠可控性价值层面的解读是指对道德冷漠的可控性所作的一种价值判断与应然判断。人虽然是一个欠缺的存在，但人又是一个追求卓越与至善的存在。人们总是在不断地超越自身，向一个更真的世界、更善的世界与更美的世界努力。总之，道德冷漠虽然具有普遍性与必然性的特质，但我们对于克服道德冷漠不能悲观失望，我们应该有信心战胜道德冷漠。

第二节　道德自我：义务的选择与担当

"人要有道德""人要尽义务""人要担责任"这些道德箴言是我们所熟知的"常识"。但是，我们又不能满足于此，我们总是要追问为什么呢？但假如我们真的这样做时，我们会发现这个问题其实并不好解答。当然，我们可以这样讲：责任与担当是人之为人的条件，亦是人之为人的表征；作为人而言，就应该有道德、负责任；离开了道德、抛弃了责任，人将不成其为人。这就像西塞罗所说的那样——"'自然'把我们带到这个世界上来，并不是要我们做起事来好像是游戏人间似的，而是要我们认认真真地做事，要有某种比较严肃而重要的追求。"[①]这种说法是从人的存在本体论的维度对

① [古罗马]西塞罗：《论老年　论友谊　论责任》，徐奕春译，商务印书馆 1998 年版，第 137 页。

这一问题的回答,这种解答有其优点,那就是高度凝炼;但也有局限,那就是过于抽象。欲想回答"人为什么应当有道德"这一问题,首先需要认真审视"应当"这一概念。仔细想来,"应当"有以下两种理解:一是习以为常、理所当然的应当;二是理性思考、慎思明辩之后的应当。前者的应当是直觉意义上的应当,后者的应当是反思意义上的应当。两种应当既有联系亦有区别。直觉的应当是日常生活中经验的累积,是"熟知";反思的应当是理性追思的结果,是"真知"。直觉的应当有待于反思的应当提升,离开反思的应当将真假难辩;反思的应当应以直觉的应当为根源,离开直觉的应当则将虚幻无根。作为一种理论研究,我们不否认直觉的应当,但我们更应强调反思的应当。只有经过认真思考,明辨是非,方能更好地承担责任、履行义务。

一、道德:义务与责任

1. 何为道德?

人们通常将"伦理"与"道德"二者等同使用,但也有的学者认为伦理不是道德,道德也不是伦理,两者是不同的。在黑格尔那里,对二者作了较为严格的区分。黑格尔认为,伦理是一种客观精神,是既有的生活世界的精神与秩序;伦理是对人类理性关系和关系理性的揭示;伦理也是人立身处世的应然的理念,是人类认识自身及其关系的重要标志,也是人类完善和发展自身的重要依据。[①]黑格尔认为,道德是个体对伦理这一客观精神的主观映像与重新的建构,道德是主观法,道德是个体的自觉的活动,是其自由意志的展现,但这一自由意志也必须得到规定,否则就是任性。因此,随着主体意识的展开,个体必须进入现实的社会生活,也就是要扬

---

① 参见[德]黑格尔:《法哲学原理》,范扬、张企泰译,商务印书馆1982年版,第170页。

弃纯粹的自我，进入真正的社会生活，即伦理。黑格尔认为，伦理是客观法，只有伦理才是主观与客观的统一。因而，道德也要从主观性走向客观性。这一过程同时就是人的自我提升的过程，同时也是个体意志上升为普遍意志的过程。特殊意志是具体的个别意志，具有偶然性、个别性和任意性；特殊意志必须通过教养、磨难上升为普遍意志，即把那些外在于我的意志变为我的特殊意志，成为善的内容。

按黑格尔的理解，义务就是伦理世界的客观要求，个体是要对这伦理世界的客观要求——义务——进行认知、认同并将其化为个体的责任，而个体将责任进行承担与践行便是德行。这个过程便是中国古人所讲的“内得于己，外得于人”。内得于己，即反省自我，端正心性，使个人内心具有善之品性；外得于人，就是在内心确立正直原则、端正心性修养基础之上，身体力行，使内心正直原则指导和约束自己的行为，并施善德于他人。这样，个体便具有道德，个体的道德就是实现了义务与责任的内化与外化的同一与统一。

2. 义务

义务是重要的，义务是普遍的，我们必须要遵守义务。不过，对于义务我们亦应该加以反思。之所以要如此，是因为现实中有些义务只具有义务的表象而不具有义务的实质，从而这些义务并不是真正的义务。比如，“在未经反思的人们的日常思考中，由社会舆论所加给的义务常常与道德义务区别不清。而且，许多词汇的通常含义几乎就没有区别这两者。”①其实，这种状况并非个例，并且这样的状况若持续的发生对于个体真正德性养成以及社会公正制度的确立都是极有危害的。因而，我们有必要认真地对待义

① [英]享利·西季威克：《伦理学方法》，廖申白译，中国社会科学出版社 1993 年版，第 54 页。

务。义务是人们生活实践中的产物，义务会随着人类生活实践的变化而变化。义务是与权利相对应的概念。有义务就会有权利，有权利就会有义务。义务可以分为法律上义务与道德上的义务两类。法律上的义务是指法律对公民或法人按法律规定应尽的责任，道德上的义务是指作为社会成员的个体在道德上应尽的责任。义务具有以下的特质：

第一，义务的人为性。义务不是神授的也不是天赋的，义务是"根据我们对各种不同的行为在自己身上自然而然地产生的作用所具有的经验而形成的。"[①]义务的人为性不仅仅指义务是由人制订的；义务的人为性还体现在义务仅仅是针对人而言的。义务是对人不正当行为的约束与节制，这也就是说义务是用来约束、规范与提升人的而非其他存在物。我们不能说猫与狗有何种义务，也不能说上天有何种义务，义务只能由人来担当。在这里有必要强调一点，尽管义务是人为的，但并非人的一切行为都属于义务，有些行为就不属于义务，比如说吃喝。总之，只有那些能够进行善恶评价的人的行为方能纳入义务的范畴。

第二，义务的先在性。义务的先在性听起来有些宿命的味道，但如果仔细地思考一下，我们就会发觉我们每个个体来到这个世界上之前有些东西就已经存在着了，这些既定的社会框架并不是作为个体的我们所做的自由选择，在一定程度上恰如存在主义所说的那样，我们是被抛到这个世界上来的。因而，从这一点上看，人确有既定的与被决定的一面。当个体来到这个世界上，就必然面对着既有的伦理关系，从父子关系或兄弟姐妹关系所组成的家庭关系到社会关系与国家关系，这些均是作为个体的我们所无法逃避的。面对着如此的伦理关系与伦理秩序，个体只有接受与认

① [英]亚当·斯密：《道德情操论》，蒋自强等译，商务印书馆 1997 年版，第 194 页。

同，个体的社会化（成人的过程）事实上就是接受如此的伦理规范与义务要求的过程。这就是我们常听到的“你须如此如此”与“你勿如何如何”。作为个体的我们从小就被教育必须服从这些伦理关系与伦理秩序，按既有的规矩行事，服从伦理，服从义务，这些伦理义务真的类似康德的“绝对命令”，是神圣不可侵犯的。在如此的“绝对命令”要求之下，作为个体的我们经过教育，养成了习惯，形成操守，化为良知，最终成为有道德的人。当然，从唯物史观来看，义务是伴随着人们的生产实践活动而来的，义务并不是先于人类而在的。但是从个体角度而言，义务规范又恰恰是先于个体而在的。义务规范是人（类）的内在的文化遗传，个体的社会化过程恰恰就是个体接受人（类）的文化遗传之过程。因而，从这个意义上而言，义务恰恰就是先在的。

第三，义务的至上性。义务的至上性首先是指义务在时间上的先在性，它是指相对于作为个体的人而言义务事实上具有时间上优先性。其次，义务的至上性还体现作用上的优先性。黑格尔对此的表述是十分精彩的，他说：“伦理性的规定就是个人的实体性或普遍本质，个人只是作为一种偶性的东西同它发生关系。个人存在与否，对客观伦理说来是无所谓的，唯有客观伦理才是永恒的，并且是调整个人生活的力量。因此，人类把伦理看作是永恒的正义，是自在自为地存在的神，在这些神面前，个人的忙忙碌碌不过是玩跷跷板的游戏罢了。”①

第四，义务的绝对性。义务是成人之必须与必然。那么何以成人呢？答案便是“礼”（中国古代的“礼”与义务有很多相近之处）。中国古人就极其重视“礼”，孔子主张“不学礼，无以立”（《论语·季氏》）、“克己复礼为仁。”（《论语·颜渊》）在西方社会，康德主张义务

---

① ［德］黑格尔：《法哲学原理》，范扬、张企泰译，商务印书馆1961年版，第165页。

就是“绝对命令”，人们应该无条件地遵从；黑格尔则认为义务所代表的伦理精神是作为人的第二天性而存在的，义务“是习惯定在的意义和现实。”①个体的成长就是学习、遵从、理解与内化这些伦理精神最终形成习惯化为德性。对于义务的至上性与权威性，马克思与恩格斯曾这样讲道：“作为确定的人，现实的人，你就有规定，就有使命，就有任务，至于你是否意识到这一点，那都是无所谓的。这个任务是由于你的需要及其与现存世界的联系而产生的。”②

第五，义务的条件性。义务的要求是绝对的，但是义务本身及其义务的担当都应是合理的、有条件的。义务的合理性首先就在于义务要符合人的期望与社会的要求，即义务应当是良善的，应当是为了人的全面而自由发展这一目的服务的；其次，义务的合理性还在于义务是能够实现的，即义务应该在人的可行性能力范围之内。行仁义之事是人之“应当”，携泰山以超北海亦是人的“应当”，但这两种“应当”是有区别的。第一种“应当”是作为个体的人能为之事；而第二种“应当”则是作为个体的人“不能为”之事。因而，我们不能滥用“应当”，特别不能以“应当”之名让人去做“不应当”之事，这实质上是一种“不道德”的行为。这也正如西季威克所说：“按照‘应当’一词的最严格的用法，我‘应当’去做的事始终‘在我的能力之内’。”③

第六，义务的多样性。按不同的标准，义务可以划分不同的类型。按义务针对的对象而言，义务可以分为对自己的义务与对社会的义务；按义务要求的程度而言，义务可以分为普遍的有条件的义务、特殊的有条件的义务、普遍的无条件的义务和特殊的无条件

---

① [德]黑格尔：《法哲学原理》，范扬、张企泰译，商务印书馆 1961 年版，第 170 页。

② 《马克思恩格斯全集》第 3 卷，人民出版社 1960 年版，第 328—329 页。

③ [英]享利 · 西季威克：《伦理学方法》，廖申白译，中国社会科学出版社 1993 年版，第 100 页。

的义务这样四种；按义务要求的范围而言，有份内义务与份外义务之别。

第七，义务的局限性。义务对于个体而言是绝对性、至上性以及先在性。然而值得注意的是义务在价值序列中并非居于首位，对于个体而言，还有超越义务之上的东西，那便是德性。德性与义务的关系是复杂的，德性既在义务之中又在义务之上与义务之外。对此，西季威克曾说："我一直认为最好是这样地使用这两个术语：使德性的行为既能包括义务行为，又能包括可能被普遍认为是超出了义务范围的任何好行为；尽管我承认在其日常用法中，德性最突出地表现在义务中。"[①]德性是对义务的升华。比如说英雄主义和圣洁无论在何时何地都永远是美德，而在特定场合对特定人群而言却并不必然是义务。

3. 责任

责任与义务是相近的概念，义务是一切责任的主要内容。不过，义务与责任也有区别的。义务更多的是从客观要求上所言的，责任更多的指的是个体对于义务的主动认知、践行与承担。"责任概念的核心是我能回答'为何那样做'的问题，并且能给予一个答案。"[②]责任是人之为人的关键，也是人之为人的意义之所在。成为一个人，就是成为一个有责任、敢担当的人。责任从本质来讲是人们在实践活动中确立与形成的。不过，责任的确立与形成离不开主体的意志自由。责任的形成源于个体的自我选择。意志自由首要的表现就是选择的自由，主体对于确立何种目的以及通过何种方式实现这一目的均是个体自我的选择，不能由他者所替代。既然个体的道德行为源自道德主体的自我选择，那么道德主体必

① [英]享利·西季威克：《伦理学方法》，廖申白译，中国社会科学出版社 1993 年版，第 240 页。

② J. R. Lucas, *Responsibility*, Oxford: Clarendon Press, 1993, p. 5.

然就要为此承担道德责任，责任的担当与践履是个体无法推脱与逃避的。责任随人的活动而展开，哪里有人的活动，哪里便会有责任的产生。因而，责任无处不在，无时不有。对此，西塞罗说道："任何一种生活，无论是公共的还是私人的，事业的还是家庭的，所作所为只关系到个人的还是牵涉到他人的，都不可能没有其道德责任；因为生活中一切有德之事均由履行这种责任而出，而一切无行之事皆因忽视这种责任所致。"①

责任是多样的。责任与义务一样，按不同的标准可以划分为不同的类型。

按责任作用的范围与领域，我们将责任划分法律责任与道德责任两种。法律责任与道德责任紧密相关，若从一种宽泛意义上来理解，所有的法律责任均是道德责任；不过，若从更为严格的意义上讲，两者亦有区别，且不能混同，比如说在当代中国见义勇为就是道德责任而不能划为法律责任。法律责任是法律条文中对主体规定的责任。法律责任与法律一样是国家意志的体现，是统治阶级意志的集中体现，法律责任通过国家强力加以保障，因而法律责任具有权威性与严肃性，同时法律责任是明确的与公开的。法律责任作用的对象是社会全体成员，任何人都必须遵守而不能违背或违反。此外法律责任还具有如此特点——"法无明文规定不为罪，法无禁止即许可。"法律责任的这一特点凸显了现代社会的一大特质，同时也表明法律责任更多地是一种消极美德。这也正如亚当·斯密所说："正义只是一种消极的美德，它仅仅阻止我们去伤害周围的邻人。一个仅仅不去侵犯人身、财产或名誉的人，确实只是有一丁点实际优点，然而，他却履行了特别称为正义的全部

① [古罗马]西塞罗：《论老年　论友谊　论责任》，徐奕春译，商务印书馆 1998 年版，第 91 页。

能给予惩罚的一切事情。我们经常可以通过静坐不动和无所事事的方法来遵守有关正义的全部法规。”[①]从上面的表述中我们可以看出,法律责任更多的是禁止与不伤害,这既是法律责任的优点同时也是其缺点。责任不能仅仅是不伤害,责任还应该是保护与帮助,法律责任必然要用道德责任来加以补充与完善。“道德责任是指人们对自己行为的善或恶、是或非所应承担的责任。”[②]道德责任是道德义务的升华。如果说道德义务还较多地表现为外在的道德要求,那么道德责任则已把这种外在的要求转化为内在的要求。道德责任是自觉自愿承担和履行的道德义务,是人们主动意识到的道德义务。道德责任相较于法律责任而言具有如下的特质:道德与法律一样都是社会的意识形态,因而都鲜明地体现着统治阶级的意志,不过相较于法律责任而言道德责任有更多的人类社会所共通的内容,此其一;其二,如果说法律责任更多地强调他律,那么道德责任更多地强调自律,道德责任主要靠个体的良知、信仰与习惯来加以确立与运行的;其三,道德责任有着与法律责任相似的功能与作用——规训与惩戒——之外,道德责任还更加注重个体的提升,因而,相较于消极美德的法律责任,道德责任更多地表现为一种积极美德。

按照责任境界要求及其水准的程度,道德责任可以分为三种类型:基准责任、普通责任与崇高责任。基准责任即人们通常所讲的底线伦理或基准道德,某种程度上它与法律责任相近,它是指作为人而言应具备的最基本的责任,如不伤害他人、不侵害他人财产、保护环境等不触犯做人最基本的东西。基准责任是每一个社会成员都应具备的且要做到的责任,如果做不到是要受到惩罚的

---

① [英]亚当·斯密:《道德情操论》,蒋自强等译,商务印书馆 1997 年版,第 100—101 页。

② 宋希仁等:《伦理学大辞典》,吉林人民出版社 1989 年版,第 1048 页。

(主要指法律处罚)。普通责任是指作为社会当中普通的常人应有的职责,它具体可以表现为角色责任或职业伦理与社会公德等方面。普通责任一般而言是份内职责,普通责任是指作为世俗社会之中的一员在常态条件下完成其应完成的职责,它可以表现这个人是个好儿子、好丈夫、好父亲、好员工,等等。[①] 普遍责任同样要求社会所有成员都要做到,如果没有实现也是要受到处罚的,不过这种处罚更多的是道德评判。崇高责任是对基准责任与普通责任的升华,崇高责任往往不是所有社会成员的责任,崇高责任对于常人而言往往是份外责任,崇高责任一般是对部分社会成员(也可以是少数人)所提出的超凡入圣的要求以及这些成员自身对超凡入圣的追求与践履。崇高责任对于社会大众而言通常是倡导性的、鼓励性的而非强制性的要求。尽管崇高责任并不具强制性,社会却不能没有崇高责任。崇高责任所具有的崇高性与理想性的特质引领社会道德发展的方向,是社会进步与发展必不可少的要素。

二、义务为什么如此重要

义务为何如此重要是一个必须直面的问题,因为它直接关系到"人为什么要承担义务与履行责任"这一对人的生存本体论的追问。对于如此重要的问题,我们必须加以详尽的说明与论证。"人为什么要承担义务与履行责任"直接根源就在于义务是极其重要的,社会稳定与发展、人的成长与成才都离不开义务。

1. 义务是社会的需要

人要过社会的生活,因而,人便具有社会性;但同时人又有其

---

① 这里的"好"指的日常生活世界中的好,是指人们普遍所认同的好,而并非道德意义上绝对的好。这与子贡问孔子"乡人皆好之,何如"这句说中的"好"是相同之意。(原文:"子贡问曰:'乡人皆好之,何如?'子曰:'未可也。''乡人皆恶之,何如?'子曰:'未可也。不如乡人之善者好之,其不善者恶之。'"《论语·子路》)

个人诉求与个人偏好，因而，人也便具有其个体性（非社会性）。人的社会性决定了人必然要过社会生活；而人的个体性则要求人必然要过有规矩的社会生活，这即通常所讲的“无规矩，则无方圆”。其实，如果没有规矩、义务以及义务的担当、责任的履行，人类社会就不会形成；如果没有规矩、义务以及义务的担当、责任的履行，既有的人类社会也注定会崩溃。对此，荀子曾这样讲道：“礼起于何也？曰：人生而有欲，欲而不得，则不能无求；求而无度量分界，则不能不争。争则乱，乱则穷。先王恶其乱，故制礼以分之，以养人之欲，给人以求。使欲必不穷乎物，物必不屈于欲，两者相持而卡，是礼之所起也。”（《荀子·礼论》）如果把荀子的话中的“先王”去掉，换之以“实践活动中的人”，大概就是对于礼（规范化与体系化的义务）最为恰当的阐释。但无论如何，荀子准确地说出了礼（义务）的重要性。礼（义务）是社会存在之必需，礼定人的名分，礼形成社会的规则，礼维系社会的秩序。人注定是要过社会生活，人们注定生活在共同体中，因此就要求社会成员有如此的认识——“一场精彩的游戏，是需要所有参加者合作的集体成就。”[①]生活在共同体中的人应当具备整体思维，即我是共同体的一分子，我需要共同体；同样，共同体也需要我。我对他人和社会尽义务，这不光对他人与社会有好处，我自己同时也是受益者。“共同体的成员们从彼此的自由的制度激发的美德和个性中得到享受；同时，他们承认每一个人的善是人类完整活动的一个因素，而这种活动的整个系统是大家都赞成的并且给每个人都带来快乐。”[②]因而，生活于共同体之中人们彼此对对方都负有责任。

任何正常的社会都要求社会成员承担社会责任与履行社会义

---

① [美]约翰·罗尔斯：《正义论》，何怀宏等译，中国社会科学出版社 1988 年版，第 513 页。

② [美]约翰·罗尔斯：《正义论》，何怀宏等译，中国社会科学出版社 1988 年版，第 510 页。

务。因而我们就要对“人与人就像狼与狼”“他人就是狱”“人人为自己、上帝为大家”这样的观点加以辨析与批驳。人类历史长河不乏有“人与人就像狼与狼”“他人就是地狱”“人人为自己、上帝为大家”等这些观点以及这些观点所描述的社会现象,这样的社会是一个病态与异化的社会,是一个应该被批判与被扬弃的社会。事实上,即便提出类似观点的作者对这样的社会现实也是不满的,他们本来的目的也并非绝对的赞同与肯定,更多的反而是批判与否定。比如,萨特后来就一直强调:“‘他人就是地狱’这句话总是被误解。人们认为我的意思是,我们同他人的关系总是糟糕的,不当的。但我的意思完全不同。我是说,如果我们同他人的关系被扭曲了,变了质,那么他人只能是地狱。”[①]因而,萨特的原意仍然是追求人与人的和谐与美好。而欲实现这一目的,就需要伦理秩序,就需要人们守义务、尽职责。

2. 义务源于个人的功利算计

人为什么要承担义务?对此,我们并不应排除功利的算计。康德曾提出道德行为是出于绝对命令、人是为义务而义务的。康德使道德(义务)获得了神圣、纯洁的品性,但同时也使道德(义务)软弱无力——“绝对命令”的无能。道德如果仅仅是崇高的而不能同时是有用的,那么,道德就会缺少强烈的、普遍的、持久的感召力。德行是崇高的,同时德行还应是有用的。德行崇高与德行有用是辩证统一的。德行崇高保证了德行有用的善的价值取向,不致使德行有用成为庸俗的功利算计;德行有用,保证德行崇高的现实可能,不致使德行崇高变得苍白无力。总之,两者的统一也就表明道德既是目的又是手段。

人为什么选择道德?人为什么要尽义务?从根本上讲是离不

① 黄忠晶、黄巍:《萨特思想小品》,上海社会科学院出版社 1999 年版,第 95 页。

开利益的考量的。道德能不能离开利益呢？特别是具体到现实生活中普通的个体来讲，可不可以离开个体的利益来谈道德呢？对此问题的答案既是肯定的又是否定的。在极为特殊的场合与条件下，离开个体的利益来谈道德是可以的，在紧急条件下需要个体做出牺牲时，个体此时就不能讲个人利益，个人就要无偿地做出贡献，这是应该的且是必然的。不过，这样的情境并不常见，因而它不能成为生活的常态并因此成为常态化生活中的首先选择。在常态化条件下，道德与利益是不可分离的。离开利益去谈道德，道德可能就会变为空谷幽兰，虽令人敬佩，但却缺乏现实性。尽管利己主义[①]与互惠[②]均不能充分说明人们承担义务的理由，但至少能

① 一般人可以会想我承担义务是出于自利的考虑，目的是我个体一人之私利，当然这种私利是精明的自利——一种可能更为长远的个人利益。但是在西季威克看来，这一理由是不成立的。西季威克认为："一当我们在对利己主义作了缜密的考察（基于严格的经验基础）之后发现，对利己主义者说来，我们被训练着视为神圣的常识义务准则必然是这样一些规则：遵守它们仅仅从一般意义上大多数人来说才是合理的，在特殊情况下则必须从根本上抛开和打破它们，一般利己主义对我们的同情的、社会的本性的这种触犯就加强了我们从利己主义退缩的倾向，因为它有时在实践上与常识的义务概念相抵牾。而且进一步说，我们又已经习惯于从道德那里期待明确的、决定性的准则或劝告。同时，这些能被阐明的寻求个人最大幸福的规则则似乎既不明确也不是决定性的。指向一个不体面的目的的不明确的指导，这就是利己的快乐主义的计算不得不提供的全部东西。"（[英]亨利·西季威克：《伦理学方法》，廖申白译，中国社会科学出版社 1993 年版，第 219 页）

② 互惠是利己主义的逻辑自然的延续。人们承担利益就是为利益的相互的交换——"你帮我，故我帮你。"有不少论者试图用互惠原则来说明义务的源起，中肯地讲，这个思路是有一定合理性的。因为他们看到了义务是一种人与人之间的主体间性的关系，注意到了义务的社会性与功利性的一面。不过，用互惠说明社会义务的源起在西季威克看来是不能成立的。原因有四：第一，互惠的动机将不能阻止一个人去做暗暗损害他人的事，或甚至心照不宣地以一种实际上有害而表面上却不那么说的方式去行动；第二，有时一个人不是由于其德性而由于其恶性而于他人有用的；第三，互惠原则使得人们非常功利，嫌贫爱富，冷酷无情；第四，某些恶性并不引起对任何人的直接的或明显的伤害，因而没有什么人强烈地感到要制止或惩罚这种伤害，但是从长远观点看它们是恶的、是必须要被禁止的。（参见[英]亨利·西季威克：《伦理学方法》，廖申白译，中国社会科学出版社 1993 年版，第 188—189 页）

够在部分层面表明道德是离不开利益的、人们承担义务是有着功利算计的。尽管我们不能将功利主义在道德中所起的作用过于夸大，尽管我们也应该注意过于强调功利可能会造成善优先于权利以致于事实上造成对人的权利的无视与忽视。但是我们仍然要承认利益在人的道德行为活动中是有作用的，对此是不能否认的。事实上，任何一种完整的道德哲学总是要处理好义与利的关系的。

3. 义务源于道德自我的需要

人为什么要有道德？人为什么要尽义务？除了上述所讲的功利算计、利益考量的因素，其实最为关键的因素在于道德自我的需要。义务除了规训与教化的功能外，义务还是个体成人之必需与必然。义务是道德自我确立的前提与保障。道德自我的确立，离不开个体的反思，这正如西塞罗所说："每当我们研究责任问题时，我们必须搞清楚人的本性究竟在多大程度上优越于牛和其它牲畜的本性。"[①]当然，道德自我的确立、确信与确证更离不开个体对于义务的认知、认同与践行。道德自我的确立离不开个体的自我反思，因为无论是义务的认知、认同还是义务的践行都必须要经过个体反思的。道德自我的反思集中在对"我是什么""我是谁""我的价值何在"的思索之上。道德自我的确立是一个过程，离不开个体对于道德的持续性的反思。当具有主体意识的个体在反思"我为什么要做一个有道德的人"时，就充分地说明了这一点：道德的问题就是我的问题，我的选择，在这个方面不能"别人说什么，就是什么。"道德是我的道德，在道德当中一定要有我，有我的思考。无我、无我的意识与思考，不能算作我的道德。这恰如黑格尔所说：

① [古罗马]西塞罗：《论老年　论友谊　论责任》，徐奕春译，商务印书馆 1998 年版，第 138 页。

"道德的主要环节是我的识见,我的意图;在这里,主观的方面,我对于善的意见,是压倒一切的。道德学的意义,就是主体由自己自由地建立起善、伦理、公正等规定。"①这也就是说只有当个体将外在的伦理规范经过反思、认同这些伦理秩序并化作自己行为准则的时候,个体才变成有道德的人。当我的主体意识觉醒、独立以后,我已不再盲从时,我就会对既有的伦理秩序产生质疑,我甚至会出现一定程度的价值迷茫。但这是个体道德成长的必须,是个体道德螺旋式上升过程中的否定阶段,在此阶段个体可能处于一种迷茫与否思的状态。对于道德认识的这一阶段(此种状态)我们应该有正确的认识:一,这一阶段(此种状态)是个体道德成长过程中必然要经过的阶段,对这一阶段出现的问题不易夸大与反应过度;二,这一阶段(此种状态)并不应(也不能)长期保存,个体须尽快地走出这一阶段,个体要经过否思来重新确定道德信仰,实现个体特殊性与伦理普遍性真实的统一。这也就是说,在个体德性成长的过程中,人的道德认知、道德信仰会有一个反复的过程的,苦恼、彷徨与疑惑在个体道德自我确立过程中是难免的现象。当既有的道德认知与社会现实发生对立与碰撞时,个体必然会产生困惑乃至出现价值观的动摇。(其实,类似的这种动摇也可能出现在国家与社会之上,社会转型期中人们精神生活与道德生活的阵痛即是明显的例证)

经过个体艰难的道德抉择,个体发觉必然要成为有道德的人,而有道德的人一定是要承担义务与履行责任的。道德自我是主体在现实活动中形成与确立的。道德自我具有真实的道德自我意识——"道德自我意识是一个自我或主体,所以它自在地是义务与

---

① [德]黑格尔:《哲学史讲演录》第二卷,贺麟、王太庆译,商务印书馆1960年版,第42页。

现实的统一。”①这也就是说道德自我是个体与义务实现了直接现实同一的自我。黑格尔认为个体可以分为三种自我：第一种自我是伦理世界中的自我，伦理世界中的自我是法权状态下的原子式自我；第二种自我是经过教化后所形成的精神世界中的自我，精神世界中的自我是经过启蒙教育、重自由与现实的自我；第三种自我是道德自我，道德自我是讲道德、践义务的自我。② 道德自我是一种良心的自我确证，道德自我通过将外在普通化的伦理要求内化为个体道德认知与认同，并通过自己的道德行为将其践行，从而确信自己就是在履行道德义务，就是在实现道德自我。道德自我这一确立与形成的过程正如黑格尔所言：“道德自我意识达到了它的这种真理性之后，于是就抛弃或者毋宁说扬弃它本身中导致颠倒的那种分裂；也就是说，扬弃自在与自我之间的、作为纯粹目的的纯粹义务与作为一种跟纯粹目的相对立的自然和感性的现实之间的分裂。道德自我意识在这样返回于自身之后，就成了一种与现实意识相对立的空虚尺度；相反纯粹义务正如那与之相对立的自

① [德]黑格尔：《精神现象学》下卷，贺麟、王玖兴译，商务印书馆 1979 年版，第 135 页。

② “良心是在自己本身内的自我的自由。这种良心的自我，亦即对其自身之即是绝对真理和存在具有直接确信的精神，乃是第三种自我。这种自我，正如我们所见的那样是从第三种精神世界中发展出来的，现在请让我们拿它跟以前两种自我作一简单比较。整体或现实，它曾表现为伦理世界的真理性，那是个人的自我；个人的特定存在是得到承认了的存在。个人是没有实质的自我，所以它的这个特定存在也是抽象的现实；个人是有效准的，而且是直接有效准的；自我是在它自己的存在元素中静止不动的点；这个定点没有同它的普遍性分割开来，所以两者并没有相互运动和相互关系；普遍是无区别地存在于这个定点之中的，它不是自我的内容，而自我也没有把自己充实起来。”而“第二种自我是已经达到了自己的真理性的教化世界的自我，或者说，是一分为二之后重建起来的精神，是绝对自由。在这种自我中，个别性与普遍性最初的直接统一，趋于分裂；普遍性，虽然继续是纯粹的精神本质、被承认的存在、或普遍的意志和知识，同时却是自我的对象和内容，是自我的普遍现实。但普遍性并不具有脱离了自我的特定存在的形式；因而它在这种自我中没有得到具体充实，没有取得积极内容，没有成为世界。”（[德]黑格尔：《精神现象学》下卷，贺麟、王玖兴译，商务印书馆 1979 年版，第 147—148 页）

然一样也是被扬弃了的环节；具体的道德精神，在一种直接统一性中，是一种自身实现着的道德的本质，而行为，则直接是一种具体的道德形态。”①

四、自爱：一种必要的义务

自爱是一种事实，对此人们并无争议；然而自爱是否是一种义务，人们则颇有争议。有些人认为义务就是个人对社会的义务，除此之外别无其他义务。其实这是一种误解，社会义务固然是个体所承担的首要的义务，然而社会义务却并非个体所承担的唯一义务。个体所承担的义务是复数的，这其中就包括个体对于自身的义务。个体对于自身的义务是一种必要的义务。珍惜自己、关爱自己是个体实现自身价值、为民族、国家与社会奉献的前提。因而，个体对于自身的义务是有价值的，是必然的。

个体对于自身的义务简单来讲就是自爱。自爱就是重视自己的身体、生命、财产与家人，珍爱自己荣誉、声望与地位，重视自身价值之实现。自爱是具有现实合理性的。首先这是由于每个人比其他的人都更了解他自己的欲望与需要，而且更有可能比其他人知道以何种方式实现自己的欲望与需求；其次，正是在自我利益的刺激下，人的积极性、主动性与能动性才被充分地激发出来。个体有了活力，社会也便有了活力，个体欲望得到满足，社会也因此繁荣。作为人而言我们就应该爱自己，应该提升自己的能力，实现自己的人生价值，这是我们的应为与能为。实事求是地讲，自爱与爱人在大部分情况下并不矛盾。所以，自爱本身并不是恶的。同时，自爱是其他德性的生成基地。如果一个人连自己都不爱，他又怎能去爱他人。自爱也许在起始阶段可能并不十分崇高，更应该注

① [德]黑格尔：《精神现象学》下卷，贺麟、王玖兴译，商务印书馆1979年版，第149页。

意的是人在追求目的的过程中会不断地修正自己的目的及其实现目的的手段，人会变得越来越崇高。如果认真分析自爱，自爱是有不同表现形式的：有低层次的自爱、中等层次的自爱以及高层次的自爱。人的自爱层级会随着人欲望的实现及其德性的增长而不断地提升。这一过程与马斯洛所讲的需要层次理论是相近的①；这一过程与 Ryan Parick Hanley 对亚当·斯密自爱体系的解读是相近的②。

总之，自爱确是人的一种义务，人确应承担与履行此种义务。不过对于自爱这一个体义务，我们应该有清醒的认知：尽管自爱的义务是必要的，但自爱的义务的确并不是至上的，此其一；其二，自爱很容易就会转化为自私，当自爱的强度大于与之相抗衡的仁慈（爱人）的强度时，人就极有可能去损人利己。③ 因此，自爱这一义务的承担并非是无条件的与无限度的。换言之，自爱既不能不及更不能过度。

---

① 马斯洛认为人的需要是有层次的，这种层次按由低到高的顺序依次为：生理需求、安全需求、社交需求、尊重需求和自我实现需求。

② Ryan Parick Hanley 认为亚当·斯密自爱体系中"具体的美德被自爱组织到一起，绕着一个爬坡从一个低的、粗俗的形式到一个更高级的、更高尚的形式。即：以自爱为基础，喜好赞扬产生审慎，喜好真正的光荣产生慷慨，喜好美德产生仁慈。"（Ryan Parick Hanley. *Adan Smith and Character of Virtue*, Cambridge University Press, 2009, p. 108）如果按斯密的自爱理论，低层次的自爱便是利己的审慎，中等层次的自爱便是崇尚荣誉的慷慨，而高层次的自爱便是爱他利人的仁爱。

③ 对于自爱，斯密有这样的主张："对我们自己个人幸福和利益的关心，在许多场合也表现为一种非常值得称赞的行为原则。节俭、勤劳、专心致志和思想集中的习惯，通常被认为是根据自私自利的动机养成的，同时也被认为是一种非常值得赞扬的品质，应该得到每个人的尊敬和赞同。确实，混有自私自利的动机，似乎常常会损害本当产生于某种仁慈感情的那些行为的美感。然而，发生这种情况的原因，并不在于自爱之情从来不是某种具有美德的行为动机，而是仁慈的原则在这种特殊的场合显得缺乏它应有的强烈程度，而且同它的对象完全不相称。"（[英]亚当·斯密：《道德情操论》，蒋自强等译，商务印书馆 1997 年版，第 401 页）

五、社会义务：根据、类别与限度

人总是要尽义务、担责任的，不过有些义务与责任是无法逃避的，而有些义务与责任则是可以选择的。那么，人们是如何确定与选择义务的呢？它的原则是什么呢？西季威克认为人们选择与确定义务的根据有以下几点：(1)根据人与我们自身的亲密程度表现出一定程度的友善；(2)对于我们的作为一个合作整体的国家，我们认为我们自己在需要时应当作出最大的牺牲；(3)我们应当对所有可能与我们有关的人们都提供一些服务，提供这些服务可能会给我们自己带来不便，但是那些处于危难或极端匮乏中的人要求我们提供特殊服务。[①] 根据这些原则，西季威克将社会义务具体分为四类："(1)产生于非自愿选择的、较持久的关系(如家族，以及在大多数场合下，公民身份与邻里关系)的义务；(2)产生自愿缔结的较持久的关系(如友谊)的义务；(3)产生于以前所得到的特殊服务的义务，或感激的义务；(4)产生于特殊需要的义务，或怜悯的义务。"[②]下面，笔者就按照西季威克的这一理路对社会义务加以分析。

第一，产生于非自愿选择的、较持久的关系的义务。这些义务是先天的，甚至在某种程度上是人的"宿命"——"作为确定的人，现实的人，你就有规定，就有使命，就有任务，至于你是否意识到这一点，那都是无所谓的。"[③]作为个体的人并不是原子式的"单子"而存在的，事实上，人是文化的产物，人是社会的产物，纯粹的个人

---

① 参见[英]享利·西季威克：《伦理学方法》，廖申白译，中国社会科学出版社 1993 年版，第 264—265 页。

② [英]享利·西季威克：《伦理学方法》，廖申白译，中国社会科学出版社 1993 年版，第 266 页。

③《马克思恩格斯全集》第 3 卷，人民出版社 1960 年版，第 328—329 页。

是不存在的。社会关系先于个体而在，个体只要来到这个世上，必然要面对这些关系，必然要承担这些关系所赋予个体的角色与安排，个体面对如此的安排只有服从的义务，个体是无法选择与逃避的。这种生于非自愿选择的、较持久的关系的义务主要包括以下几种：父母对于子女的抚养义务，子女对父母的赡养义务，邻里之间互助义务，对民族国家的爱国义务等等。

第二，自愿缔结的较持久的关系的义务。这种义务是源于人们的日常生活交往且通常以契约方式而形成的义务，它主要包括履行商业契约的义务、友谊的义务与婚姻的义务。契约是双方的合意，契约的双方应尊重契约并认真地加以履行而不能违约，这是商业社会的基本法则也是人类社会基本的道德精神。对于真实的允诺，人是有义务加以遵守与兑现的。那么何为真实的允诺呢？西季威克是这样论述的——“一项明确的或隐含的允诺是有约束力的，如果它满足一系列条件，即如果允诺者对于受诺者在理解允诺时所含的意义有明确的信念；如果受诺者仍处于能够解除这项允诺的地位并且仍然不打算解除它；如果这项允诺不是通过暴力或欺骗而获得的；如果它不与明确的优先责任相抵牾；如果我们确信它的兑现将不致伤害受诺者，或者使受诺者蒙受不相称的牺牲；并且如果自从允诺作出以后环境没有发生实质性的改变。如果这些条件之中的任何一项不成立，这种一致意见便不复存在。”①如果说纯粹的商业契约原则是一报还一报的纯粹对等的交往，那么友谊与婚姻尽管表象上有契约的形式，但还有超越表象的更为深刻的规定性。亚里士多德认为友谊可以分为三类，因为对方的德性；因为对方有用；纯粹为了快乐。亚里士多德认为真实的友谊应

---

① [英]亨利・西季威克：《伦理学方法》，廖申白译，中国社会科学出版社 1993 年版，第 327 页。

该是第一种，真正的友谊要求友谊双方所尽的义务是“尽其所能，而不是报其所值”[①]。婚姻从表象上看似契约，但不能将婚姻视为一种买卖。这是因为婚姻关系一旦形成，就产生了先前所没有的共同义务。黑格尔也认为：“婚姻不是契约关系，因为婚姻恰恰是这样的东西，即它从契约的观点、从当事人在他们单一性中是独立的人格这一观点出发来扬弃这一观点。由于双方人格的同一化，家庭成为一个人，其成员则成为偶性。这种同一化就成为伦理的精神。”[②]总之，婚姻中有着沉重而又神圣的义务，人们应该以负责的态度而非游戏的态度对待婚姻。

第三，产生于以前所得到的特殊服务的义务。这种义务也可视作感激的义务。饮水思源、知恩图报确实是人类的义务。人们相信“一报还一报”是公正的，受人恩惠，当涌泉相报；如果一个人受他人帮助，若无感恩之心与感恩之举，人们则认为这是不义的，甚至用“农夫与蛇”的故事中的“蛇”来形容缺少感恩之心与感恩之举的人。感激的义务必须要承担，但是以何感激呢？感激到何种程度是恰当的呢？这就存在分歧了。不过至少有一点是可以肯定的，那就是感激的义务应是恰当的，既不能不足也不能过分。

第四，产生于特殊需要的义务（主要是怜悯的义务）。仁爱、慈悲是人之义务，仁爱是人的一种义务，仁爱能沟通人的情感，增进社会的普遍幸福。对于穷苦人士的救助是仁爱的体现，也是人之为人的义务。怜悯其实是与仁爱、慈悲相近的概念。也许怜悯的名声不好，“不过语言提醒我们，不要过于仓促地抛弃它。在词典里可以看到，它的反面是狠心、残酷、冷淡、无动于衷、铁石心肠、麻

---

① 参见[古希腊]亚里士多德：《尼各马科伦理学》，苗力田译，中国人民大学出版社2003年版，第186页。

② [德]黑格尔：《法哲学原理》，范扬、张企泰译，商务印书馆1961年版，第179页。

木不仁……这就使怜悯变得可爱,至少与它们有所不同了。"[①]因而,仁爱、慈悲、怜悯就是人道的体现。尽管怜悯如此重要,但是怜悯的义务却面临着一些难题:一、仁爱倾向应当指向谁,以及应在何种程度上指向他们。二、如果说仁爱与怜悯是有限度的话,那么仁爱与怜悯的义务到何种程度是恰当的?三、作为个体的人是否因为要怜悯他人就需要放弃个人优良的生活?

除此之外,社会的义务当中必不能少了公正。公正是一种德性,做公正之事、成为正义之人是人至上的选择,也是人的最优先义务。不过,关于公正的理解是众多的,笔者在此仍采用西季威克对于公正的解读。西季威克首先认为公正即守法,一个公正的人一定是遵纪守法的公民,不过对此需要略做补充,守法不仅仅指遵守现行的法律条文,守法更应指对法律精神的恪守。这是因为:一是违法者并不总是不公正的;二是现行法律不能完全实现公正;三是一部分公正的行为恰恰是在法律范围之外的。[②] 其次,公正即平等。公正即平等首先就应表现为法权上的平等、政治上的平等以及人格尊严上的平等。这也就是说人人都应是平等的,不能仅仅将自己视为人却将他人视为物,"成为人,并尊敬他人为人"这是公正义务在法权方面的体现。第三,公正即应得。公正的分配并不是平均主义式的分配,它是个体付出的应得,这种应得事实上会造成某种程度上结果的差异,但这种差异应该尽可能地小些与少些,按罗尔斯的说法这个社会即便存在着不平等,但应使最少受惠者的权益最大化。第四,公正要维护社会公益。公正不能仅仅是不伤害,公正还应该维护公众的利益。如果一个人仅仅是独善

① [法]安德烈·孔特—斯蓬维尔:《小爱大德》,吴岳添译,中央编译出版社 1998 年版,第 105 页。

② 参见[英]亨利·西季威克:《伦理学方法》,廖申白译,中国社会科学出版社 1993 年版,第 283 页。

其身，他虽没有作恶，但由于他是社会生活的背离者，事实来讲他对他人的不幸是一种无视与忽视，因而严格说来他并不是真正意义上公正的人。

人必须要承担社会义务，但对义务的承担并不是也不能是无条件的。如果一个人不问青红皂白、不加反思地去信奉某种理论与承担某种义务，他往往为被世人看作怪人或至少不通世故的人。我们应该能够对自己所承担的义务有清晰的认识并能够说出充足的理由。对于如何恰当地承担义务，西塞罗提出了五条原则，他认为"其中两条与恰当和道德上的正直有关；两条与生活的外在便利——手段、财富、权势——有关；第五条是关于前四条似乎发生冲突时如何作适当的选择。"[①]那么，我们应该怎样恰当地承担义务呢？首先，个人承担义务的第一个先决条件就是有实质性的自由。实质性的自由既是指意志的自由，更是指行动的自由。只有出自个体自由意志的自愿的选择方能成为个体的义务，那些来自威迫利诱与隐瞒欺诈的虚假义务不能成为个体真实的义务。其次，一个人义务的担当要在个体可行能力范围之内。以行善为例，行善不应当超越自己的财力。如果个体不自量力地行善会造成忽视了亲人的物质需求以及个体因虚荣心的膨胀而使真正的谦逊的美德受损等类似行为都是不可取的。所以，人对于义务的担当要在自己可行能力范围之内，超过个体可行能力的要求对于个体而言是勉为其难，事实上就是一种道德绑架。第三，个人所担当的责任不能无限地扩大，将个体责任无限地扩大事实就是对个体与他人的伤害，实质是对个体与他人权利的剥夺。包尔生对此讲道："友邻之爱的准则——关心他人的幸福，必须加以下述的限制和补

---

① [古罗马]西塞罗：《论老年　论友谊　论责任》，徐奕春译，商务印书馆 1998 年版，第 169 页。

充：只有不忽视你自己的生活问题，不违反从你同其他个人和集体的特殊关系中产生出来的特殊义务，最后，只有不削弱他人的自立能力，这个准则才是可以成立的。”[①]第四，应该对行善对象进行考查，要做到“精准行善”——“在行善中我们应当根据各个施惠对象本身值得施惠的程度而区别对待；我们应当考虑到他的道德品质、他对我们的态度、他与我们关系的密切程度、我们共同的社会纽带，以及他曾对我们有过什么帮助。”[②]

总之，人并不是为义务而义务的，尽义务也应该讲条件与限度，这一思想看似不十分高尚而且有些功利算计的味道，但有其现实合理性，特别是对“以理杀人”的道学有解毒之功效。

---

① [德]弗里德里希·包尔生：《伦理学体系》，何怀宏、廖申白译，中国社会科学出版社1988年版，第556页。

② [古罗马]西塞罗：《论老年　论友谊　论责任》，徐奕春译，商务印书馆1998年版，第111页。

第二章
道德冷漠产生的个体根源

无论何种类型道德冷漠的产生都与人有直接关联。这是因为：一，人是社会生活的主体，任何社会现象均是人活动与作用的结果与产物，因而任何社会现象均与人有着直接的关联。二，如果人人均是有道德之人，人人都见义勇为、扶危济困、杀身成仁、舍生取义，那么人世间便只会有温暖而不会有冷漠，然而，事实恰恰不是如此。因而，道德冷漠的产生必然有着人的根源。欲探寻道德冷漠产生的根源一定要探究人与人性，因为任何制度最终也是要通过人来加以展示与实现。事实上，一切社会问题都要从人的根源上着手，只有清晰地认识了人与人性，才可能真正地改变人、改变社会。

第一节　人性与道德冷漠

在现有关于道德冷漠产生原因的分析中，研究者们往往是从社会转型、制度变迁以及个人能力等方面去加以论述，而很少论及道德冷漠产生及存在与人性的关系。其实，道德冷漠的产生及存在与人性是有着密切的联系的。整体而言，人是向善的与向上的，但是人性又是复杂的。人性决不仅仅就是善的，人性当中确有恶的成分。“人在道德上是善恶并存的：善恶面对面地存在于人‘最初场所’的中心。”[①]因此，人性的恶在某种程度上是一种人的定在。与此同时，人的自我修养、道德锤炼事实上就是对人性恶的克服与压制。对此，奥地利学者乌克提茨有这样一个论述：“伦理学是以恶为前提的，更确切地说，它以广义的‘偏差行为’为前提；只有这样，它才会被付诸实践。任何有关善的目标都需要恶，需要这一经验——人们的行为可能完全不同于各自集体对他们的期望。”[②]仔细想来，乌克提茨的这一论断或许更接近于对人性真实状况的描述。

一、狼还是羊：人性的迷思

人性的问题是千百年来人们一直在思考与争论的难题，人是凶狠的狼还是温顺的羊？对于人性，俄国学者别尔嘉耶夫这样说道：“人可以这样认识自己，是因为他是一个双重的和矛盾的存在物，是高度分化的存在物，他既类上帝也类动物，既高尚也卑贱，既有自由又有奴性，既有能力上升也有能力下降，既能实践伟大的爱和牺牲也能实践极端的残酷和无限的利己主义。”[③]如此看来，人既有狼性又有羊性。

首先，我们先谈谈人身上的“羊性”。人有没有同情心、利他心以及道德感呢？对此的回答是肯定的。基于生活的常识，我们都有一颗悲悯之心，对不幸者的遭遇都会有感同身受的感觉，进而产生救人于水火的慈善行为。同情是人之为人的特质，失却了同情，

① [英]齐格蒙特·鲍曼：《后现代伦理学》，张成岗译，江苏人民出版社2003年版，第12页。

② [奥]弗朗茨·M.乌克提茨：《恶为什么这么吸引我们?》，万怡、王莺译，社会科学文献出版社2001年版，第217页。

③ [俄]别尔嘉耶夫：《人的奴役与自由》，张百春译，中国城市出版社2001年版，第19页。

人将不能称之为人。同情简单来讲即情感共鸣，同情是个体能与他者分有其快乐与悲伤。不过，同情不能仅仅停留在情感层面，它还要升华为人的品质，也就是个体能将自己对他人不幸的怜悯之情转化为稳定的心理特质和意志品质；更为重要的是，同情更应该是一种行动，即同情要由情感化为行动，并通过行动来展现品质。因此，同情就不仅仅是同情心，同情有着更为丰富的内涵。同情所指的是个体对于他人的痛苦和不幸产生的怜悯、体恤之情以及由此引发的帮助他人摆脱痛苦的援助行为。同情之心人皆有之。只要是人，便会有同情之心。因而，无论是东方还是西方，无论是古代还是现代，人们都对同情给予了肯定。中国古代同情思想的历史是悠久的，其中最为著名的就是以孔孟为代表的儒家学说。儒家的同情思想最集中地体现在儒家的仁爱理论之中。孔子曾讲："仁者爱人。"（《论语·颜渊》）孟子更是将孔子的仁爱思想发扬光大。孟子说："人皆有不忍人之心……所以谓人皆有不忍人之心者，今人乍见孺子将入于井，皆有怵惕恻隐之心，非所以纳交于孺子之父母也，非所以要誉于乡党朋友也，非恶其声而然也。由是观之，无恻隐之心，非人也；无羞恶之心，非人也；无辞让之心，非人也；无是非之心，非人也。恻隐之心，仁之端也；羞恶之心，义之端也；辞让之心，礼之端也；是非之心，智之端也。人之有是四端也，犹其有四体也。"（《孟子·公孙丑章句（上）》）在孟子看来，作为真正的人就应该有仁爱之心，作为真正的人就应该好好地养浩然之气，行仁爱、施仁政，救民于水火，实现天下之大同。有人认为道家是清心寡欲的、缺少同情心的，其实这是一种误解。道家学说中是有不少同情主张的。老子所讲三宝之中的"慈"与"俭"以及老子对于天道的赞颂与对人道的批判都包含着同情思想。[1] 佛教中的“舍身饲虎”“割肉喂鹰”等典故均是舍己为人悲悯情怀的表现。更为重要的是，现实生活世界总会有催人泪下、动人心魄的感人事迹，因而造就了普通人的如此生活主张与道德信仰——“天下还是好人多”以及“善有善报，恶有恶报”。西方世界从古希腊开始就对于同情、仁爱与人道给予了高度的关注。亚里士多德说：“善意看来是友好的，但并不是友情。因为对不相识的和无所知的人都可以有善意，友情则不能这样。善意也不是爱情，善意是突然产生的。”[2]西方基督教传统中不乏“爱”的论述与表达，基督教主张以悲悯眼光看待苦难世界，以博爱胸怀来救受难之人。到了近代，对于同情思想，人们给予了更多的关注。自由主义思想的先驱亚当·斯密认为：“无论人们会认为某人怎样自私，这个人的天赋中总是明显地存在着这样一些本性，这些本性使他关心别人的命运，把别人的幸福看成是自己的事情，虽然他除了看到别人幸福而感到高兴以外，一无所得。这种本性就是怜悯或同情，就是当我们看到或逼真地想象到他人的不幸遭遇时所产生的感情。”[3]即便是经常被人们所批判的社会达尔文主义者马尔萨斯也并没有完全否定人性之中有善的成分，马尔萨斯说：“博爱原理的价值，是无可轻视的，我亦不曾说一句话，稍稍予以轻视。这是人心中最高贵最神圣的性质。”[4]甚至以悲观主义哲学家面貌出现的德国思想家叔本华都认为同情是不可否认的人类意识

---

① 老子讲：“我有三宝，持而保之。一曰慈，二曰俭，三曰不敢为天下先。慈故能勇；俭故能广；不敢为天下先，故能成器长。”(《老子·六十七章》)对于被压迫阶级悲惨的境遇以及剥削阶级的贪得无厌，老子写道：“天之道，其犹张弓与？高者抑之，下者举之，有余者损之，不足者与之，天之道损有余而补不足。人道则不然，损不足，奉有余。孰能有余以奉天下？其唯有道者。”(《老子·七十七章》)

② [古希腊]亚里士多德：《尼各马科伦理学》，苗力田译，中国人民大学出版社 2003 年版，第 195 页。

③ [英]亚当·斯密：《道德情操论》，蒋自强等译，商务印书馆 1997 年版，第 5 页。

④ [英]马尔萨斯：《人口论》，郭大力译，北京大学出版社 2008 年版，第 121 页。

事实，叔本华甚至将同情提升到与人性等同的高度，他认为没有同情心便不会有人性。[①]

不过，对于任何具有生活常识的人而言，人性决不是一元的，人确有同情心与利他心，但同时人又有自爱心与利己心。人有自保之本性，人有趋利之本能，这些均是人的天性。对此，荀子说道："凡人有所一同：饥而欲食，寒而欲暖，劳而欲息，好利而恶害，是人之所生而有也，是无待而然者也，是禹桀之所同也。"（《荀子·荣辱》）韩非子也说："夫安利者就之，危害者去之，此人之情也。"（《韩非子·奸劫弑臣》）人确有自利的本性，对此应该承认而不能否定。不过，承认的人自利本性并不意味着放任这种本能，社会要对这种本能加以规训与教化，即"人文化成"。这便是荀子所言的"化性起伪"。尽管荀子的人性论被后人称为是性恶论，但荀子的目的却是要通过教化消除这种"恶"，即通过学习礼义、改造自己，使自己逐渐崇高起来，成为君子式的人物。若按荀子的原话讲就是"涂之人可以为禹。"（《荀子·性恶》）对于人性的自利与自爱这种本能，西方学者也是有着深刻认识的。柏拉图认为人的灵魂是由理智、激情和欲望所构成，只有当人的理智控制住人的激情与欲望时，人才会是好公民。更为注重现实的亚里士多德对人性认知相较于柏拉图而言则更为清醒，亚里士多德认为人是城邦的动物，人虽然是力求于卓越与高尚，但人身上有着兽性的因素——"一旦他毫无德性，那么他就会成为最邪恶残暴的动物，就会充满无尽的淫欲和贪婪。"[②]16 世纪意

---

① 对于人性与同情的关系，叔本华认为："因为似乎没有同情心的人被称为无人性，所以时常用'人性'当作同情心的同义词。"（[德]叔本华：《伦理学的两个基本问题》，任立、孟庆时译，商务印书馆 1996 年版，第 240 页）

② [古希腊]亚里士多德：《政治学》，颜一、秦典华译，中国人民大学出版社 2003 年版，第 5 页。

大利学者马基雅维利与17世纪的英国思想家霍布斯均认为人性是自私的。即便是对人性有着更为客观公正的启蒙时代的苏格兰学者休谟与斯密也都认为人有自爱之心与利己之心。[①] 其实,一个人的好并不在于其自身没有恶的欲望而在于他能够用善的欲望压制住恶的欲望;一个社会的好并不在于这个社会中没有恶人的存在而在好人远远多于恶人且使恶人不易作恶。

总之,对人性我们不能作简单的形而上学般的划分,而应辩证地、历史地去对人性加以剖析。在这个方面,经典作家给我们树立了榜样。马克思和恩格斯认为人性是具有社会性的,对于人性的分析应从社会关系中、从现实活动中去加以考察。现实之中的人是多种存在的人,他们在各自不同的生活世界有着不同的角色及其行为的展示,并且通过这些角色与行为展示出人的真实生活及其人性的真实的样态。一个穷凶极恶、杀人如麻的歹徒可能对其家人则极具温情,他很可能是一个孝子抑或是一个慈父。同理,一个事业心极强的工作狂人、事业达人可能在家庭方面并未尽职尽责,他很可能是一个绝情的孩子或冷酷的父亲。对于人性,我们要避免绝对化、简单化与脸谱化。我们应该辩证地看人性。对于人性,我们既不能过于悲观,我们不能因人有恶的因素就将人设定为一无是处的恶人与禽兽;对于人性,我们也不能过于乐观,我们不能因人性中有善的成分将人设想成无任何瑕疵的道德完人。将人性设定为是完全自私与邪恶的这种做法与主张,是厌世与悲观主义的表现;将人性设定为是完全至善与光明的这种做法与主张是

---

① 休谟说:“我们承认人们有某种程度的自私;因为我们知道,自私是和人性不可分离的,并且是我们的组织和结构中所固有的。”([英]休谟:《人性论》下册,关文运译,商务印书馆1980年版,第625页)斯密则说:“毫无疑问,每个人生来首先和主要关心自己;而且,因为他比任何其他人都更适合关心自己,所以他如果这样做的话是恰当和正确的。”([英]亚当·斯密:《道德情操论》,蒋自强等译,商务印书馆1997年版,第101—102页)

脱离现实的空想与盲目乐观主义的表现。这两种做法与主张均是错误的，前者的错误是易见，而后者的错误则不易察觉。因为人们往往基于朴素的情感与善良的意愿，人们都愿意相信世间的美好而不愿意承认世间的不美好。然而，生活世界与经验的理性告诉我们，这一想法至少在现阶段却缺少可行性与现实性。

二、根本恶：一种更符合实际的人性论

对于善与恶，人们更倾向于选择善，因为善是好的，有用与美的；而对于恶，人们基于本能式的加以回避。人们之所以有如此的选择在生活世界其实是可以理解的。不过，作为学术研究而言，我们则不能过多地被情绪所左右。我们要直面恶，要对恶进行冷静客观的分析。在这一点，康德与黑格尔给我们作了很好的表率，马克思与恩格斯给我们作了很好的榜样。[①] 关于人性是恶的，可以做这样四个层面的解读：第一，人性之中有恶的成分与因素，这是客观事实。在人类历史长河中侵略与屠杀不绝于史书；羡慕、嫉妒

---

① 康德主张绝对命令，主张敬畏头顶上的星空与心中的道德律令，但是其理论前提事实上承认恶的存在为逻辑前提的。“根据康德的说法，根本恶是一个类概念；它被织入了人性之锦，普遍适用于所有人类。我们都有一颗‘恶’的心。因此，它不是部分人类的偶然特征，甚至也不是所有人类的偶然特征。”([美]理查德·J. 伯恩斯坦：《根本恶》，王钦、朱康译，译林出版社 2015 年版，第 39 页)“黑格尔本人从不认为，恶可以被完全消除。相反，恶总是会以新的面貌和新形式突然出现。”([美]理查德·J. 伯恩斯坦：《根本恶》，王钦、朱康译，译林出版社 2015 年版，第 90 页)恩格斯在《路德维希·费尔巴哈和德国古典哲学的终结》一文转引黑格尔的一段话——“有人以为，当他说人本性是善的这句话时，是说出了一种很伟大的思想；但是他忘记了，当人们说人本性是恶的这句话时，是说出了一种更伟大得多的思想。”恩格斯又进一步说：“在黑格尔那里，恶是历史发展的动力的表现形式。这里有双重的意思，一方面，每一种新的进步都必然表现为对某一神圣事物的亵渎，表现为对陈旧的、日渐衰亡的、但为习惯所崇奉的秩序的叛逆，另一方面，自从阶级对立产生以来，正是人的恶劣的情欲——贪欲和权势欲成了历史发展的杠杆。”(《马克思恩格斯选集》第 4 卷，人民出版社 1995 年版，第 237 页)

与恨也是日常生活中的常态;即便是讲"当别人打你左脸时,你把右脸也迎上去"的基督教中也有着"以牙还牙,以眼还眼"的主张……因而,无论从哪个角度而言,我们的生活都充满了恶,从虚情假意到造谣中伤、从卑鄙的谎言到落井下石、从尔虞我诈到明争暗抢、从杀人放火到拦路抢劫、从血族仇杀到种族灭绝,等等。因而我们甚至可以追问这个星球上还有比人更加残忍、冷酷与无情的吗?第二,善与恶又是相对的概念,针对不同的群体可能有着不同的道德评判,对某个集团是善的可能对另外一个集团而言就是恶的。第三,善的非善性。所谓善的非善性与道德的不道德性同义。善与道德给人直观是好的,不过如果仔细分析起来则未必。善与道德均是某一共同体为了维护其共同体利益而制定出来的行为准则与价值规范,其本身也是存有局限性的。这种局限性又具体表现在以下三个方面:(1)它是既有的秩序与规范的表现,对于新生事物与新的价值规范来讲往往是持打击与否定态度的,因而其有可能由善转变为恶。(2)在人类历史长河中,有许多次战争与屠杀均是打着"道德"的理由进行的,即所谓"师出有名"。对此,乌克提茨在《恶为什么这么吸引我们?》一书中这样写道:"'道德'在历史上,甚至一直到现在,一次次地导致了集体的疯狂,战争中伤亡人数客观地说明了这一点。"[①](3)道德与人道并不总是同一的与统一的。道德往往源自某一共同体,是维系共同体利益的规范与秩序,道德的这种团体性有时造就了道德的局限性,即只顾及本共同体的利益而对于普遍人类的整体利益有所忽视,从而造成道德与人道可能性的冲突与对立。第四,从逻辑论证的角度而言,恶的存在同样是必须的。这是因为善与恶是相比较而存在的,如果

① [奥]弗朗茨·M.乌克提茨:《恶为什么这么吸引我们?》,万怡、王莺译,社会科学文献出版社2001年版,第221页。

没有恶，哪里会有善并又怎样确定善呢？总之，基于上述理由，恶是存在的。当然，证明恶存在的现存性并不是论证其存在的现实性。

那么，笔者是如何来理解人性恶呢？在此，笔者更多的是从上述论证的第一个层面的维度即人性之确有恶的成分与因素这一事实出发的。人性是恶的，人性中存在着根本性的恶——那些为人们所公认的、可通约性的恶，比如说野蛮、残忍，等等。人性恶的表现形式是多样的。培根认为较轻的恶表现为暴躁、不逊、喜争或顽强，而较重的恶则嫉妒或纯粹的毒害。[①] 弗洛姆则认为人类恶的倾向有这样三种表现形式：爱死、恶性自恋、共生性乱伦固恋。[②] 在此，我们重点探讨三种人性恶的表现形式：自私与自恋、嫉妒与怨恨、邪恶与仇恨。

1. 自私与自恋

我们在前文中讲道人是自爱的。从表象上看自爱似乎与自私与自恋相近，其实不然。自爱的人既爱自己又爱他人，而自私与自恋表象上是爱自己而不爱他人，其实是连自己都不爱。总之，“自私与自爱并不是一回事，恰恰相反，二者是对立的。……自私的人总是对自己焦虑异常，他总是不满足，整天心神不定，害怕所得不足，怕错过什么，更怕被剥夺了什么。他对任何可能得到更多的人嫉妒万分。如果我们再进一步观察，尤其注意潜意识动力，我们发现这类人根本不喜欢自己，而是极其厌恶自己。”[③] 如果说趋利避害是人的一种天性的话，自私在某种程度上也是人的一种天性。

---

① 参见《培根论说文集》，水天同译，商务印书馆 1983 年版，第 45 页。

② 参见[美]埃里希·弗洛姆：《恶的本性》，薛冬译，中国妇女出版社 1989 年版，第 7 页。

③ [美]埃里希·弗罗姆：《逃避自由》，刘林海译，国际文化出版公司 2007 年版，第 81 页。

当外在的规范约束相对较弱时，当内心良知信念相对较少时，个人的私欲便会膨胀，损公肥私、损人利己、争名夺利、造谣中伤、明哲保身等自私自利的现象便会随之出现。自恋是个体对外在的荣誉、他人的评判过度的迷恋与沉迷，过度的自恋会致使个体失却正常的理智，做出病态的判断与推理。极度自恋的人一定是自私的人，极度自恋的人一定是冷漠的人，极度自恋的人一定是冷酷的人。极度自恋的人既害自己也会害他人，极度自恋的人不会接受批评，也不会接纳他人。只有克服了自私与自恋，个体才能实现自我的超越，个体才能成为真正意义上的人，成就大写的“我”——“觉悟的人”。只有此时，个体才可能真正地爱这个世界、爱这个世界上所有的人——无论是熟悉的人、陌生的人抑或是不友好的人。

2. 嫉妒与怨恨

嫉妒与怨恨是当下人们常用来评判社会风尚的三个关键词“羡慕、嫉妒、恨”中的后两者。如果说羡慕是人的一种正面情绪与心理的话，那么嫉妒与怨恨则是人的负面情绪与负面心理。嫉妒与怨恨均对个体心灵进行自我毒害。嫉妒是个体对于比自己具有某种优势的身边的人所产生的愤恨、不满等负面情绪。嫉妒是人最强烈的、最持久的负面心理。“嫉妒永不休假”。嫉妒使人身心不悦，长期的、高强度的嫉妒会使人心理发生畸变，会产生诸多反社会的心理与行为。嫉妒的对象并非那些远在天边的人、本事与能力远远超过我们的人或本事与能力远远低于我们的人，嫉妒的对象往往是个体身边所熟悉的与个体自身本事与能力相差不多的人。与嫉妒相比怨恨的对象则更为宽泛。怨恨的对象可近可远，可高可低。怨恨的对象是无所不包，这即俗语中所讲的“怨天尤人”之义。嫉妒能毒害个体心灵，不过与怨恨相比嫉妒的破坏力则相对较小。因此，我们在此重点论述一下怨恨。怨恨有这样两个含义：“其一，在怨恨中涉及的是重视对他人做出的一种确定的情绪性反应的感受和咀嚼，这种咀嚼加深那一确定的情绪，并进入个体的中枢，因而便使这一情绪逐渐脱离位格的表达范围和行动范围……，其二，这个词也意味着，这种情绪之品质是消极的，既包含着一种敌意的动态。"[①]怨恨不同于报复感、嫉妒、幸灾乐祸，这是因为怨恨有着独特的机理——"怨恨产生的条件只在于：这些情绪即在内心猛烈翻滚，又感到无法发泄出来，只好'咬牙强行隐忍'——这或是由于体力虚弱和精神懦弱，或是出于自己害怕和畏惧自己情绪所针对的对象。"[②]怨恨虽然在个体心中隐忍着、激荡着，但其总在找寻一切可能的机会爆发。"怨恨在目睹更高价值时欢乐不起来，它将其本性隐藏到'平等'的诉求之中！实际上，怨恨只想对具有更高价值的人施行短头术，因为他们惹它恼恨。"[③]在竞争激烈的现代社会，本事主义哲学的盛行以及以效益优先考评机制造成了现代社会中所有人都可能产生怨恨心理。因为只要有竞争，就会有胜负；只要有成功，就会有失败。现代社会充斥着不少心怀怨恨的失败者。弱者很受伤，这是很自然的事情。弱者不仅仅经济收入上处于弱势，弱者往往还在尊严以及未来可预期的发展前景方面均处于劣势。吊诡的是，在现代社会，强者也很受伤。强者受伤的机理有三：(1)强中自有强中手，总有比强者更强的人；(2)强者为了保持现有的地位，不得不拼命地工作而费尽心机；(3)强者担心弱者对其财产与身心的伤害。总之，在现代社会，似乎人人都很受伤，似乎人人都很失败。因而，在现代社会里，怨恨不断地被产生出来与被强化存在，最终可能会造成个体如此的心理：这个世界只有冷漠而没有温情；这个世界只有竞争而没有

---

① [德]马克斯·舍勒：《价值的颠覆》，罗梯伦等译，生活·读书·新知三联书店 1997 年版，第 3—4 页.

② 同上书，第 10 页。

③ 同上书，第 128 页。

合作;他人没有帮助过我,我也没有任何义务去帮助他人。这便是社会冷漠与社会冷酷的由来。不过,怨天尤人最终的结果是既伤害了他人更伤害了自己。

3. 邪恶与仇恨

人性之中的恶不仅仅有自私与自恋,有嫉妒与怨恨,还有邪恶与仇恨。这是常人一般不愿意接受的事实。但是若冷静思考后,我们一定会承认人类社会之中是有邪恶因素存在的。纵观人类历史,“杀人盈城”与“杀人盈野”式的战争与冲突并未彻底根除,惨无人道、灭绝人性的歹徒与恶魔时有出现,仇视社会、仇视人类的恐怖分子与邪教徒也并未完全消失。[①] 其实,就生活世界中的个体而言,仇恨的种子从未根绝,“恶向胆边生”也并未失去现实的依据。现实中人的邪恶与仇恨有诸多表现形式,最主要的有这样两种:平庸的恶与穷凶极恶。平庸的恶是指个体为了自保而故意放弃良知与正义,个体看似无意其实往往是故意地成为恶的帮凶。由于他们遮蔽了良知与正义,他们成为作恶的流水线上的一个环节,他们会心安理得地、习以为常式地去作恶与杀人,最终成为“艾希曼式的人物”——一个看似无责实质有罪的人。阿伦特认为以艾希曼为代表的平庸的作恶者由于放弃了作为人之为人的根本特质——思考与反思——而成为机械式的盲从者,盲从者并不是无辜者更不是无罪之人,盲从者无论如何都是作恶的人。盲从者放弃思考本身即是失职与失责,更为重要的是盲从者会像没有情感的机器那样无情地杀人与作恶——“它能够到达无法思虑的极端并席卷整个世界。”[②]德国法西斯的奥斯维辛集中营中发生大规模

① 最为典型的就是2011年9月11日在美国发生的“911事件”以及2014年5月28日发生在中国山东省招远市麦当劳邪教徒杀人案。

② [美]汉娜·阿伦特:《反抗“平庸之恶”》,陈联营译,上海人民出版社2014年版,第110页。

屠杀犹大人这样的灭绝人性的行为不正是通过诸多类似艾希曼的人加以实现的吗？如果说平庸的恶还有一部分人是被裹挟着作恶，那么穷凶极恶则是明明知道为恶却故意为恶，甚至以作恶为乐。这是人性之中最为恶劣的表现。那些杀人狂徒、战争恶魔均是如此。人类历史长河之中不乏种族灭绝与大屠杀这样恶性事件的发生。为什么会如此呢？原因有以下几点：(1)为达到实质的、有形的目的而除掉构成阻力的反对者；(2)自认受了欺侮而要讨回公道；(3)恐惧敌人；(4)认为必须除掉异己才可保持生活环境清净。[①] 除此之外，按心理学家的分析，每个人的内心之中都隐藏着邪恶的种子。弗洛姆认为人的本性之中是有以下恶的表现的，当动物、儿童以及成年人的愿望或需要遭挫折时，都会产生侵犯行为；当伤害已成为事实，人有一种本能式的非理性复仇的冲动；特别是人的本性之中还有着嗜血的杀人激情。[②] 尽管我们并不完全赞同弗洛姆的这一理论，但弗洛姆关于人性恶的这一理论却给了我们这样的启示：人身上确有一些非社会性的本能。对此，我们应该警醒。

三、人性根据的哲思

其实，对人性无论是作纯粹的性善论的判断还是纯粹的性恶论的判断都存有逻辑上的矛盾。如果人性是纯善的，那么恶又从何而来？如果人性是至恶的，那么人又何以向善？对此，中西方的思想家都展开过深入的讨论并给予了相对完整的解答。在中国，宋明理学家认为人性可分为天命之性与气质之性，天命之性纯善

---

① 参见[美]丹尼尔·希罗、克拉克·麦考利：《为什么不杀光？种族大屠杀的反思》，薛绚译，生活·读书·新知三联书店 2012 年版，第 54 页。

② 参见[美]埃里希·弗洛姆：《恶的本性》，薛冬译，中国妇女出版社 1989 年版，第 8—20 页。

而气质之性则可善可恶。这样的解答是机智的也是深刻的,它巧妙且完整地回应了人性何以有恶的原因以及人性又如何向善的追问。西方思想家也在不断地讨论这一问题。康德认为人有动物性禀赋、人性禀赋和人格性禀赋三种禀赋,动物性禀赋不以理性为根源,人性禀赋虽有理性为根源但却还服从其他理性的动机,人格性禀赋是以无条件地立法的理性为根源。① 康德的这种解答同样是高明的,承认人性当中有恶的成分但并不否认人性之中还有善的因素,更为重要的是承认人性中有恶的成分并不是对恶的放纵而是在于提醒人们要正视人性。欲养成真正的道德自我、高尚的道德人格必须正视人性中恶的成分。

那么,我们究竟应该如何面对人性中的恶并加以正确的解读呢?首先,必须正视恶的存在的客观现实。我们应意识到人性并不是纯善的这一特质,人可能会背离道德原则去为非作歹,对此我们应该警醒且加以避免。其次,恶产生的原因与表现样式是多样的。康德认为恶产生的原因及其表现类型有三:"第一,人心在遵循已被接受的准则方面一般的软弱无力,或者说人的本性的脆弱;第二,把非道德的动机与道德的动机混为一谈的倾向(即使这可能是以善的意图并在善的准则之下发笺),即不纯正;第三,接受恶的准则的倾向,即人的本性或者人心的恶劣。"②在康德看来,第一种恶产生的原因及其表现类型就在于动机与意志的软弱,个体不能将善良意志执行下去;第二种恶产生的原因及其表现类型在于尽管行为是合乎义务的行为但其并不是纯粹从义务出发的;第三种恶产生的原因及其表现类型就是纯粹人性的败坏,即邪恶的人性。

---

① 参见[德]康德:《单纯理性限度内的宗教》,李秋零译,中国人民大学出版社 2003 年版,第 9—12 页。

② [德]康德:《单纯理性限度内的宗教》,李秋零译,中国人民大学出版社 2003 年版,第 14 页。

前两种恶从动机上看并非出于恶之意图且危害往往也较小，而第三种恶从动机上看则是故意为恶且危害也往往较大。不过，无论出于何种原因，在康德看来恶似乎在所难免。

如果我们从人的角度来看道德冷漠，我们会得出这样的结论：人性与道德冷漠的产生是有直接关联的。我们在前面谈及道德冷漠的现象与类型时已指出道德冷漠有着多种表现形式：旁观者的冷漠、平庸的恶以及穷凶极恶。人本性的软弱（意志薄弱）是造成旁观者冷漠的重要原因；看似合乎律令但并非本乎律令以及不爱思考的天性是造就平庸的恶的关键；人心的恶劣则是造就穷凶极恶的人性根源。人性的如此弱点注定了道德冷漠是一个人类社会将长期面临的问题。面对着如此的人性，我们既不能悲观更不能绝望，相反我们应该充满信心与希望。人类自身的文明进步过程就是一不断正视假、恶、丑并且消灭假、恶、丑的过程，人类社会的明天会更加美好。对此，我们应充满信心。

第二节　道德认知偏差与道德信仰受损

“人为何要有道德”与“人如何才有道德”虽密切相关，但更有区别。“人为何要有道德”更多地是从认知的角度而言的，“人如何才有道德”更多的是从行动的角度而言的。“人为何要有道德”更多的是在抽象的意义来说明人为什么要有道德行为，而“人如何才有道德”则是要具体回答在现实中人如何行动才能成为有道德的人。现实之中，人如何才能有道德呢？关键就在于使人认识到道德的重要性与必要性。道德要给人以崇高感，人觉得为了神圣而应该追求道德；除此之外，道德还应该给以实效感，人们觉得遵从道德是有用的，道德是能够避免惩罚又能够带来好处的。承认德性是有用的，承认人遵从道德并非仅仅是为了崇高这一观点看似庸俗，实则真实。道德之所以为个体所接受与采纳从最根本的意义而言就是道德能够给个体带来好处。此其一。其二，道德是为了人的，而不是人为了道德。舍人之利益而不顾的道德可能就是非道德，不顾及人的利益的道德也许看似崇高但实则无力。生活世界中的人们在进行道德活动时，总会要基于德行成本的考量而进行道德选择的。因此，按照这样的理路来思考道德冷漠的现象产生的原因，我们就会发觉如果仅仅局限于德性论的传统是不能给出完美解答的。只有我们全面、客观、公正地审视道德，我们才有可能揭示道德冷漠产生的根源；只有我们全面、客观、公正地审视道德，我们才有可能找寻到解决道德冷漠的途径与方法。

一、道德成本与知行合一

1. 知识与美德：道德实践中的知与行

知识与美德的关系可以在相当程度上看作是知与行在道德范围之内的具体展现。知与行应是辩证统一的，即我们通常所讲的知行合一。不过通过"知难行易""知易行难"以及"论先后，知为先；论轻重，行为重"(《朱子语类》卷九)等相关论述，我们可以发觉知与行并不是完全同一的，知与行有时是分离的。知行不一其实并不难以理解，原因有二：一是知行不一的事实并非个例；二是从学理上看，知识与美德分属于不同的学科，知识归于知识论，知识属于理智科学，而美德则归于实践论，属于实践科学，因而，知识与美德并不是直接同一的。知识与美德两者间存在着复杂与多样的关系。

(1) 知识＝美德：知识与美德的同一

知识与美德具有同一性，对此我们是必须要加以肯定的。知识对于美德而言，是必不可少的。对此，康德说道："天真无邪当然是荣耀的，不过也很不幸，因为它难以保持自身，并易于被引诱而走上邪路。正因为如此,智慧——它本意是行动更多于知识——也需要科学,不是因为它能教导什么,而是为了使自己的规范更易为人们接受和保持得更长久。”[①]知识对于美德的形成具有引领、指导与保障的作用。人的正确行为源于人的正确认识。我们的善行源于我们对于事物本质的把握以及我们对于规律的恰当运用。通过学习,我们避免了无知、澄清了假知、取得了真知,我们做到了不但知其然而且还做到了知其所以然,这时我们的行为才可能是既合乎规律又合乎目的。此时的我们才可能是真正地在行善,此时的我们才真正地具有美德。那种没有道德认知为基础而做出的善行往往仅具有善的形式却不具有善的本质。尽管我们不能否定它的行为善的属性与功能,但我们应该明了此种行为往往是出于习惯式本能而未经理性的反思,它具有朴素性、自然性与易变性,因为当主客观条件发生变动时(尤其是当客观环境、外在条件发生改变使个体有了作恶的可能时),个体并不必然会按传统既有的方式行动,他极有可能背弃传统、抛弃良知而成为不择手段的恶人。总之,真正的美德必然建立在真知的基础之上。

(2) 知识≠美德:知识与美德的分离

知识与美德的同一是一种应然的状态,而在现实之中,知识与美德也有不相契之处。在历史中,不乏“满口的仁义道德,满腹的男盗女娼”伪君子式的人物;在现实中,我们更不难发现知行不一的现象。生活中有些人讲起道理头头是道,但他们是否真正地能够做到知行合一,将那些他们所标榜所鼓吹的道德用于指导自己的言行却要另当别论。至于我们自身而言,有些事情我们明明知道不对但若事情轮到我们头上我们自己却不会选择反抗而会选择

① [德]康德:《道德形而上学原理》,苗力田译,上海人民出版社 1986 年版,第 55 页。

默认与遵从(而他人若有如此行动时我们极有可能义愤填膺),比如说拉关系、走后门等见不得阳光的行为。我们内心依然崇尚崇高,推崇“正直”“诚信”等德目,敬仰海瑞那样的“文死谏,武死战”式的英雄,但在现实生活中,我们却是有可能选择“和光同尘”的生活,我们宁愿做一个不太好也不太坏的俗人也不愿作一个英雄或圣人,这是因为我们觉得做英雄与圣人活得太累了……基于此,我们必然就要追问:社会为什么会出现知行不一的现象?我们为什么也会言行不一?仔细思考,我们就会发现,造成如此现象的原因是多方面的:既有道德认知不彻底的因素,又有道德勇气不足的成分,还有道德意志不坚决的原因;除此之外,还有一个最为根本的原因,那就是道德成本的大小。如果行善的成本过高,人们可能会普遍地放弃行善;如果为恶的收益颇高,人们就可能不会轻易地抗拒作恶。道德成本是人们进行道德选择的重要依据。道德成本过高是造成人们“心动”而未“行动”的重要原因,也是造成道德冷漠的重要原因。

2. 德行成本:知行同一与知行分离的关键

我们在前文已做过分析,人性之中有自利与自爱的一面也有同情与利他的一面。因而人行动的动机是受诸多因素制约的。不过,真正决定人如何行动是在具体场景中冲动力最强的那一个——是良知与正义还是自私与自利?中肯地讲,人并不是永远地都在道德地行事,人行为的动机也并不总是出于良知与正义。在许多场合,人的行为是经过个体理性算计后才做出,个体要对自己的行为及其后果加以量化计算的,若个体行为的成本远远大于收益时,个体极有可能就会放弃此种行为;若个体行为的收益远远大于付出时,个体会有最大之可能将此种行为化为现实。

当一个人道德行为的成本小于其行为的收益时,即个体在将其善良意志付诸现实中个体整体收益是不受损反而是受益时，个体就会坚持此种道德行为并将这一行为逐渐地变成道德习惯——不再需要道德反思而是类似本能式地去道德实践。道德习惯是“理性的非理性表现方式”，道德习惯的形成是个体经过长期的道德教化、道德反思以及道德实践方能形成的。更应值得强调的是，若一个人养成了良好的道德习惯，即便在以后的道德实践中个体的利益受到损害，个体仍会坚持既定的道德信念；然而，如果个体利益持续受损，个体极有可能对自己这种长期坚持的道德习惯加以痛苦的反思，他极有可能改变自己的行为方式而选择一种新的生活（最大的可能是沉沦的生活与不道德的生活）。尽管功利算计与利害考量不是现实生活中人们进行道德选择唯一的因素，但却是非常重要的因素。当一个人的道德行为成本大于其道德收益时，即个体在将其善良意志付诸现实。个体整体收益不是增多而是减少，尤其是作了英雄既流血又流泪——见义勇为者因见义勇为而受伤后，生活不能自理、老婆离婚、儿子辍学……面对着如此高昂的道德成本时，作为现实中的人必然就要思考以后碰到类似的情况该如何行为：是勇往直前还是明哲保身？是义无反顾还是迟疑不前？答案似乎是不言而喻的。因此，道德生活领域中的知行不一相应地也就很好地被理解了。当缺乏保障个体权益的制度安排时，个体很难义无反顾地去进行道德义举与善行。其原因并不在于个体不知“道”而在于个体担心承担不起如此沉重的道德。同理，现实生活当中之所以会出现诸多道德冷漠的现象有时原因并不在于人们认识不到应该行善而问题在于行善的成本过于高昂。在如此高昂的道德成本面前，有些人没有挺身而出而选择了退缩。对此，我们应该做这样的解读：一，他们良心未泯，他们虽然是看客与旁观者，但他们有极大的可能成为见义勇为的勇士；二，我们应该积极地创造条件使他们由潜在的英雄变成真正的英雄，而并非一味地责难；三，看客与旁观者也不应作更多的自我辩护，无论出于何种理由（特别是强调道德成本过高），成为看客与旁观者事实上都是不道德的，因而看客与旁观者不应找一些貌似合理的理由来自欺欺人，因为他们的行为事实上使他们成为"沉默的羔羊"与"罪恶的帮凶"。

3. 认知偏差：道德成本过度强调的后果

道德是有成本的，人的现实行为是有功利算计与成本考量的，这是没有问题的。但问题在于如果仅仅强调道德的功利性而不承认道德的崇高性、仅仅强调道德成本而不讲道德奉献，那就是一种错误的认知。事实上这种错误的道德认知是绝大多数看客与旁观者行为的真实写照。为了批驳这种错误的道德认知，我们有必要认真地研究一下何为道德。

道德是个体对于"道"的"得"，所谓的"道"指的是客观的伦理精神与伦理秩序；所谓的"得"是指个体对于客观的伦理精神与伦理秩序的获得，这种"得"又分为内得与外得两种——"内得于己，外得于人"。所谓"内得于己"是指个体反省自我，端正心性，使个人内心具有善之品性；所谓"外得于人"是指个体是在内心确立正直原则、端正心性修养基础之上，身体力行，使内心正直原则指导和约束自己的行为，并施德于他人。因而，作为个体道德而言，它具有主体性、能动性、阶段性与反复性等特点。就作为个体道德生成而言，道德的环节包括道德认知、道德情感、道德意志与道德行为等阶段。道德认知是人们对社会道德现象、道德规范及其履行意义的个体性的认识、知觉与体会。道德认知是个体通过认知，知晓社会的价值判断与荣辱共识，感受到社会群体的强烈褒扬或贬斥，从而形成强烈的是非观与荣辱观。道德认知在人的道德行为中具有基础性作用。道德认知是人的道德行为的起点与开端，通常的道德行为都是建立在道德认知基础上的，并且人的行为也会随着道德认知的改变而改变。在此我们以偷窃为例加以说明。人们通常认为偷窃是不道德的，是不光荣的，是耻辱的。不过，对于富人财富的偷窃与抢夺则会有不尽相同的认知。在传统社会，人们往往有这样一种认知——“为富不仁”，人们通常认为只要是有钱人在道德上就存有瑕疵，因而“拿”他们点东西是理所当然、天经地义的事情，人们并不会为此而“羞耻”，反而觉得很自豪，很光荣，认为自己是在做着“劫富济贫，替天行道”的好事；而在当下的现代社会，随着人们对权利意识的强化以及对于财富理解的加深，人们逐渐地形成这样的道德认识：人的生命、自由、财产等合法权利是不容侵犯的。因而，即便现在仍有人觉得凡是富人就是“为富不仁”并要对其“打家劫舍”，但他也不像传统社会中那些“英雄好汉”那样底气十足，他的那种“理所当然”的神圣感与道义感在消减，代之而起的是隐隐然的内疚感与负罪感。总之，道德认知决定着人的道德判断及其道德行为的实现方式。

道德认知具有鲜明的主体性的特征，道德认知总是个体的认知，离开了个体的认知就无所谓道德的生成。道德及其道德认知是在社会实践中不断养成与生成的。同时正是由于道德的生成，所以道德认知还具有反复性与阶段性的特点。道德认知的形成一般要经过认同——思考——质疑——再思考——再认同这样一个反复建构确立的过程。道德认知充分体现了道德是“我的识见，我的意图”这一主体特性。生活世界是复杂与多样的，生活世界中不仅有真、善、美，生活世界中还有假、恶、丑，当然若严格说来可能还存在一些“价值中立”的“灰色地带”。所以一个“赤子婴儿”（道德意义上纯洁的素人）来到这个世界上是面临着善与恶的多种诱惑与多种选择的，个体的私心杂念与复杂多元的生活世界交织在一起，极有可能使个体偏离正确的道德轨道，成为一个是非不清与荣辱不明的不道德的人。这一点在一个变革社会表现得会更加鲜明。这是因为变革社会是一个既有的秩序已经被打破而新的秩序还未全面建成的社会，与此同时变革社会还是一个利益关系面临着极大的调整、社会结构出现极大变动的社会。因而，在变革社会之中，相当一批人会出现道德认知上的困惑与道德迷惘。当然，道德认知的困惑与迷茫并不必然是恶的，它更多的是指人在道德认知上的不适。不过也有部分人并未能从困惑与迷惑中走出来而形成了错误的道德认知。这些人的是非观是颠倒的，价值观是混乱的，荣辱观是错误的。

现实中的部分社会成员之所以会出现道德认知的偏差，根本原因在于不能正确地把握义与利关系、不能正确地处理道德的有用性与崇高性的关系。现实中的部分社会成员往往将道德的功利性以及道德成本过于夸大，因而使个体不是由“小我”走向“大我”甚至是使个体由“大我”退向“小我”，不是由自利提升为利他而是由自爱变成自私。对此，托克维尔在《论美国的民主》一书早就指出：个人主义是出于对自我的热爱，它会造成个体与同胞大众的隔离，造成个体同亲属与朋友疏远；个人主义会逐渐变为只顾自己而无视他人与社会的利己主义。[①] 出现道德认知偏差的个体会从社会公共生活撤退到纯粹私人生活，即只注重个体的私人生活而无视社会公共生活，这实质上既是政治冷漠又是道德冷漠。现代社会中之所以会有道德冷漠的产生，与人们过于强调道德的功利性而忽视道德的崇高性以及义务的至上性是有密切关系的。这些人不去做英雄而成为看客与旁观者、“平庸的恶”的当事者与行为人以及“穷凶极恶”的歹徒与恶棍。这些人甚至还为自己的怯懦、错误与邪恶寻求借口。绝大多数的看客与旁观者会这样自我安

① 参见[法]托克维尔：《论美国的民主》下卷，董果良译，商务印书馆 1997 年版，第 625 页。

慰——“他人如此，我亦如此，又不是我一个是这样。”绝大多数的“平庸的恶”的当事者与行为人会说：“我只是按要求办事，完成上级交代的任务是我的职责，至于说这个任务是对还是错不是我个人权责范围之内的事情。”“穷凶极恶”的歹徒与恶棍可能会说：“好人没好报，恶人很逍遥，所以我也要当恶人。”总之，社会之所以冷漠与这些当事者错误的道德认知有直接的联系。

二、德福不一与信仰危机

1. 德福一致：道德赏罚与因果报应

“人为何要有道德”这是一个历久弥新的话题，同时也是一个争议不断的话题。道德是美的，但是仅有美是不够的，因为这样一来道德很可能会变为空中楼阁与山中幽兰。因而，为了避免此种现象的出现，自古以来无论多么重视德性论的思想家最后在劝慰人要有道德时一定要通过尘世上“福”来加以佐证。这事实上说明了德福不应分离、德福是一致的。所谓德福一致是指有德性的人必将、终归会过上幸福的生活，这也就是人们常说的“好人有好报”。从现实角度上看，德福一致并不总是实然的而有时是作为应然与信仰而存在的。这是因为“德”与“福”两个概念的所指以及应用范围并不完全等同。“德”指的是个体内在的德性修养，“福”指的是个体在尘世间的所拥有的可支配性资源。在现实生活中，由于种种偶然性的因素，“德”与“福”并不直接等同与契合，“德”与“福”存在着分离的可能。颜回与子贡均是孔子的学生，颜回德性最好却贫困潦倒且短寿促命，德性不如颜回的子贡反而财源滚滚、福寿绵长。尽管有如此的偶然性与或然性，人们却总是希望有德的人必定会幸福，这是人们的一种希望与信仰。当然，这种希望与信仰是有其现实考虑的。如果有德人注定不幸福，那么我们怎样劝勉世人去恶向善成为好人呢？因此，无论是东方社会还是西方世界均都强调德福一致。唯如此，人们才能相信道德、尊崇道德、敬畏道德，社会生活方能有序化。为了能够实现这一道德理想、达至这一社会目标，人们运用了多种手段与方法，其中最为主要的是以下两种：一，现实生活中真实有效的道德赏罚机制；二，抽象世界中善恶因果律的道德信仰。

真实有效的道德赏罚机制是生活世界确保人们相信道德、尊崇道德、敬畏道德最为主要的手段。真实有效的道德赏罚机制既包括赏又包括罚，因为这就要求道德既是有利的更应是有力的。所谓道德有利性是指道德具有功利性，这也就是说人们相信道德、尊崇道德与践行道德会给自己带来好处；所谓道德的有力性是指道德具有权威性，道德的权威性源自道德在社会生活居于重要的地位而被人们所尊崇，同时道德的权威性还来自道德赏罚。道德具有奖惩的功能，该奖则奖、该罚则罚，只有这样才能够提高道德的权威性与感召力。这种道德的奖惩就是孔子所讲的“以直抱怨，以德报德。”(《论语·宪问》)不过，由于现实世界的复杂性，应然的道德赏罚可能并未及时出现，反而会出现与应然的道德赏罚完全背离的现象——“好人没好报、恶人很逍遥”。对于这一问题，人们(特别是道德家与政治家)必须直面而不能回避。那么，我们又该怎样解释这一现象呢？我们又该如何实现理论的自洽性呢？此时，善恶因果律的信仰——“善有善报，恶有恶报；不是不报，时候未到”——则成为人们的必选。传统中国有类似的思想，西方也有相近的主张，不同的教义充斥着近似的观点，即便是不信仰上帝的近代西方启蒙学者(如笛卡尔与康德)——均有类似的思想：即便没有上帝，我们也要把上帝造出来，我们造出上帝的目的是为了让人们心存敬畏、祛恶向善、立志成为有道德的人。

2. 德福不一与道德信仰危机

尽管理论家、道德家以及宗教学家都在进行着各自的理论论证来说明德福一致以便实现各自理论的自洽性与吸引力。然而遗憾的是,现实中不断出现的德福不一的现象却在不断地冲击着这些理论,当然也在不断地冲击着人们的道德信仰。有些人开始有了怀疑与追问——有德的人真的有福吗?真的会有来世吗?特别当面对受助者对于施救者不是感激而是讹诈这一现象时,人们难免会对"人性本善"这一信条产生动摇;当看到"英雄流血又流泪"的这一现象时,人们难免会对"好人会有好报"这一信仰发出质疑;当一个社会通行"高尚是高尚者的墓志铭,卑劣是卑劣者的通行证"这一法则时,人们难免会对"恶人终有恶报"这一结论表示怀疑。道德认知的混乱最终会造成道德信仰的危机,而道德信仰的危机会造成社会整个价值体系的危机。

道德信仰是指人们对于道德确信不疑并身体力行的状态。人的道德信仰是建立在道德认知基础上的,不过道德信仰的确立与维系更有道德情感与道德意志的因素。道德信仰为何如此重要关键就在于道德信仰之中加上了人的情感与意志的因素。如果将道德行为视作前进中的汽车,那么道德认知是道德行为的方向盘,道德情感是道德行为的发动机,而道德意志则是道德行为的储油箱。人们为什么能抵御邪恶以及能够坚定真、善、美的追求,根源就在于人们的正确的道德信仰。道德信仰能够使个体将客观的伦理秩序与伦理要求化为自身内在的道德追求与道德义务,自觉自愿地去积极主动地践履。道德信仰能够为人的道德实践提供强大的动力与保障。道德信仰具有稳定性、执着性与坚韧性。不过,人的道德信仰并不是一成不变的,人的道德信仰也有改变的可能。当人的道德认知也发生剧变时或者个体道德认知不断地受到侵蚀而最终也会由量变到质变发生变化时,人们的道德信仰确有变化之可能。不过,在常态情况下,人的道德信仰是稳定的。但在社会结构、利益关系、人的思想观念与生活方式发生重大变化的变革社会，人们的观念（包括信仰）发生改变的可能较常态社会更大些。变革社会是泥沙俱下、鱼龙混杂的社会，在其中假、恶、丑等社会阴暗的东西可能会以明目张胆的方式公开出场，所有这些会使社会成员既有的道德信仰遭受了前所未有的挑战。有些人在这样的考验面前立场动摇了，最终与恶同流合污了，还有相当一批人出现道德信仰危机。这些人的道德信仰要么是虚无要么是错位。道德信仰虚无指的是人不再相信道德、不再追求道德；道德信仰错位是指人不再追求精神的满足与人格的高尚而只强调利益的满足与肉体的享乐。其实，无论是道德信仰虚无的人还是道德信仰错位的人本质上都是相同的。他们都没有明辨是非，都对规则怀疑与蔑视，都对义务与责任加以否认与拒斥，因而他们既不帮助人也不赞美人，最终他们会躲避崇高、拒绝崇高而走向低俗与沉沦。

三、焦虑与本体性不安全

知行合一是我们应为与能为，但是在现实之中也会出现知行分离的现象。究竟根源，知行分离的原因还是很多的，除了上述我们讲的两个原因外，还有一个很重要的原因——“在复杂的社会体系中，我们几乎无法估计自己行为的后果。”①何谓“我们几乎无法估计自己行为的后果”其实就是我们担心我们的行为所产生的后果超出我们的预料、害怕我们的行为给自己带来了一些意想不到的麻烦。其实，这种担心便是焦虑（恐惧）。当然，焦虑产生的原因是多样的：有能力不足的焦虑，有担心本体性安全受损的焦虑，等等。在此，我们重点谈及担心个体本体性不安全的焦虑与道德冷漠的关系。

---

① ［奥］弗朗茨·M. 乌克提茨：《恶为什么这么吸引我们?》，万怡、王莺译，社会科学文献出版社 2001 年版，第 155 页。

人的本体性安全与信任是密切相关。人对外界与他者有了基本信任，人便会有本体性安全。所谓本体性安全“是指理所当然的常规的安全性，它体现出了存在连续性的意义。”[①]本体性安全是指个体对于他人（世界）的认知以及自己与他人（世界）的关系稳定性的保持具有信心，个体相信凭借既有的经验自己有能力解决生活世界出现的问题，个体相信生活世界能够给个体的幸福生活提供稳定与安全的社会环境。因而，当人具有本体性安全时，人就会信任他者并关心他者，人就会有亲社会的行为；当人的本体性安全受损时（即人的本体性不安全时），人就会怀疑他者并且可能有反社会性的行为（如无视他者、敌视陌生人、驱逐外来移民、种族灭绝、大屠杀，等等）。焦虑是影响人本体性安全最大的因素。那么，什么是焦虑呢？焦虑与恐惧、恐慌具有相近的涵义。焦虑并非是对人的肉体安全的直接威胁，而是人的心理感到危险并产生恐慌，焦虑是对人存在价值的一种动摇、怀疑甚至否定。焦虑是烦、畏、死的综合。焦虑是人的真实的生存样式，焦虑并不会空场，焦虑总是在场的，焦虑总是与人相伴而在的。焦虑虽是人的实然的生活状态，却不是人应然的生活状态。焦虑的克服既是人的人格升华和境界提升的过程，又是社会进步的体现。

人的基本信任与本体性安全源于个体早期的生活，个体在小的时候通过正常的家庭生活确认父母是可以信赖与依赖的，在以后他的成长过程中，习俗、惯例也使个体觉得是可以信赖与依赖的对象，而在现代社会，个体的信任要由惯例信任提升到制度信任，相信制度及其制度性承诺，尤其是符号系统与专家系统。这也正如吉登斯所说的那样：“在日常生活层面上，现代性所把握的道德

---

① [英]安东尼·吉登斯：《社会理论与现代社会学》，文军、赵勇译，社会科学文献出版社2003年版，第194页。

本体论的安全感，有赖于把社会生活从产生人的核心道德困境的基本生存观中排除出去制度化做法。”①不过，在现代社会，人的焦虑也成为常态。究其原因有三：(1)现代社会是对“经验的封存”的社会。在一个与传统割裂的现代社会，一切既有的经验都面临着封存的可能。既有的传统、经验、生活技巧都面临着新的挑战，全新环境、不熟悉的陌生人所造成的不稳定的生活境遇使人产生了焦虑与恐慌。这是一种存在性的焦虑与恐慌，这种焦虑与恐慌也造就了本体性的不安全。(2)现代社会是充满了风险的社会。风险是指负面效果或伤害的可能性以及负面效杲或伤害的强度。风险不同于灾难，灾难是真实的，而风险不仅仅是指客观存在威胁与伤害而且风险更是指对于威胁与伤害之诊断、预防的前瞻性把握。总之，风险无处不在，无时不有。大到国家与社会、小到家庭与个体，均存在着风险。科技进步是有风险的，工程施工是有风险的，个体行为也是有风险的。个体行为风险既包括纯粹意义上失败的风险还包括可能性的道德风险，如见义勇为被讹诈、英雄流血又流泪，等等。(3)由于现代社会的运行机制存在着时空分离、脱域以及知识的反思运用(吉登斯语)，所以在现代社会中信任的运行机制是制度性承诺与制度性信任。然而，现代社会中的制度——抽象系统(符号系统与专家系统)——也有失信之可能。假设一种制度设计一方面鼓励人们见义勇为，另一方面却没有相应的制度安排保障见义勇为真正实施的展开，常常出现“英雄流血又流泪”的现象，事实上这种制度便给社会成员如此的警示——如此高昂的道德风险个体是否承担的起？同时，假如讹人者不能够得到有效的惩戒，事实上这种制度便给社会成员如此的信息——如

---

① [英]安东尼·吉登斯：《现代性与自我认同》，赵旭东、方文译，生活·读书·新知三联书店1998年版，第183页。

此的制度安排是否就是在纵容恶？总之，无论这两种情况是否同时发生，人们总会产生不信任、焦虑与本体性不安全。

在现实生活中见义不为的旁观者现象之所以在现实生活中不断出现，原因至少有两个：(1)行善是与道德成本密切相关的，道德也是有成本与代价考量的。人们在道德行动之前或行动过程之中，是有利益考量的。人们的确要考虑自己的行为及其行为所产生的后果，即便个体本意是行善的，但这一行为可能给个体带来相当多的付出：时间、精力与财力，有时甚至可能是生命。因而，生活世界中的个体对于自己的行动确有所顾忌。(2)人们之所以未做出义举与善行根源就在于焦虑与恐惧，人们觉得自己的本体性安全受到了威胁。现实生活中，之所以会出现知行不一、道德冷漠的现象，既有人性自私、自利等根源，更在于人们担心自己的常态生活受到破坏且得不到应有的制度性保障。见义勇为等道德善举不仅仅会有纯粹的时间、精力与财力等成本的付出，见义勇为等道德义举与善行更可能给自己带来不必要的麻烦。这些麻烦包括打破自己惯常的平静生活、给自己与家人带来原本没有的“烦心之事”。比如，一个面对道德讹诈的见义勇为者要证明自己是见义勇为者而非肇事者，这本身就是烦心之事；同时该见义勇为者还要像“祥林嫂”那样不断地向亲朋好友、单位的同事、记者、警察、法官等不厌其烦地说明自己是见义勇为者而非肇事者，这更是烦心之事；此外，还有更多的烦，那就是本该感恩而实则是报怨的道德讹诈者(本人及其家属)不断的野蛮的纠缠、无理的取闹、高额的索赔。这种焦虑对于个体而言是更大的烦，这是对本体性安全的最大挑战。这也是影响人们未做出义举与善行的一大根源。此外，现行的制度安排中还有一个不合理的地方也是造就个体不愿、不敢见义勇为的原因，那就是对于那些道德讹诈者作恶的道德成本太低了。一个进行道德讹诈的人若讹诈成功，他将获得巨大的经济收益；而其道德讹诈被识破了，他却并未受到应有的惩戒(无论是道德上的、法律上的抑或是经济上的)，他只需要送个锦旗或者最多在媒体上表个态——“我错了”，人们便不再对其加以追究。这样一种制度安排事实上就是对道德讹诈者作恶的纵容，并且造就了个体对于制度的不信任，因为这种制度设计与制度安排造就了个体的焦虑与本体性不安全。总之，如果不能很好地解决人的本体性安全问题、不能很好地解决人的焦虑问题，道德冷漠现象是很难被根除的。

第三节　勇气的消减与道德冷漠

勇敢在中古世纪均被人们视为重要的德性。不过，随着近代城市文明的倔起，俗世伦理与市民道德的确立，旧贵族绅士风范与骑士精神就像与风车作战的唐吉珂德一样既荒谬又悲哀，尽管在他们眼中工商业活动本质上是一种异端或异教。[①] 然而，正是这种“异端”或“异教”颠覆了既有世界与既有秩序，它们共同努力造就了整个近代社会“价值的颠覆”。与此同时，人们对于勇敢、英雄有了新的诠释。当然，这种新的诠释是有其历史进步性的，不过其负面作用也日益明显的，最为突出的表现就是人的豪气消减、英雄退场以及道德冷漠的产生。

一、勇气与勇敢

在中国，勇敢作为一种美德历来备受推崇。“智、仁、勇”一直被视为三大德，孔子主张“知者不惑，仁者不忧，勇者不惧”(《论语・子罕》)；而孟子则主张人应养“浩然之气”与培育大丈夫人格；

① 参见[美]约瑟夫・熊彼特：《资本主义、社会主义和民主》，吴良健译，商务印书馆1979年版，第205页。

而在生活世界里荆轲、关羽、岳飞则一直被视为英雄与楷模被人加以膜拜。在古希腊神话中，阿喀琉斯、奥德修斯、普罗米修斯等英雄则被世人所尊崇，勇敢被视作四主德之一。古希腊的哲人对勇敢都是极为重视的，他们把勇敢看作是一种运用理性意志抵抗痛苦、危险和恐惧的能力。柏拉图认为："勇敢就是一种保持。一种什么保持？就是保持住法律通过教育所建立起来的关于可怕事物——即什么样的事物应当害怕——的信念。我所谓'无论在什么情形之下'的意思，是说勇敢的人无论处于苦恼还是快乐中，或处于欲望还是害怕中，都永远保持这种信念而不抛弃它。"①亚里士多德认为勇敢是卑下的怯懦和盲目的莽撞两者之间的中道，勇敢既不是鲁莽也不是怯懦。鲁莽的人对可怕的事物毫不畏惧，但却不能持之以恒；鲁莽的人渴望去冒险，但面对真正危险时却会退缩。怯懦是对痛苦的过度恐惧，怯懦的人对任何事情都担心，害怕出问题担责任。② 与之相反，勇敢就是能经受长期痛苦考验而不退缩。西季威克认为勇敢是"指毫不退缩地直面任何危险的倾向。"③勇敢有诸多的表现形式，不过勇敢最为首要的表现形式便是勇气，并且人们往往也是将勇敢等同于勇气。这种理解在日常生活中有其合理性，但是也有其不足。其实，勇敢并不直接等同于勇气，我们有必要对于勇气与勇敢作一严格的区分。

勇气是指人克服困难、勇往直前的一种决心、信念与行为。尽管勇气更多的是对于克服困难的信心与决心，但勇气也有认知的成分，勇气涉及到对外在世界的认识。勇气给人以坚韧的意志，勇

---

① ［古希腊］柏拉图：《理想国》，郭斌和、张竹明译，商务印书馆 1986 年版，第 148 页。

② 参见［古希腊］亚里士多德：《尼各马科伦理学》，苗力田译，中国人民大学出版社 2003 年版，第 57—58 页。

③ ［英］西季威克：《伦理学方法》，廖申白译，中国社会科学出版社 1993 年版，第 348 页。

气是使人行动的决定性力量。一切美德都需要勇气，没有勇气就不会有美德的产生。不过，勇气自身却并不直接等同于美德。这是因为勇气可以用于任何行为——无论是善的行为还是恶的行为。若将勇气用于恶的行为，勇气越盛，则危害越大。因此，勇气本身并不必然是善的。勇气可以体现在人的各种行为之中，有勇于气者，有勇于义者。好恨斗勇即是将勇用于气，侠肝义胆则是将勇用于义。勇又分为君子之勇与小人之勇。君子勇于义，小人勇于气。君子之勇，与善相随，可称善德；小人之勇，与恶相伴，则为恶德。小人之恶若伴以坚忍与残烈的勇气则危害更甚。总之，并不是所有勇气的行为都是真正的勇敢行为。亚里士多德对此是作过区分的，亚里士多德说："人们在激动时感到痛苦，在报复时感到快乐，不过为这类事情而斗争的人，只能称作斗士，不能称作勇士。因为这不由于高尚的情操，也不是以理性的方式，只是一种热情而已。不过它与勇敢有某些相似之处。"①亚里士多德事实上讲到两种勇气：真正的勇气与形式的勇气。具有形式勇气的人是快意恩仇式的人，他最多算是斗士而决不能称作勇士；具有真正勇气的人方是真正勇敢之人，勇敢是有善的规定性的，只有用于善的事业的勇气方能被称为勇敢。中国古人对此是有过许多精彩论述的。孔子认为"智、仁、勇"是人的三种主要的德性，勇是极其重要的德性，不过，勇应由智与仁来统领，否则勇之结果可能与勇之初衷背道而驰。因此，孔子讲："仁者必有勇，勇者不必有仁。"（《论语・宪问》）孔子对于那种血气之勇、蛮昧之勇是不赞同的，是持反对之态度的，故孔子说："君子义以为上。君子有勇而无义为乱，小人有勇而无义为盗。"（《论语・阳货》）荀子则认为勇有狗彘之勇、贾盗之勇、

---

① ［古希腊］亚里士多德：《尼各马科伦理学》，苗力田译，中国人民大学出版社 2003 年版，第 60 页。

小人之勇以及士君子之勇的区别。“争饮食，无廉耻，不知是非，不辟死伤，不畏众强，恈恈然惟利饮食之见，是狗彘之勇也。为事利，争货财，无辞让，果敢而振，猛贪而戾，恈恈然惟利之见，是贾盗之勇也。轻死而暴，是小人之勇也。义之所在，不倾于权，不顾其利，举国而与之不为改视，重死持义而不挠，是士君子之勇也。”（《荀子·荣辱》）因此，荀子说：“悍戆好斗，似勇而非。”（《荀子·大略》）从这些思想家相关的论述中，我们可以得出如此的结论：作为美德的勇气——真正的勇敢——是同真、善、美相联的，是与理想、价值、信念一体的。勇敢的判定是有标准的：“(1)是否把道德上的正直看作是唯一的善；(2)是否摆脱一切激情。”[①]总之，勇敢不能简单地与勇气划等号，勇敢是有着自身规定性的。那么勇敢有哪些规定性呢？

第一，勇敢是高尚的。这也就是说勇敢的目的是以善为指归并以善为途径与方法。勇敢是为了高尚与美好之实现所作的坚持与努力；勇敢所追求的目的是共同体的公益与荣耀而不是个人的私利与虚荣；勇敢所追求的是人世间的真、善、美而非假、恶、丑；勇敢所追求是社会的公平与正义而非个人的快意恩仇；勇敢所追求的是世界的和平与发展而非个人扬名立万，等等。总之，勇敢是以高尚为目的的，真正勇敢的人追求的是“无求生以害仁，有杀身以成仁。”（《论语·卫灵公》）

第二，勇敢是理性的。勇敢不是鲁莽与怯懦，勇敢是两者的中道，而这种中道是用理智与智慧加以实现与保障的。对此，亚里士多德说道：“一个勇敢的人，怕他所应该怕的，坚持或害怕他所应为的目的，以应有的方式，在应该的时间。一个勇敢的人，要把握有

① [古罗马]西塞罗：《论老年　论友谊　论责任》，徐奕春译，商务印书馆 1998 年版，第 120 页。

利的时机,按照理性的指令而感受,而行动。”①亚里士多德在这里所讲的理性更多的是一种实践的理性,是一种实践智慧。真正的勇敢应该是在通晓自己的目的与知晓自己实现这一目的的手段、方式、方法和途径以及面临的困难基础上的一种坚韧与努力,而决不是那种像孔子批评子路那样的鲁莽与纯粹的血气之勇——“暴虎冯河,死而无悔者,吾不与也。”(《论语·述而》)判别勇敢与否不仅仅要看行为还要看结果。怒发冲冠、赤膊上阵是一种勇敢,运筹帷幄之中、决胜千里之外同样是一种勇敢;勇斗歹徒是一种勇敢,智斗歹徒也是一种勇敢,而且是一种更应被推崇的勇敢。

第三,勇敢是多样的。我们在日常生活中更多的时候是这样来理解勇敢的:义愤填膺、拍案而起、勇往直前、义无反顾、大义凛然……这样一种对勇敢的理解自然不错。不过勇敢是多样的。不同的人的勇敢的样式是不一样的。“夫水行不避蛟龙者,渔父之勇也;陆行不避兕虎者,猎夫之勇也;白刃交于前,视死若生者,烈士之勇也;知穷之有命,知通之有时,临大难而不惧者,圣人之勇也。”(《庄子·秋水》)即便对同一个体也会有多样的勇敢。勇敢不仅在于战胜敌人,还在于战胜自我;修身养性,锤炼品性,永不言弃是一种勇;悔过自新,去恶向善是一种勇;发奋忘食,乐而忘忧,是一种勇;锲而不舍,矢志不渝同样是一种勇;卧薪尝胆,图东山再起也是一种勇,等等。总之,勇的样式是多样的与无限开放的。有些人认为游牧民族是勇敢的而农耕民族则是孱弱的,在他们眼中,游牧民族像狼一样勇猛而农耕民族像羊一样孱弱,等待农耕民族的命运只能是被征服与被掠夺。其实,这是一种错误的认知。勇有血性之勇与尚武之勇,勇有理性之勇与坚韧之勇。难道农耕民族对于

---

① [古希腊]亚里士多德:《尼各马科伦理学》,苗力田译,中国人民大学出版社 2003 年版,第 57 页。

故土家园的保护就不是勇敢吗？难道农耕民族对于农艺的改进、技术的完善就不算勇敢吗？难道农耕民族对于民族文化的坚持与传承就没有勇敢吗？难道农耕民族以自己的文化"化"游牧民族不也是一种勇敢吗？因而如果将勇仅仅理解为是血性之勇与尚武之勇，恐怕是一种对于勇敢的误读。

第四，勇敢是有层次的。勇敢的样式尽管是多样的，但并不是说所有的勇敢都在一个层级上，勇敢是有高下之别的。荀子认为勇敢可以分为上勇、中勇与下勇三种。荀子说："天下有中，敢直其身；先王有道，敢行其意；上不循于乱世之君，下不俗于乱世之民；仁之所在无贫穷，仁之所亡无富贵；天下知之，则欲与天下同苦乐之；天下不知之，则傀然独立天地之间而不畏，是上勇也。礼恭而意俭，大齐信焉而轻货财，贤者敢推而尚之，不肖者敢援而废之，是中勇也。轻身而重货，恬祸而广解，苟免不恤是非、然不然之情，以期胜人为意，是下勇也。"（《荀子·性恶》）从荀子这些论述中，我们可以清晰地看出，勇敢是有层次的，人对于勇敢的追求应由低层次向着高层次不断地迈进。对此，黑格尔在《法哲学原理》中也有一类似的表述："英勇诚然是各种各样的。动物和强盗的胆量，为荣誉的英勇和骑士式的英勇，都还不是英勇的真实形式。有教化民族的真实英勇在于准备为国牺牲，使个人成为只是多数人中的一个。"[①]因而，在诸多的勇敢之中，我们认为只有为了民族、国家之大义的勇敢才是最纯粹的勇敢，才是最大的勇敢。

二、勇敢为何如此重要

勇敢（真正的勇气）是重要的。不过，在我们具体展开论述之前，我们有必须对勇敢做更进一步的界分，即我们究竟是从义务论

① [德]黑格尔：《法哲学原理》，范扬、张企泰译，商务印书馆 1961 年版，第 343 页。

还是德性论的角度来谈勇敢及其勇敢的价值。勇敢既是一种义务又是一种德性。义务论中的勇敢与德性论中的勇敢大体相同，但也有区别。这是因为有些勇敢并不完全是出于个体自我的意愿而纯粹出于义务的要求，只有那些出于个体自由意志之决定的勇敢行为方是真正的勇敢且能够长期持存且被践行的德性。对此，西季威克说道："当我们把勇敢作为一个美德而不是作为一种义务来考察时，它似乎在我们的道德评价中占有一种更为独立的地位。而且，这种观点也比把勇敢视为义务的观点更符合勇敢概念的通常意义。"[①]因而本章中所使用的勇敢一词更多的也是从德性论的维度来加以应用的。

勇敢为何如此重要？因为对于个体而言，只有勇敢方能使个体成其为人。"勇敢不仅是对付特殊伤害和危险的一种能力，而且是对付某种类型的危害和危险的能力。"[②]如若个体怯懦与退让，个体就无法克服成长当中的困难，个体就无法取得谋生的技巧与本领，个体就无法获得社会的认同并实现人生价值。试想，若没有寒窗苦读，怎能做到"读书破万卷，下笔如有神"呢？试想，若没有愚公移山的勇气，怎能咬牙坚持下来，攻克一个又一个工作上的难关呢？勇敢是为学之必须与成事之必然，勇敢更是人之成人之必然。勇敢为何如此重要？因为对于个体而言，勇敢是个体德性养成的动力与保障，勇敢是个体为善与向善的发动机与加油机。对于个体而言，个体品性的修养、事业的成就等个体的方方面面均离不开勇敢。正是在勇敢的作用下，我们克己、改过、慎独与自新；正是在勇敢的作用下，我们养浩然之气，我们做到了"富贵不能淫，贫

---

① [英]西季威克：《伦理学方法》，廖申白译，中国社会科学出版社 1993 年版，第 349 页。

② [美]麦金太尔：《德性之后》，龚群、戴扬毅等译，中国社会科学出版社 1995 年版，第 157 页。

贱不能移，威武不能屈”；正是在勇敢的作用下，我们才能不断地锤炼品质，自我修养，使“小我”走向“大我”，由世俗走向高尚，由平凡走向伟大；同时，正是在勇敢的作用下，我们才坚强起来，我们不再悲观或绝望地看待生活中的痛苦与不幸，而是乐观、豁达面对之，并从中展示了对生活的热爱以及对生命自身的关怀。

勇敢为何如此重要？因为勇敢不仅是个体之所需，勇敢更是家庭、社会与国家之所需。勇敢对共同体的续灭存亡有极其重要的价值，乃至是起决定性的作用。小到家庭、中到单位、大到国家，均是如此。勇敢有助于社会公平正义之实现。当社会出现了不公正的现象时，敢于挺身而出、为正义而呐喊，就是在打击邪恶、匡扶正义。这就会使社会充满温暖与仁爱，这就会使社会和谐与进步。勇敢有助于民族与国家的生存，特别是在外敌入侵之时，勇敢能保持民族与国家的独立，民族与民众的勇敢是国家存亡的关键。当然，勇敢对于民族的作用与价值不仅仅体现在战争年代，不仅仅体现在军事战斗之中；勇敢的作用与价值还体现在和平年代，还体现在经济改革与制度创新之上，因为改革也是要攻坚克难的，发展同样面临着诸多的考验的。此外，社会的公序良俗的确立同样离不开勇敢。

总之，勇敢具有重要的作用与功能。对于勇敢及其价值，黑格尔以其特有的方式作了如此的评述——“英勇本身是形式的德，因为它是从一切特殊目的、财产、享受和生命中抽出的那自由的最高抽象；但是这种外在现实方式的否定性和作为完成英勇行为的那种舍生取义，就其本身说，不具有精神性质；内心情绪可能是这种或那种英勇行为的理由，而它的实际结果也可能不为自己而只是为着别人。”①

① [德]黑格尔：《法哲学原理》，范扬、张企泰译，商务印书馆1961年版，第343页。

三、勇敢的变迁

在初民社会，人们将尚武的勇敢视为最高的美德，乃至是唯一的美德。谁勇敢，谁取得的战利品多，谁所取得的荣耀就多；谁不勇敢，谁怯懦，谁就会被视为懦夫，谁就会被共同体的成员所蔑视乃至于抛弃。这也正如包尔生所说："尚武的勇敢是这种德性为人们所认识的第一个形式，也许也是赢得人们尊敬的第一种德性。勇敢原意为唯一的美德，怯懦原意为唯一的罪恶。"①古代中国与古希腊、古罗马莫不如是。不过，进入到中世纪，人们对于勇敢则不如以往那样重视与强调了。中世纪的人们强调的是爱、信、望，推崇的是服从与忍耐。当然，中世纪的人们仍然对荣誉充满了热爱。这突出地表现在人们对于贵族与骑士的生活方式及其精神品质的向往与追求中。"骑士制度作为一种崇高的尘世生活的形式可以视为一种带有伦理理想外表的美学理想。英雄的梦想和浪漫的情感是其基础……骑士精神来源于追求美的自豪，这种自豪又促生了荣誉感，荣誉感则是贵族生活的支柱。"②然而，文艺复兴后，特别是宗教改革、启蒙运动、工业革命与商业文明等这些人类新的生产生活样式确立之后，勇敢的内涵与形式均随之发生了改变。

首先，勇敢的内涵有了剧变。人们不再把勇敢仅仅限定于身体的血气之勇以及自身德性的卓越，人们把勇敢更多地与商业的成功联系在一起，勇敢主要表现为对于财富的追求与占有以及对于冒险的热爱与尝试。此时的勇敢更多的是商人的勇敢、企业家

---

① [德]弗里德里希·包尔生：《伦理学体系》，何怀宏、廖申白译，中国社会科学出版社1988年版，第425页。

② [荷]约翰·赫伊津哈：《中世纪的衰落》，刘军等译，中国美术学院出版社1997年版，第64页。

的勇敢、科学家的勇敢以及市民的勇敢。总之，勇敢适应市民社会的发展并有了新的样式，它具有鲜明的商业社会特质，它不同于古希腊城邦公民的勇敢，也不同于中世纪信徒的勇敢。勇敢的如此变迁体现整个社会时代精神与价值观念的急剧变革。这种剧变在托克维尔的《论美国的民主》一书中有着精彩的论述——“人的努力，好像到处均无天然的止境。在他们看来，没有什么办不到的事情，而是有志者事竟成。这种运气好坏的经常反复，这种推动美国人一致向前的感情冲动，这种公共财富和私人财富的变化莫测的起落，全部汇合在一起，就使人们的精神完全处于一种奋发图强和不甘人后的狂热状态。对于一个美国人来说，人的一生就像一场赌博，就像一次革命，就像一个战役。这些同样的原因在对每一个人发生作用的同时，也给国民性打下了不可遏止的冲动的烙印。因此，美国人随时随地都必然是热心于追求、勇于进取、敢于冒险、特别是善于创新的人。这种精神都真实地体现在他们的一切工作当中。”①

其次，勇敢的形式发生了转变，尚武之勇让位于文明社会中的理性之勇。“随着文明的发展，其它的反抗形式变得比尚武的勇敢更为重要了。其中我想指出的主要形式可以叫做文明的勇敢：思想独立和具有个性的自我决断，它们是个人对于或强或弱的外部因素所施加的巨大压力的反抗形式。”②这种勇敢强调自我，追求自由，反抗压迫、奴役与盲从。因而我们看到，在文明之时代，勇敢有了新时代的内涵，而这一内涵就是强调自我意识、主体意识与权利意识基础之上的自我确信与自我实现。由于主体有了自我确信，因而主体便不会盲从，也便消除了恐惧。随着知识的增长，恐

① [法]托克维尔：《论美国的民主》上卷，董果良译，商务印书馆1988年版，第471页。
② [德]弗里德里希·包尔生：《伦理学体系》，何怀宏、廖申白译，中国社会科学出版社1988年版，第425页。

惧减少了;随着知识的增长,自信增强了;原本是膜拜的对象,现在成为研究的对象……总之,人们信心增长,人们不再怯懦了,人要成为自然与社会的主人。对此,黑格尔说道:“人获得了自信……人在技术中、自然中发现了从事发明的兴趣和乐趣。理智在现世的事物中发芽滋长;人意识到了自己的意志和成就,在自己栖身的地上、自己从事的行业中得了乐趣,因为其中就有道理、有意义。随着火药的发明,个人私斗的怒火消失了。徒逞一时意气的浪漫冲动让位于另外一种冒险,这冒险并不是忿怒和报复的冒险,也不是所谓路见不平、拔刀相助的冒险,而是一种比较无害的冒险,如发现新大陆,发现通往东印度群岛的航道。”①由于有了自我确信,人便具有了怀疑意识和批判意识。一切都要经过我的批判,一切东西都要由理性的法庭来审判。

第三,坚韧——勇敢的本性——尤其被强调,坚韧被视为勇敢的新时代样式并被视为普遍性的道德要求。“勇敢的另一种形式是坚韧或坚持性,这是承受和持续地忍受为实现目标所必需的种种艰难和努力的意志力量。这是工作者的德性。尚武的勇敢是英雄时代的德性,坚韧则是工业时代的勇敢。文明正是以这种德性无可比拟地超过了野蛮人。”②的确,仅凭一时血气之冲动去做出勇敢之事相对来讲是容易的,但类似于“立根原在破岩中”式的长期执着于一事那样的坚持则是很困难的。而商业社会在分工、纪律与秩序的要求之下,恰恰体现出这一坚韧之德性的需求。在商业社会真正的勇敢就是对于事业的执着与坚持,是默默的忍耐,它看似弱软实则坚强;它看似平凡实则伟大;它貌似容易实则不易。

---

① [德]黑格尔:《哲学史讲演录》第四卷,贺麟、王太庆译,商务印书馆 1978 年版,第 4 页。

② [德]弗里德里希·包尔生:《伦理学体系》,何怀宏、廖申白译,中国社会科学出版社 1988 年版,第 426 页。

对此，康德曾以其超凡的智慧指出："坚定地循着自己的道路前进，这是一种道德的勇气，这是许多在战场上或在决斗中被证明是勇敢的人都不具备的。"①因此，在商业社会，没有了游牧文明时代与农耕文明时代的那种英雄以及英雄崇拜。当然，这也并不是说在商业社会没有英雄与英雄崇拜。在商业社会，人们也是有英雄并对英雄加以膜拜的，只不过在新的时代，英雄有了全新特质，有了新的规定性，英雄更多的是工商业、知识界与文化界的精英而不再是武士与猛士。

四、血气之勇的消减与道德冷漠的产生

商业社会日常生活形态不再是马革裹尸、激情澎湃的时代，而是日常化、琐碎的庸常生活的时代，它不再有过多振聋发聩的声响，不再有过多的宏大叙事，它更多的是关注衣、食、住、行的生活，它更多的是关注当下即刻体验的生活，它与充满了暴力、阳刚及危险的传统英雄生活形成了对比。"如果说日常生活以世俗、习以为常和普通为中心，那么英雄生活则是拒绝这种秩序，而向往着不同平凡的生活。它不仅对回归到日常生活的惯例是一个挑战，而且还刻意地让生活本身去冒险。英雄生活的重心，乃是为实现非凡目标而不断拼搏的勇气，和对道德、荣耀和名誉的索取，这与满足少量的家产和财富，追逐尘俗之爱的日常生活形成了鲜明的对照。日常世界是英雄要远离的世界，他留下属于关心和维持生计的人群（女人、孩子和老人），只有彻底完成自己的使命后，他才会在他们的欢呼中回归而来。"②因而，在这样大的时代背景下，个体的血

---

① ［德］伊曼纽尔·康德：《实用人类学》，邓晓芒译，上海人民出版社 2005 年版，第 173 页。

② ［英］迈克·费瑟斯通：《消解文化：全球化、后现代主义与认同》，杨渝东译，北京大学出版社 2009 年版，第 82 页。

气之勇与阳刚之气的日渐式微也就不难理解了。

更为重要的是,现代社会中整个制度安排都不利于勇敢的养成与维系,现代社会的运行机制更多的要求是个体对纪律的服从——服从就不是主动,服从往往是对勇敢的反动。此外,现代社会中的精细化分工也使得人的角色与机能褪化。在现代社会,“个人不再需要凭借自己的力量和勇敢保护自己了,他享受着法律和警察的保护。”[①]因而,一种尚武之气自然而然地在社会中开始消减,血性与豪情的荷尔蒙分泌的消减在机械化、商品化时代也是一个不争的事实。因而,在这样的社会以及这样的社会氛围中,路见不平、拔刀相助的好汉与古道热肠、扶危济困的壮士并未明显增多就不难理解了;在这样的社会以及这样的社会氛围中,事不关己、高高挂起的“理性人”与见死不救、麻木不仁的“冷漠人”屡见不鲜也就不难理解了;在这样的社会以及这样的社会氛围中,道德冷漠现象的产生似乎也就不难理解了。

---

① [德]弗里德里希·包尔生:《伦理学体系》,何怀宏、廖申白译,中国社会科学出版社1988年版,第425页。

第三章
道德冷漠产生的社会根源

现代社会中的社会结构与制度安排实现了巨变，现代社会中人的内心世界、思维方式以及生活方式也发生了巨变，因而，所有这些因素合在一起就产生了齐格蒙特·鲍曼视域中的"后现代道德危机"——"我们的时代是一个强烈地感受到了道德模糊性的时代，这个时代给我们提供了以前从未享受过的选择自由，同时也把我们抛入了一种以前从未如此令人烦恼的不确定状态。我们怀念我们能够信任和依赖的向导，以便能够从肩上卸下一些为选择所负的责任。但是我们可以信赖的权威都被提出了质疑，似乎没有一种权威强大到能够为我们提供我们所追求的信任。最后，我们不信任任何权威，至少我们不依赖任何权威，不永久地依赖任何权威：我们对任何宣布为绝对可靠的东西都表示怀疑。"[1]尽管我们并不完全赞成鲍曼的这一略显夸张的看法，但鲍曼的这一结论也并非完全没有道理。现代社会展示了繁荣与喧闹，同时也显现了贫困与冷漠。在现代社会，道德冷漠成为一种社会常态。道德冷漠的产生与现代社会是陌生人社会、商业社会以及科层制社会密

---

① [英]齐格蒙特·鲍曼：《后现代伦理学》，张成岗译，江苏人民出版社2003年版，第24页。

切相关，同时，现代社会的这些社会机制又不断地生产出道德冷漠。

第一节　陌生人社会与信任危机

"'不要与陌生人说话'——忧心忡忡的父母曾经给予他们不幸的孩子的一个警告——现在已经变成了成年人一个关键的戒律。这一戒律把——陌生人是人们在生活中拒绝和他说话与交往的人——这一生活现实当成一个谨慎小心的原则。"[①]之所以人们时常会听到类似的忠告主要原因是信任危机事实上已成为现代社会的一种通病。当然，人们之所以说出这样的话，一方面表现出了对于现代社会之中人际信任某种程度的无奈与叹息，另一方面也说明了社会对于信任重建的呼吁与呐喊。欲分析现代社会信任危机产生的根源，有必要正视现代社会是陌生人的社会这一社会现实；欲重建现代社会中的人与人之间的信任，同样要求我们正视现代社会是陌生人社会这一事实。

一、信任：概念与种类

1. 信任

对于信任，人们首先将其理解为一种个体主观的心理状态，即个体对他人和制度做出符合自己期待行为的一种心理预期，这种理解是最为经典的而且也是最为人们所认可的定义。对此，美国学者福山曾说过："所谓信任，是在一个社团之中，成员对彼此常态、诚实、合作行为的期待，基础是社团成员共同拥有的规范，以及

---

① [英]齐格蒙特·鲍曼：《流动的现代性》，欧阳景根译，上海三联书店2002年版，第171页。

个体隶属于那个社团的角色。”[①]其次，信任不仅仅是一种心理预期或心理状态，信任更是个体将此种“心”化为“行”的现实活动，即个体相信他者的现实行为与举止，也就是说信任要由主观的心理化为客观的行为。总之，“信任，即对人际关系和事物‘现实’的深信不疑，相伴而行。”[②]第三，信任不仅仅是个别人的知与行，信任还要成为社会所有成员的知与行，即信任期待着所有的社会成员都能做出符合期待的社会行为。第四，诸多的个体信任要化为普遍的社会精神风貌，即信任是一种真实存在的客观精神与社会风尚。第五，信任要由主观化客观、由个体到社会，信任要化为一种制度性的安排。总之，信任不仅仅是指对人的期望，更是人的行动，信任更应是客观的社会精神与制度安排。因此，信任具有以下特性：

(1) 信任具有乐观性。信任是个体的主观期望，信任是个体期望对方能够按照自己的预期行动的心理活动与心理状态。吉登斯认为信任就是“对一个人或一个系统之可依赖性所持有的信心，在一系列给定的后果或事件中，这种信心表达了对诚实或他人的爱的信念，或者，对抽象原则(技术知识)之正确性的信念。”[③]总之，从本质讲信任就是乐观主义的产物。信任首先表现为对自己的信，当然信任最终的表现是对他者(他人与制度)的信而非对他者(他人与制度)的不信。健全的社会、优良的生活以及健全的人格必然要求人们的信任是积极信任。构建积极信任关系首先就要求个体要敞开自己的真心，体现出自己的诚心与诚意，惟有个体善意的表达才能收到对方的善意，总之，社会关系中的信是离不开个

① [美]弗兰西斯·福山：《信任》，李宛蓉译，远方出版社1998年版，第35页。
② [英]安东尼·吉登斯：《现代性与自我认同》，赵旭东、方文译，生活·读书·新知三联书店1998年版，第57页。
③ [英]安东尼·吉登斯：《现代性的后果》，田禾译，译林出版社2000年版，第30页。

体的信与诚的。

（2）信任具有稳定性。人的信任一旦养成就不易轻易改变，个体进而会将信任作为自己的行为准则与精神信仰。信任的稳定性源于个体的信——信仰。信任是信而不疑。信任凸显了个体对他人或制度持续乐观主义的信心。尽管在这一过程中个体或许曾有过动摇与怀疑，但个体最终仍然会在复杂性与不确定性中选择了简单化与确定化的方式——信。信任的稳定性源于对自己的理性分析与理性决断的信任——个体信任，信任的稳定性又源于对信任背景性构架的信任——制度信任。

（3）信任具有条件性。信任虽然具有稳定性，但是信任的形成与维系却是有条件的。信任必须得到强有力的保障和维系。信任是一种互动的关系。信任首先要源于信任者积极的主动信任，即信任发起方愿意接受信任风险——失信，同时也要求被信任者要有积极的、善意的反馈，这便证明了信任者的冒险是对的。信任要依赖于他人的信任，这是一种冒险或者说是一种风险投资。信任源自不信任，这看似一个悖论，实则真实。当然，这种信任关系总得有人率先发起。因而，信任的发起方一定是乐观主义者，但是一个乐观主义者也是需要不断得到良性的互动与好的道德运气的呵护。①

（4）信任具有风险性。信任的风险性体现在诸多方面。信任的风险首先表现在信任源自个体的主观判断，而这种主观的判断是否符合事实则是需要加以验证的。其次，信任这种主观判断不

① “为了建立信任，一个人必须既信任他人，也值得他人信任，至少必须在关系的范围内如此。由于信任与亲密关系如此密切相联，因此，它隐含着自主性和相互坦诚之间相同的平衡，这种平衡对维持亲密关系之间的交换来说是必需的。在纯粹关系中建立信任，重要的是每个人应该了解对方的品格，并且能够经常地信赖对方所引发的某种形式的期待性反应。”（［英］安东尼·吉登斯：《现代性与自我认同》，赵旭东、方文译，生活·读书·新知三联书店 1998 年版，第 109 页）

是对纯粹自然物及其规律的判断，而是对于具有意志自由的主体及其行为的预期，这种预期不具必然性，它充满了偶然性。信任在某种程度上就是相信他人会如此行动的一种赌博，因此，信任必然会面临失信的风险。第三，个体意愿之实现不仅与合作伙伴的意愿相关，还与社会环境、自然状态以及突发事件等密切相联。总之，信任的风险包括个体认知的风险、对方违约的风险、制度性违约的风险以及自然风险等诸多风险。

2. 信任的种类

按不同的标准，信任可分为不同的类型。

如果按信任的意图与目的这一标准来划分的话，我们可以将信任分为策略型信任与道德型信任。策略型的信任是一种功利化的、合作式的信任。它是在常态情况下还不十分熟悉的陌生人之间形成的互惠式的信任关系。这种信任关系的确立与维系既是珍贵的又是脆弱的。因为策略型的信任的确立与维系需要对方能够产生个体所预期的期待与反馈。如果没有的话，那么，信任及其信任关系很难再持续下去。策略型的信任往往是个别的信任，即A信任B做某一具体的事情而不是A信任B。[①] 策略型的信任充满了功利与算计，一旦对方未能按照预期给予反馈，那么这种信任就极易被破坏与消解。道德型信任是一种纯粹利他的信任，即出于崇高的理想、忘我无私的信任。这种信任看似不切实际，实则真实。只有这种道德型信任才能真正地感化他者，激发起对方的善心与善念，更为重要的是只有具有如此精神与境界追求的人才能有毅力、有决心建构真、善、美的世界以及自由、公平与正义的社会。道德型信任者并非不知世界上的阴暗与丑恶，但他们坚信光

---

① ［美］埃里克·尤斯拉纳：《信任的道德基础》，张敦敏译，中国社会科学出版社2006年版，第32页。

明与美好，并且为了光明与美好而不断地努力。他们的这种精神恐怕与佛陀、耶稣的悲悯情怀相近。“当信任表现而且发展成为真正的信任时，它才是美德。信任愈是善于接纳和弱于计算，信任就愈是可能发展。”①道德型的信任是一种普遍主义的信任，道德型信任相信世界是美好的、人性是善良的与可救的。因而，道德型信任是难以消解的，它事实上或多或少地已成为人们的一种生活信仰与行为习惯了。

如果按信任对象的差异，我们可以将信任划分为人际信任和制度信任。人际信任即对人的信任，制度信任就是对制度的信任。制度信任就是对制度的价值导向与行为导向合理性给予认肯，对制度的遵守与奖惩的承诺的兑现性给予认同。有人认为现代社会强调制度信任，这一理解自然不谬，但现代社会同样重视人际信任。这是因为任何社会都离不开对人的信任。尽管现代社会强调制度认同与制度信任，但仍离不开对人的信任，说到底，无论制度信任还是其他任何信任最后一定要归结到人的信任。人际信任不仅具有工具性的价值，人际信任更具目的性的价值。纯粹关系无论如何也不能取代人与人之间的亲缘关系，这就是现代社会中的人更加珍视与重视亲情、友情与爱情的原因。总之，信任是由两部分组成的，一部分是对人的信任，一部分是对制度的信任，两者相辅相成，缺一不可。

如果按信任形成的机理与背景性框架来理解，信任可分为习俗型信任与契约型信任。所谓习俗型信任更多的是指居住在同一共同体中彼此相互熟悉的人之间基于日常生活、风俗习惯所养成的人与人之间的信任。这种信任是一种亲缘信任、血缘信任与地

---

① [美]金黛如：《信任与生意：障碍与桥梁》，陆晓禾等译，上海社会科学院出版社2003年版，第16页。

缘信任，它更多地发生在传统社会之中。而在现代社会之中，由于人们所交往的对象更多的是陌生人，彼此不相熟悉的陌生人之间是不易形成习俗型信任的，陌生人之间形成的信任更多的是契约型信任。这是因为“陌生人还没有理由去信任，也没有理由被信任，由于他们共有的行为虚无假设，他们互不了解。”[①]不过为了生存与发展，人又不得不去交往，人又不得不去信任，因而只能发展出新的信任模式——契约型信任。契约型信任是指双方通过契约——合意——达致互惠之目的且要经过第三方保证实施的信任方式。契约型信任具有典型的信任特点，它是信任的不信任的表现，它是信任的冒险与赌博。因而，契约型信任总是面临着违约的风险。

3. 信任的作用：本体性安全与其他

信任是重要的。信任不仅具有工具性的价值，信任还具目的性的价值。信任是个体实现自身目的、满足个体生存与发展需要的工具性手段；信任是社会团结的润滑剂；信任“构成了复杂性简化的比较有效的形式”[②]；信任能够简化交易时间，提高交易效率；信任是重要的社会资本，信任能够带来社会的繁荣。信任除了这些工具性的价值之外，信任还有更重要的功能。那就是信任具有生存本体论的价值，信任能够为个体提供本体性的安全。

所谓本体性安全就是指“大多数人对其自我认同之连续性以及对他们行动的社会与物质环境之恒常性所具有的信心。”[③]本体性安全就是个体对自己与外界有基本的信任，个体具有理所当然的安全感，个体对自我既有生活方式的持续有信心，对于社会的运

---

① [美]马克·E. 沃伦：《民主与信任》，吴辉译，华夏出版社 2004 年版，第 52 页。

② [德]尼克拉斯·卢曼：《信任》，瞿铁鹏、李强译，上海人民出版社 2005 年版，第 10 页。

③ [英]安东尼·吉登斯：《现代性的后果》，田禾译，译林出版社 2000 年版，第 80 页。

行觉得有把握。总之,本体性安全使人具有依赖感、安全感与归属感,使人免除焦虑与烦恼,使人以祥和的心态生活于世,使人能够平静且幸福。假设个体出现了本体性不安全的状况,也就说个体觉得一切都在未知之中,人体对自己、外界与未来没有任何把握,那么个体便会焦虑与惶恐,个体便不会有存在的安全感,个体会产生"存在性焦虑或忧虑"[①]。因而,假若一个社会普遍失信,那么不仅个体的权益会受到损害,更重要的是个体还会产生本体性危机——人将变得忧郁、焦虑与恐惧。在此种状态下,人们会变得不自信、不积极、不主动,人们会感到存在的孤独。因而,为了人的本体性安全、为了社会的良序运行,我们必须珍爱信任以及重视信任之重建。

二、熟人社会与亲缘信任

熟人社会顾名思义即熟人所组成的群体与社会,因而熟人社会通常指的是传统社会,不过在某种意义上讲现代社会之中也存在着熟人的圈子,家庭成员、故交好友亦可视作熟人社会,其运行机制与传统社会中的信任机制相差无几。

传统社会中的信任更多的是熟人间的、在场的、惯例式的亲缘信任。亲人间也可能有冲突与对立,但是亲人间可以形成稳固的依赖关系。这种关系是人类社会长期习惯而形成的,对于个体而言这种关系类似于先在的绝对命令,它看似使个体失却了自由选择,但是它使个体明晰了自身的角色、明确了个体的权责,因此个体在这种熟悉的关系中不易发生选择性迷茫与困惑,与此同时它还给个体提供了稳固的亲密关系网络,使个体感觉到安全与温暖。亲缘信任发生在熟人之间而决不可能发生在陌生人之间。在传统

---

① [英]安东尼・吉登斯:《现代性的后果》,田禾译,译林出版社 2000 年版,第 87 页。

社会之中，由于生产力低下、科技不发达以及交通不便利等诸多因素，人们的交往对象绝大多数都是熟人，大家非亲即故，都是乡里乡亲，因而这种信任是牢固的与真实的，既是功利的又是非功利的。因为亲缘信任关系中的人都是亲人与熟人，由于人们互动频繁、交往对象固定、交往程度深入，大家都注重名誉与声望，都注重长久关系的维持而不过于在乎一时一事的得失。因而，亲缘信任备受人们的推崇。不过，亲缘信任是发生在熟人间的信任，它是一种特殊化的信任，它可以向外拓展，可以“推己及人”，然而，随着外推距离的拉大，信任感与信任度都在下降。因而，在传统社会之中，对于外人和自己人决不是一视同仁的，而是差别化对待的。事实上，在传统社会人们对于外来人并不信任。对于外来人，人们一般会采取这样三种方式：第一，同化。使外来人由陌生人变为自己人。第二，驱逐。将陌生人赶走并让其永保陌生人身份。第三，消灭。对于那些既不能被同化又不能赶走的陌生人最大的可能是将其肉体消灭，这是因为“非我族类，其心必异”。

传统社会中的亲缘信任是有力的，它造就了人与人之间频繁的互动与亲密的信任关系。在传统社会中，没有任何一个人敢于轻易失信。这其中既有乡土社会中淳朴自然的本性原因，更有生存性功利的考虑。在传统社会中，信任是有价值的，是受重视的。失信意味着对习俗与传统以及共同体的背叛与背离，失信的个体便要接受共同体所有其他成员的制裁，这样一来，失信的个体将很难在共同体中生存下去。在传统社会中，舆论的作用是强大的。由于乡土社会地域狭小，家长里短、舆论评判作用是异常强大的，“唾沫能够淹死人”是真实的。因而，在传统社会中（或在现代社会中的熟人圈子里）个体一般是不敢轻易失信的。此外，在传统社会中，信任是一种社会资本，作为社会资本的信任是可以累积的。好的声望与名誉是可以做到世代相传的，这可以给个人和家庭带来无上的荣光;当然,坏的声望与名誉也是可以做到世代相传的,这可以给个人与家庭带来长久的耻辱。基于上述原因,在传统社会中,个体都非常重视信任,谨防失信。名誉与声望的积累既有德性的考虑,也有功利的算计;当然,还有易于相互监督的便利——"我盯着你,你盯着我"[①]。当然,亲缘信任不仅仅具有工具性的价值还具有意义性的价值。亲缘关系的确还经常提供一种稳固的温暖或亲密的关系网络。亲缘信任往往成为人生活价值与意义的源泉,因而被人们所普遍看重、留恋与珍惜。

不过,对于传统社会中的亲缘信任我们不能评价过高。首先,亲缘信任仍然是一种特殊主义的信任,它不能被普遍化。这也就是说亲缘信任在面临着告别身份走向契约的现代社会必然是无能与无力的。其次,亲缘信任是对亲人的温情脉脉的信任,它并不代表着、意味着对他人(陌生人)就必然如此,它可能会以另外一种方式(野蛮的、残酷的或是欺骗的)对待陌生人。这种状况也正如托夫勒所说的那样——"小规模的地方性生产,培养人们非常狭隘的浓厚的地方观念。他们大多数人只关心自己,而和他们的邻居和村庄一起排外。"[②]如若反思俗语"兔子不吃窝边草",我们就会发觉这句俗语中隐含着这样的思想——"窝外的草"是可以吃的。因而我们可以看出亲缘信任这种特殊主义的信任事实上会造就表里不一、是非不清、标准模糊这样的后果。第三,正是造就亲缘信任的亲缘关系同时也造就了拉关系、走后门式的裙带关系,"它是"人治社会的通行法则,因而,在现代化进程中其必然是被扬弃的对象。

---

① [英]齐格蒙·鲍曼:《立法者与阐释者》,洪涛译,上海人民出版社 2000 年版,第 56 页。

② [美]阿尔文·托夫勒:《第三次浪潮》,朱志焱等译,新华出版社 1996 年版,第 83 页。

三、陌生人社会与抽象信任

个人权利意识的觉醒、生产方式与生活方式的变革都使得人告别身份社会走向契约社会。人们纷纷离开故土与家园，寻求各自理想的生活，这就是流动的现代性，这也便是变革社会。变革社会之中人、财、物、信息等诸多要素都在流动。因而人必然要加入陌生人的队伍，社会也自然会变成陌生人的社会。从历史发展维度来看，陌生人的社会取代传统的乡土社会有其必然性与合理性，这是一种历史进步。因此，我们不能因前进中的不足而否定整个社会历史前进的步伐。当然，由于变革社会是整个社会结构与社会关系的重新调整，因而自然而然地也会面临着诸多的问题，这其中就包括如何重建陌生人之间的秩序。

1. 陌生人与陌生人社会

陌生人社会是由陌生人组成的，不过这并不意味着陌生人社会之中就没有熟人。同理，传统社会（乡土社会）之中也并非就没有陌生人。其实，乡土社会也不乏外来者（陌生人）的出现，现代社会也并不是没有熟悉的人（亲朋好友）。之所以做出陌生人社会与乡土社会的区别，关键在于何种类型的人居于主导地位。毋庸置疑，乡土社会中熟人居多，而现代社会陌生人居多；乡土社会通行的是人情法则与特殊对待，而在陌生人社会则要通行制度法则与一视同仁。在现代社会，陌生人是无处不在，陌生人已经成为现代社会的一种必不可少的构成要件。

陌生人是指告别了乡土社会进入城市生活的外来者，他们与传统实行了割裂——放弃了既有的身份、仪式与行为准则，开启了新的崭新生活——按照正在形成的或已经形成的但与传统迥异的新身份、新仪式与新行为准则的生活。陌生人的来临是一种必然，无论我们以何种方式来对待他，陌生人必将走近、走入我们的生活。(其实,我们每一个人在他者的眼中也是陌生人)陌生人就是没有被邀请但是事实上已闯入我们生活的人,我们既不了解他们,更不熟悉他们;他们是友是敌,我们是无从判定的,但是陌生人以他者的面貌与我共同组成了现代社会的社会结构。我与陌生的他者共同组成了现代社会的主体,而我与陌生的他者共同组成的社会便是陌生人社会。

2. 对待陌生人的诸种态度

陌生人就是在我们身边、进入到我们视野并且影响到我们的生活,但我们却对其不熟悉并且无法准确判定其如何行动的他者。对于陌生人我们似乎无可奈何,我们唯一的选择便是与之相伴。然而,与陌生人相伴却并非我们的本意,我们对于陌生人的大规模、持续的存在总是心中惴惴不安。这是因为在我们眼中陌生人有两副面孔——“一副是有诱惑力的,因为它是将要到来的神秘的、诱人的、充满希望的快乐,而又不要求任何忠诚的誓言;这副充满无穷机会的面孔,有着未尝试过的快乐和永远崭新的奇遇。另一副面孔也是神秘的——但它浑身写满了凶恶的、威胁的、恐吓的谜。两副面孔都半隐半现。”①总之,陌生人的存在给我们的心理带来极大的焦虑并造成了本体性的不安全。人们对待陌生人的态度是复杂与多样的。不过整体而言对待陌生人的态度可以分为两大类:友好的方式与不友好的方式。

(1) 对陌生人不友好的方式:视陌生人为敌

对陌生人不友好的方式尽管不经常发生但并未完全消逝。对待陌生人的不友好的方式主要有三种表现形式:隔离、驱逐与消灭(种族灭绝与大屠杀)。隔离是对于陌生人最常见的不友好的方

① [英]齐格蒙·鲍曼:《生活在碎片之中》,郁建兴等译,学林出版社2002年版,第155页。

式，隔离指的是将陌生人与我（我们）进行土地上的或是精神上的抑或是两者兼顾的隔绝[①]，其目的是保障陌生人不与我们发生互动，但隔离仍然许可陌生人在我们的土地上存在。如果说隔离还允许陌生人在我们身边存在的话，那么驱逐则是将陌生人从我们身边赶走，不允许陌生人在我们身边的存在，驱逐是要让陌生人赶回到他们原来的地方或者最起码从我们所居之地方消失。驱逐是对陌生人不友好加剧的表现。如果驱逐遇到反抗或不成功的话，那么消灭（种族灭绝与大屠杀）便由备选变为必选。尽管人们对陌生人采取不友好的态度有其理由——不让陌生人进入到"自己的家"，但是这种理由是不健全的并且所造成的后果是极其严重的。因为，对陌生人不友好是人性恶的一种体现，同时也是道德冷漠极端的表现。

（2）对陌生人友好的方式：视陌生人为友

对待陌生人应有的态度应是视陌生人为友的方式，即不再视陌生人为敌，而是要与陌生人视之为友，与之和平相处。不过，与陌生人的和平相处仍有层次与境界之别，具体而言可以将其分为以下三种模式：相伴、相处与相依。

相伴指的是作为个体的人并不否认他者存在的价值与意义，但是对于我而言，他者并没有纳入到我关注的焦点与核心，而只是与我擦肩而过的对象而已，因此，他者对于我而言就是——纯粹的偶遇者。这也就是说我承认他者存在的物理空间，在物理空间层面他者是与我共在的，但我并非将他者的存在放在心理空间之内，在我的内心世界他者是虚无的。因此，我对与我相伴的他者（陌生人）事实上是持冷漠态度的。

---

① 参见[英]齐尔格特·鲍曼：《通过社会学去思考》，高华等译，社会科学文献出版社2002年版，第49页。

相处则是指我与他者由于某种特定的原因就某一主题产生兴趣而相识的，但我与他者的交往仅仅是限于这些共有的话题而不涉及其他，即我与他者不愿将共有话题之外的各自生活领域向对方开放，我与他者各自保有自己独立的生活，不想且不愿让对方深入或者完全进入到各自的生活。相处相较于相伴而言是对他者（陌生人）的关系的一种进步，最起码我会在某个方面某种程度上对他者加以关注，因而事实上他者已进入到我的生活。

相依是指作为我认识到我与他者是共在的关系，并且这种共在不是纯粹工具意义的关系而是休戚相关命运共同体式的关系。我不再以邻为壑，而是将他者视为自己的亲人，我以友爱与友善之态度对待他者，关爱他者、体谅他者、帮助他者，我视他人为自己的兄弟姐妹，我视他人之需为自己之需。总之，在相依的阶段，他者不会在我的视域之外，他者一定在我的视域之中；并且我是发自内心地将他者视作我的家人。

（3）道德冷漠：现代社会的一大病理

通过上述我们对于现代社会人们对于陌生人几种态度的分析可以看出，对于陌生人非和平相处中的隔离、驱逐与消灭是一种道德冷漠，当然更可以视作一种恶。而对陌生人和平相处的相伴则是一种最为常见的冷漠；相处则处于冷漠与热情之间，既可能偏向冷漠也可能偏向热情；相依则是人类社会最本真的人际关系，也是我们应努力建构的人际关系，它充满了温情与温暖，它使得人既真实又善良，它使得社会既公正又仁爱。然而，在现实之中，相依是我们努力的目标。因为，尽管种族隔离、大屠杀在现代社会越来越少，但是相伴式的道德冷漠现象依然广泛存在。“在现代生活中，许多人都会花费大量的时间与那些对他们来说陌生的人打交道。……尤其是在许多城市情境中，我们不断地与之不同程度互动的，是那些我们或者知之甚少或者从未见过的人，而这种互动所采取的是转瞬即逝的交往形式。”[①]对于这种现象，英国诗人华兹华斯有一首诗[②]是这样描述陌生人的：

啊，朋友！有一种感受，它凭借
独有的权利，属于这个大城市；
在熙熙攘攘的街头，多么常见，
我在人群中前行，对着我自己
说道：“经过我的每个人的
面孔，都是一个谜！”

于是，我看着，不停地看着，受到
什么与何处、何时与如何的念头压抑，
直到我眼前的各种形状变成
超出视力的队列，犹如滑翔
经过静默的群山，或如出现在梦中。
全是熟悉的生活的重压，
现在，和过去；希望，恐惧；全都停滞，
行动、思维、说话的人的一切律法
从我面前经过，既不认识我，我也无所知。

3. 陌生人社会中的抽象信任

人类社会是不断向前发展的。告别传统进入现代已成为社会发展的必然。现代社会与传统社会既有联系更有区别。而现代社会信任与传统社会中的亲缘信任有着明显的不同。现代社会信任

① [英]安东尼·吉登斯：《现代性的后果》，田禾译，译林出版社 2000 年版，第 70 页。
② 参见[德]哈贝马斯等：《文化现代性精粹读本》，周宪编，中国人民大学出版社 2006 年版，第 195 页。

不再是熟人间的、不在场的、惯例式的亲缘关系之上的亲缘信任，反而是陌生人间、不在场的、契约式的纯粹关系之上的抽象信任。

为了能更好地说明现代社会的信任机制的形成，我们有必要对现代社会及其特质作一简略的说明。吉登斯谈到现代性时首先谈及了现代性的“断裂”特性。吉登斯认为现代性的变革使现代社会与传统社会“断裂”。这种断裂既是生产方式的又是生活方式的断裂，现代社会又重新定义时间和空间的含义，在这样双重虚化的现代性背景下，未知为信任构建了最基本的前提，同时也为失信的产生做了原初的铺垫。吉登斯认为现代社会的形成离不开三大动力机制：时空分离、脱域和知识的反思性应用。所谓“时空分离”是指现代社会中由于科技进步、经济发展等原因人的交往活动过程中的时间与空间不再像传统社会那样统合在一起，人的交往活动中的时间与空间均出现了“虚化”的现象，人的交往活动过程可以在非在场的情况下进行，因而时间与空间可以分离、重组与再洗牌。时空的分离能够“以传统社会中人们无法想象的方式把地方性和全球性的因素连接起来。”[①]吉登斯认为时空的分离使得社会生活组合的频率加快并且使得“脱域”成为可能。所谓“脱域”是指“社会关系从彼此互动的地域性关联中，从通过对不确定的时间的无限穿越而被重构的关联中‘脱离出来’。”[②]吉登斯认为“脱域”需要借助抽象系统方能实现，抽象系统具体又包括象征符号与专家系统两类。所谓“知识的反思性应用”是指人们依据实践而不断地做出的阶段性修正的那样的敏感性以及能力。吉登斯将“知识的反思性应用”视为现代性内部观念的动力。在吉登斯的现代性理论中，脱域机制是一十分重要的环节。吉登斯认为：“脱域机制把

---

① [英]安东尼·吉登斯：《现代性的后果》，田禾译，译林出版社 2000 年版，第 18 页。
② 同上。

社会关系和信息交流从具体的时间—空间情境中提取出来，同时又为它们的重新进入提供了新的机会。”[①]在吉登斯看来，脱域机制事实上有两个环节组成：一是“脱域”，二是“再嵌入”。所谓“再嵌入”指的是“重新转移或重新构造已脱域的社会关系，以便使这些关系(不论是局部性的或暂时性的)与地域性的时—空条件相契合。”[②]吉登斯通过“脱域”与“再嵌入”这两个概念准确地描述出现代社会中的信任机制——基于纯粹关系的抽象信任。所谓纯粹关系就是一种将传统(诸如亲属关系、社会义务或传统责任的标准)通过反思加以消解的而重构的反思性关系，纯粹关系不同于传统社会中的似乎是先天注定的、个体无法选择的血缘与地缘所形成的亲缘关系，纯粹关系是一种个体可以根据自己的意愿加以中断或继续的可选择性的社会关系。正是在这种不断地加以反思控制的纯粹关系基础上形成了现代社会的信任是对各种抽象体系的信任。

现代社会中对抽象体系的信任集中表现为对各种象征符号和专家系统的信任。现代社会中的抽象信任首先表现为人们对象征符号的信任。我们(人)制造符号与使用符号，符号遍布于我们的生活，我们的生活也离不开符号。符号包括我们使用的语言、话语系统、货币等等。离开了符号、离开了对符号信任的现代生活是难以想象的。在此，我们仅以货币的使用为例加以说明。尽管现实生活中的人们对于货币有着复杂的情感与不同的态度，但每一个人却离不开货币。[③] 货币从表象上看是人们交换的工具，但作为流通手段的货币有着更多的内在规定性。货币是人为的产物，是

---

① [英]安东尼·吉登斯：《现代性的后果》，田禾译，译林出版社 2000 年版，第 124 页。

② 同上书，第 69 页。

③ 对于货币可以作多样化理解。它既可以指黄金这样的硬通货，也可以指通常使用的纸币，也可以指最时尚的比特币等新型交换符号。

人的本质力量的化身，是人力图成为自然与社会主人的产物、象征与媒介。在现代社会，货币即信用。“货币的出现就意味着信任——信任贵金属的价值，信任别人也肯接受；货币的流通更依赖于信任——信任它不贬值。”①其次，现代社会中的抽象信任表现为人们对专家系统的信任。现代社会是十分庞杂的社会组织，具有非常复杂的社会结构，制度、组织和技术系统的复杂性使得我们每一个人——无论是普通人或某一方面的专家——都无法清晰地把握社会生活的每个行业，为了更好地学习、工作与生活，我们都需要其他各个行业的专业人士——专家的帮助与指点，离开了他们的指点与帮助我们的生活也是难以想象的。总之，现代社会离不开专家系统，离不开对于专家系统的信任。

尽管抽象信任（对抽象体系的信任）不像亲缘信任那样明显与直接，但抽象体系整体而言仍然值得信任。抽象信任为我们现代性生活提供了诸多的便利，更为重要的是抽象信任为我们提供了本体性安全。抽象信任及其本体性安全使得我们有信心地活下去，有信心地更好地活下去：当我们打开水龙头时，我们相信自来水是安全的；当我们到餐馆吃饭时，我们相信饭菜是卫生的；当我们行走在街道上时，我们相信我们人身不会受到威胁……不过，抽象信任也存有局限：第一，抽象信任不是全能的，抽象信任不能替代人的最本真的情感信任，抽象体系也不能消解个人生活的亲密关系。对此，吉登斯说道：“对抽象体系的信任为日常的可信赖性提供了安全保障，但是它的性质本身决定了它不可能满足个人信任关系所提供的相互性和亲密性的需要。”②第二，抽象信任不是全善的，抽象信任存在着失信的风险。其实，信任本身就存在着失

① 郑也夫：《信任论》，中国广播电视出版社 2001 年版，第 106 页。

② [英]安东尼·吉登斯：《现代性的后果》，田禾译，译林出版社 2000 年版，第 100 页。

信的风险。

4. 抽象失信及其信任危机的可能

信任其实是对一种尚未兑现的承诺的相信，因而，信任是存在着风险的，即便是以往交往对象对其所做出的承诺都一一兑现，但并不必然意味着下一次的承诺就必然兑现。中肯地讲，失信现象不仅仅发生在现代社会，传统社会也有。只不过在传统社会失信发生的概率、破坏的强度相较于现代社会不那么明显而已。所谓信任危机实质是指人存在的危机，信任危机指的是社会成员相互交往过程中由于缺失有效性承诺而导致的缺乏基本信赖乃至感觉到个体本体性不安全的状态。失信及其信任危机是现代社会之中的一大风险。为什么现代社会存在失信以及信任危机？原因是多方面的。

首先，现代社会是断裂的社会。吉登斯认为现代社会是断裂的，是经验封存的社会，这样的现代社会一定会将在传统社会行之有效的伦理规范排挤到社会的边缘，这样就会造成规范乏力现象的出现；人们打碎了既有的传统旧有的精神家园，那些曾经激励鼓舞人们的价值、理想、信念似乎在一夜之间烟消云散。同时人往往又没有很好地保存传统中优秀的东西。传统是一切新的价值规范生长的基点，否定了传统，想再立炉灶又是何等的艰难。

其次，在现代社会随着社会流动的加快，人们的活动不再局限于一时一地，随着交往范围的增加、交往对象的扩大，违约成本的降低，一次失信给个体带来的不是惩罚而是意想不到的收益，在这种风险成本极低而收益极高的情况下，失信、违约等现象的出现就不难理解了。一个原本在乡土社会之中遵纪守法的良民，“当他一走进大的社会，他马上就沉于卑贱和黑暗中了。他的行为，再也没有人观察注意了，于是他就任情而动，不加检点，委身于一切卑劣的游荡和罪恶。”①

第三，现代社会之所以会出现信任危机与现代社会抽象信任机制有密切的关联。现代社会信任是建立于现代社会的三大动力机制——时空分离、脱域与知识的反思性应用——基础上形成的纯粹关系之上的抽象信任。这种抽象信任机制有其便捷、高效之特点，但这种抽象信任机制也极易造成信任危机。这是因为无论是符号系统还是专家系统都容易出现失信之可能，同时更为重要的这种失信极易扩大其影响进而引发更为广泛的社会信任危机。第一，符号系统存在失信的可能。在此我们同样以货币失信为例。中肯地讲，在现代社会，人们一般会对货币充满信心，货币的权威来自政府，货币是以国家强力与权威和信用来加以保障的。因而，人们对货币充满了信任——相信货币所代表的价值；相信别人也信任货币；相信货币不会贬值。但是理论与现实均告诉我们货币存在着失信之可能。这种可能主要源自两个方面：一是假币的出现，尤其是一个社会中假币大规模的出现后，人们可能就会对货币（即便是真币）都会产生一定程度的怀疑；其二，货币危机更大的可能来自民族国家，如果某一政府不断地滥发纸币，使货币严重贬值，这既是货币信用的失信，更是国家与社会信用的失信。第二，专家系统存在失信的可能。现代社会是一个推崇知识且精细化分工的社会，是一个需要专家且产生专家的社会。然而，专家系统也存在着信任危机。据调查显示，在当代中国对作为整体的专家具有中等以上信任的公众，累计仅有略高于半数的56.27%，这与专家“知识精英”“社会良心”的身份完全不匹配。② 出现这种状况原

① [英]亚当·斯密：《国民财富性质和原因的研究》下卷，郭大力、王亚南译，商务印书馆1972年版，第353页。

② 郭喨、张学义：《“专家信任”及其重建策略》，《自然辩证法通讯》2017第4期，第83页。

因是多方面的。现代社会离不开专家，但是人们对专家又充满一定程度的怀疑——“专家真的是可以信赖的吗?”其实，这种怀疑并不是没有道理的。首先是技能方面的怀疑：(1)专家真的就是真理的化身吗？生活世界告诉我们也许未必。专家是人而非神，学有专长、术有专攻，并且专家本人也有一个成长的过程，也有一个不断反思与提高的过程，在这一过程中专家也有过“顿觉今是而昨非”的慨叹，同时更为重要的是专家也有“理性不及”之可能。(2)生活世界本身就是多元与多样的，意见也便是多元与多样的，因而即便就同一事物与同一现象，不同的专家可能有不同的解读，会出现“诸神打架”的现象，那么此时，我们该信哪一个专家呢？比如甲养生专家说吃鸡蛋好而乙专家却说吃鸡蛋不好，那么吃鸡蛋到底是好还是不好呢？专家系统危机的第二个原因就在于专家的人品与德性。马克斯·韦伯曾批判过现代社会有这样一种可能——“专家没有灵魂，纵欲者没有心肝”[①]。当然韦伯的本意更多的是对科层制社会中官僚例行公事的描述，不过在此我们可以借用这一表述来批判当下社会某些个别“缺心少肺”的专家亦未尝不可。现今，面临着各种诱惑，某些专家在这些诱惑面前背弃了良知与承诺，利用所谓知识权威的幌子，在利益的驱使之下，说出了不少有悖于常识与常理的话，做出了不少有悖于良知与道德的事情，从而使得人们不仅对这些所谓的专家甚至是对这些行业产生极大的不信任，出现专家系统信任危机。人们难免会产生了这样追问——“这是真的吗?”如果这种状况不能短期内加以改变，一个“除了我自己，我该相信谁”的信任危机的社会也很有可能会随之形成。

---

① [德]马克斯·韦伯：《新教伦理与资本主义精神》，于晓等译，生活·读书·新知三联书店 1987 年版，第 143 页。

当人们激愤地说"好人做不得""人心不可信"时，我们更应该反思我们的社会到底出了些什么问题。当社会上只有个别人失信时，那可能纯粹是个体的问题；如果整个社会都弥漫着不信任的情绪，那就要反思社会与制度了：这个社会是否做到了客观公正？这个社会是否做到了真实可信？这个社会是否做到了与时俱进？……对此，人们应该直面而不应回避。

第二节　商业社会与人的异化

马克思认为人类社会的三个形态中的第二个形态是以"物的依赖性为基础"的社会形态，它较前面"人的依赖关系"的社会阶段是一种历史进步。其实，马克思所言的以"物的依赖性为基础"的社会形态可以视作商业社会。商业社会相较于以往的游牧社会、农业社会是一种进步，商业社会带动了财富的增长、社会的文明以及公民的自由，与此同时，契约文明、法治精神、民主意识、科学精神都是与商业社会相伴而生的。然而，商业社会并不是健全的社会，商业社会的前行是以牺牲其他人类有益的追求为代价的。"对利润的渴望压抑了对完美的热爱。私利使想象力冷却了，使心灵变得冷酷无情。"①同时，商业社会中的人也并不是健全的人，商业社会中的人是自我异化的人。异化既是一种自我体验，又是一种客观现实。异化的个体感觉到自身不是主体而是客体、感觉到自己与外界不是亲密而是疏离。这种状况恰如弗洛姆所说："现代人与其同胞的关系如何？这是一种两种抽象体两个活机器之间相互利用的关系。雇主利用雇员，推销商利用顾客。每个人

① [英]亚当·弗格森：《文明社会史论》，林本椿、王绍祥译，浙江大学出版社 2010 年版，第 243 页。

都是除己之外的别人的一个商品，总是受到一定友好的对待，因为他即使现在没有用处，也许将来会有用的。现在的人际关系中，再也找不到多少爱与恨，人们有表面上的友好和更多表面上的公平。但在表面之下是人与人之间的距离与相互的冷漠，以及大量的难以捉摸的互不信任。”①

一、效率优先与社会的功利化

商业社会注重实用与效率，这有其必然性。商业社会不同于传统的农耕社会，它注重革新与创造、注重时间与效率，因而商业社会带来了财富的增殖、科学的进步、管理的优化等诸多社会进步。但这些进步也是有代价的，它的结果便是社会的实利化、功利化与冷漠化。

白居易在《琵琶行》中用“商人重利轻别离”道出了商人的本质，商人是求利的，而且是谋求利益的最大化。以商人为主体的商业社会自然更加重视利益并强调利益的最大化。商业社会既强调人尽其才，更强调物尽其用。“在商界，没有什么是比‘不充分使用’资源、把某些能够‘起作用’并‘带来成效’的资产搁置一边、失去效用更大的罪行了。”②

注重功效即注重实用与效率、讲求最短时间内实现最大效益的增殖，因而这样的社会必然会注重科学与理性。因为唯有理性化才能达致这一目的。因此，理性是必须的与必然的，因为理性是有用的。不过理性并非至善的，理性确能带来财富增长与社会进步，但理性同样可以带来杀戮与破坏；理性也并非万能的，人的理

---

① [美]埃里希·弗罗姆：《健全的社会》，王人庆等译，国际文化出版公司 2007 年版，第 120—121 页。

② [英]齐格蒙·鲍曼：《生活在碎片之中》，郁建兴等译，学林出版社 2002 年版，第 304—305 页。

性能力及其作用力都并不是绝对无限的，理性存有不足，至少理性不能解决人的情感需要。更应引起注意的是理性是一家族，其中有不同的家庭成员——工具理性与价值理性，两者既有联系又有区别。价值理性是一种目的性理性，它使人精神上不断地提升，从而使人避免成为没有灵魂的行尸走肉；工具理性是一种手段性的理性，它注重人的欲望的满足并实现社会的有序化管理，从而使人与社会避免陷入混乱与无序的状态。中肯地讲，自启蒙运动以来，工具理性与价值理性都有了长足的进步与发展。不过，在现代化进程中，工具理性突显与价值理性相对失落也是一客观事实。工具理性以其有用性、实效性的原因更易被人们所接受、认同与采纳。工具理性的这些特质也决定了工具理性作用的二重性。工具理性将对象客体化，工具理性所形成的世界必然是主—客二分的世界，在这种二元对立的世界之中，人与自然不再是伙伴关系而是征服与改造的关系，同时人与人之间的关系也是紧张与对立的，因为工具理性将人视为手段性的存在而非将人视作目的性的存在，因而自然就存在着人与人之间对立与抗争的可能。

效率至上的实现要求理性化的组织与组织运行的理性化。商业社会中有两大理性化的机构——官僚机构与商业机构。从表象看官僚机构与商业机构风马牛不相及且有时会发生冲突，但它们至少有一个共通的目标——那就是禁止感情的进入，一切都要按程序进行。官僚机构与商业机构都是要用人的理性压抑人的感性，使人的道德情感服从于社会理性的法则。官僚机构是科层化的组织，讲求程序与规则，同时官僚机构也在谋求利益的最大化。官僚机构谋求利益的最大化既表现为官僚机构自身的利益要最大化——官僚体系不断扩大与膨胀；也表现为官僚个体的利益最大化——GDP 崇拜、政绩崇拜的实质；而且官僚机构与商业机构还可以联手互动形成特殊的利益集团（精英集团），这些精英集团依仗着金钱、权力、智力等诸多的优势对于弱势群体巧取豪夺。在这一过程中，这些精英集体表现得异常的理性，异常冷静，同时也异常的冷酷。即便其中的某些人良知未泯，但也于事无补。如果说官僚机构还保有一些社会公器的公共性的特质的话，那么，商业机构则便更加地直接与赤裸裸。对此，鲍曼说道："官僚机构压制了道德冲动，或宣告其有罪；商业则完全将它们抛在一边。"[①]之所以19世纪的德国思想家基于斯密的《国民财富性质和原因的研究》(《国富论》)与《道德情操论》(《情操论》)提出"斯密问题"——"经济人"与"道德人"何以能够在一个人身上同时出现？关键也是看到了经济活动中的人是不能有过多感情色彩的人，他是利己的、理性的、追求自身利益最大化的人，而不是一个无私的、利他的、慷慨的道德人。商业和道德是不能很好地共存的，至少商业的逻辑与家庭的逻辑存有很大的差异。"在家庭中，物品是给予人们的。因为那些人是——孩子、姐妹、父母——并且物品不是用于获得给予者希望达到的利润。另一方面为了做到'商业理智'必须将资产分配给'出最高价的竞买人'……在生意场中，没有朋友，也没有邻居。"[②]

市场具有魔力，不过市场却并不是温情的。在商业社会，每个出于自利心的人为了满足各自的需要与具有相同心理的其他不同的个体进行持续的交往互动，从而既满足了个体自身的生存与发展需要同时又满足了交往对象的生存与发展的需要，甚至也带来了社会的繁荣与发展。市场似乎有一种魔力，能够做到独善、兼善与共善的统一。当然，这只是市场的A面(阳光的一面)；市场还有B面(阴暗的一面)。人们之所以愿意进入市场进行交易，是因

---

① [英]齐格蒙·鲍曼：《生活在碎片之中》，郁建兴等译，学林出版社2002年版，第307页。

② 同上书，第305—306页。

为交易对象能够带来满足个体需要的产品或服务,如果交易对象不能够带来满足个体自身需要的产品或服务时,那么对方便进入不了我的视野,此时,他是不存在的,因为他对于我来讲没有交换价值。因而,市场交易是"见物不见人的"。你手中有我所需要的物,你便有价值;你手中没有我所需要的物,你便没有价值,至少对于我而言是如此。这便是市场!市场是这般的现实与功利,同时又是如此的冷漠与残酷!

社会推崇效率、崇尚有用性。在这样的时代背景下,社会的功利化就成为主导性的价值趋向。尽管穆勒对于功利主义做了如此的辩护——"功利主义要求,行为者在他自己的幸福与他人的幸福之间,应当像一个公正无私的仁慈的旁观者那样,做到严格的不偏不倚。功利主义伦理学的全部精神,可见之于拿撒勒的耶稣所说的为人准则。'己所欲,施于人','爱邻如爱己',构成了功利主义道德的完美理想。"[①]但在现实之中,功利主义并不是像穆勒所说的那样完美。首先,功利主义推崇最大多数人的最大幸福,从表象上看是以人为目的的,但是功利主义并未真正地将人视作目的,因为功利主义主张为了利益的最大化可以牺牲某些社会成员的利益乃至生命。其次,功利主义仅仅关注功利的增长而并不留意功利的分配,这是其理论的一大缺陷并且在现实之中极有可能为不公正的制度安排提供辩护。第三,以功利作为评判是非善恶的标准,本身就存有世俗化与庸俗化的可能,因为人的尊严、道义与崇高是不能用功利来衡量的。第四,功利主义与个人主义并不是对立的,甚至存在着贯通的可能。社会以利益最大化为取向,自然也会引导个体以自身利益最大化为旨归,这样必然会将个体的视野逐渐由社会向个体、由精神向物质层面收缩。如果没有其

① [英]约翰·穆勒:《功利主义》,徐大建译,商务印书馆 2016 年版,第 21 页。

他的约束机制加以调控的话，个体必然会忽略他人和社会利益，成为一个自私自利的人。现实生活中之所以不断会出现旁观者冷漠的现象，根源也就在此。效率至上化、社会的理性化最终一定是社会的功利化，在这种情境下，人变成冷血的经济动物也就不足为怪了。

社会的功利化造就了整个社会的精神风貌的改变。社会充满了商业气息与商业精神。这种转变可以作如此的描述——“作为普遍有效的道德价值、商业价值和技术价值在社会的各行各业中都发挥着作用。这就是为什么精明、很强的适应性、算计性思维、坚定性和工作业绩能构成社会核心价值的原因。与这些核心的社会价值相比，生活共同体对战斗的勇气、甘于牺牲、信仰、对物质财富的相对淡然、爱国主义、家庭、部落以及谦卑的评价——虽然也会有例外——已经被放在了从属地位。”①

二、自我本位与社会的冷漠化

自我的广泛出现与商业社会有着密切的关联。人的真实的自由是随着人权与物权的确立而诞生的，而生命、自由、财产等理念与制度的形成与确立均源自商业社会。人的确立、自我的确立是一大历史进步。自我奋斗与自我成才的理想与追求使人摆脱束缚，获得自由，同时也带来了文明与进步。然而，商业社会之中，由于采取的是自我本位——过于注重自我而忽视了他人，事实上造就了个人主义与利己主义的盛行，因而也造就了社会的冷漠与冷酷。19 世纪中叶的伦敦街头充满了冷漠——“他们彼此从身旁匆匆走过，好像他们之间没有任何共同的地方，好像他们彼此毫不相

① [德]曼弗雷德·S. 弗林斯：《舍勒的心灵》，张志平、张任之译，上海三联书店 2006 年版，第 157 页。

干，只在一点上建立了一种默契，就是行人必须在人行道上靠右边走，以免阻碍迎面走过来的人；同时，谁也没有想到要看谁一眼。"[①]社会的冷漠现象在资本主义社会表现的最为鲜明，当然这并不意味着在其他商业社会中就不会出现，某种程度上社会的冷漠是商业社会的一种必然。

商业社会造就了自我本位的人。自我本位的人是心安理得地只顾自己而不顾他人的人；自我本位的人"认为爱心和勇气纯粹是愚蠢的"[②]人；自我本位就是以自我为中心，以自己欲望与利益之实现为最终之目的，其他的一切皆是手段化的存在。因而在自我本位的社会之中，人们信奉自由竞争与优胜劣汰。当然，自由竞争与优胜劣汰并非毫无是处，它对于个体的解放与社会的进步是有过促进作用的，但是其负面作用却日益突现。自我本位所造就的最大的社会问题便是："绝对的优先权给了毫无理性和没有道德的市场竞争，无限的自由给了资本和财源而牺牲所有的其他自由，撕碎了由社会维系的安全网络，忽视了除经济之外的一切，所有这些都又一次加快了社会内部和社会之间的那种无情的分化过程。"[③]因而，尽管在商业社会、个体知道利他主义是美德，但成功的压力迫使他不得不去为了自己而战，不得不对竞争对手、他人冷漠、冷淡与冷酷。总之，商业社会崇尚自力更生，自我奋斗与自我负责，因而从表象上看商业社会也是公平的。然而，在看似公平与正义的商业社会背后却隐藏着冷漠与冷酷。

商业社会中事实上存在着这样的原则——"一、你不可犯罪；二、你不可犯错；三、你要履行自己的契约；四、你和你的家人可以

① 《马克思恩格斯全集》第 2 卷，人民出版社 1957 年版，第 304 页。

② [英]亚当・弗格森：《文明社会史论》，林本椿、王绍祥译，浙江大学出版社 2010 年版，第 15 页。

③ [英]齐格蒙特・鲍曼：《个体化社会》，范祥涛译，上海三联书店 2002 年版，第 99 页。

保留你能够得到的一切。”[①]这看似公平，但是这种貌似公平的背后却有着相当不合理的地方。这是因为商业社会之中事实上遵循的是适者生存法则，它事实上采取的是一种“本事主义”的哲学——凭本事说话，没有本事就不能说话。它尽管鼓励每个人都尽其所能去谋求成功，但实质上因为人的契约能力是有差距的，穷人与富人之间的财富占有是不同的，精英群体与弱势群体的可行性能力怎么可能是一致的呢？这样的原则实际的运转就是对弱者悲惨境遇的无视和对强者狂妄的纵容。因而，在商业社会的这种自发的运行机制下，能力不济者、运气不好者是要被逐出竞争的高速路上的，他们很难再进入跑道了，等待他们的命运要么是消亡要么是成为纯粹的看客。在一个讲求适者生存、本事主义哲学的商业社会，弱者是受伤害的群体，这是非常自然与明显的事实。然而，吊诡的是，在奉行本事主义哲学的社会当中，所有的人事实上都受到了伤害。彼得·盖伊曾说：“谈论资本主义的时候，我们常常太把注意力放在阶级冲突上而忽略一个事实：在资本主义所制造的伤员中，为数不少是资本家。我这里所说的‘伤’，并不是指金钱或社会地位上的‘伤’，而是指心理上的‘伤’。这些还能走路的伤者包括了闲不下来的金融家、企业主、经理人、店主，他们像是得了强迫症似的不停工作，没有所谓的假期或退休。……他们这种‘不守安息日的财富追求’乃是一种心理扭曲的反映。”[②]的确如此，在奉行自我本位、竞争至上的商业社会中，任何人都会有挫折感、渺小感与无助感，因为任何人都不能保证自己永远是优胜者，每个人事实上都随时处于被淘汰的边缘，因而，从这个角度而言，

① [英]詹姆斯·斯蒂芬：《自由·平等·博爱》，冯克利、杨日鹏译，广西师范大学出版社 2007 年版，第 182—183 页。

② [美]彼得·盖伊：《施尼兹勒的世纪：中产阶级文化的形成，1815—1914》，梁永安译，北京大学出版社 2006 年版，第 255 页。

商业社会中的所有成员都在备受煎熬。

三、利益至上与社会的庸俗化

商业社会不断地进步与发展，为什么会如此呢？这是因为商业社会充满了魔力——对利益的追求不再是恶的而是善的。在传统社会之中，人们耻于谈利，君子喻于义，小人喻于利。传统社会整体而言对于利益不能给予充分的承认与肯定，但是商业社会却实现了这一历史性的改变。在商业社会之中，人追求利益不再是可耻的，反而是光荣与神圣的。在西方社会，完成这一历史使命的是宗教改革。马丁·路德与加尔文的宗教改革（尤其是后者）对于劳动、工作、财富做了与旧教（天主教）迥异的论证，因而造就了在韦伯眼中的新教伦理（清教主义传统）与资本主义精神。事实上，东方社会也经历过这一思想解放的过程，20世纪中后期以日本为代表的东亚新兴工业国家与地区的之所以兴起也与儒家资本主义有着密切的关联。总之，社会的巨变源于观念的改变。商业社会之所以会取得如此的成就，根源就在于——“它狡猾地甩掉了风俗、习惯的老框框，目空一切地扯掉了传统这一惯例。……交易、交易、再交易，利得、利得、再利得，这些活动终于产生了一个新的、强大得令人吃惊的推动力。”[①]商业社会中的魔力源于交易与利得。利得即得利，实质上就是对于财富的渴求，这种渴求化为人上进的雄心。人的功名之心、利禄之心、上进之心能够激发人的所有潜能，人会寻求一切机会发财致富，寻求出人头地，这样是有其正面效益的。它孕育了艺术，创造了文明，带来了国家的富强。但是，人的功名之心、利禄之心、上进之心也会化为贪婪。而贪婪会

---

① [英]罗伯特·L.海尔布罗纳：《几位著名经济思想家的生平、时代和思想》，蔡受百等译，商务印书馆1994年版，第25页。

造成目无法纪、短视浅薄、邪恶阴险、丧心病狂等诸多恶果。如果回顾一下近代西方资本主义发展史，我们一定会认同这一判断的。西方国家早期的资本家在国内进行野蛮的圈地运动来剥削农民，稍后的资本家则采取更加残酷的方法来剥削工人。西方国家资本家的剥削还越出国界，他们对于亚、非、拉国家与地区烧杀抢掠，屠杀印第安人、贩卖黑奴。他们的罪恶罄竹难书。西方国家早期的资本家"用公开的、无耻的、直接的、露骨的剥削代替了由宗教幻想和政治幻想掩盖着的剥削。"[①]因而，一个商业社会若没有良知正义、法律与制度加以规制的话，那将会彻底地沦为"冒险家的乐园与失意者的地狱"。

利益至上导致了社会的庸俗化。社会的庸俗化是指仅以金钱的多少来评判个体成功与否，社会的庸俗化忽视了人的精神创造与精神追求。因而，在商业社会中人们躲避崇高，拒绝神圣。商业社会中人们对在价值等级中排位倒数第二的实用价值等级过分抬高，因此牺牲了对更高价值等级的适当认可和情感感受。[②] 这便"意味着忘记了目的高于单纯手段的施展——就此而言，这种精神显明自己恰是一种没落现象。的确是没落！"[③]这是因为商业社会把其他一切神圣的东西都已祛魅了，唯有金钱才具有魔力。"没有比商业更伟大和更光辉的行业了。它吸引了大众的注意力，成了群众向往的目标，使人们的最热烈激情都向它那里集中。"[④]经济活动是最重要的活动，其余的一切活动都是围绕着它所展开的。因而，金钱成为成功唯一的标准。谁有钱，谁便是成功人士，谁便

---

① 《马克思恩格斯选集》第 1 卷，人民出版社 1995 年版，第 275 页。

② 参见[德]曼弗雷德 · S. 弗林斯：《舍勒的心灵》，张志平、张廷之译，上海三联书店 2006 年版，第 179 页。

③ [德]马克斯 · 舍勒：《舍勒选集》上卷，罗悌伦译，上海三联书店 1999 年版，第 530 页。

④ [法]托克维尔：《论美国的民主》下卷，董果良译，商务印书馆 1988 年版，第 691 页。

值得尊敬;谁无钱,谁便是失败人士,谁便一文不值。那种超世的、神圣的追求在商业社会显得格格不入,显得异常不合时宜。在商业社会之中,对物的追求与占有成为人们行动的指南,人们沉迷于物质享受之中,沉浸于个体私人生活之中。因而,个体对于他人与社会是不会有更多关心的。

利益至上也造就了人的价值的失落。利益至上的商业社会,一切都是商品,一切商品均是可以被量化的。因而,"人不但卖商品,而且也卖自己,觉得自己是一件商品。"[①]个体的人生成就最终要归于他人对其数量化的评判。如果个体被估价高,那么个体便有价值,人生便没有虚度;如果个体被估价低,那么个体便无价值,人生便是无意义。但是这种将人商品化的做法事实上是对人的尊严的一种侮辱。人是人,人的尊严与价值是不能用金钱来衡量与评判的。因而那种把人当作物、尤其是个体也把自己当物来待价而沽的做法,既是个体的悲哀,同时也是社会的悲哀。事实上,在商业社会中所有的人都存在异化的现象,如果说一定存在差异的话,那也只是异化程度的大小与强弱之别。如果一个人有许多的资产,那么他就是巨大的社会生产线上的一个重要的部件;如果一个人没有太多的资产,那么他便是这个巨大的社会生产线上的一个无足轻重的部件。但是无论如何,这两者均不是自成体系的完整的主体,他们都是服务于、服从于巨大的社会生产线上的部件。

利益至上造就了生活的日常化与人的平凡化。没有什么东西让人拚死追求,人们的生活也缺少了神圣感与敬畏感。"我只是个凡人,我只要求凡人的生活"。因而,那种圣人与英雄的生活与追求便在个体之外了。那种轰轰烈烈、激情燃烧的岁月早已逝去,留

① [美]埃里希·弗罗姆:《逃避自由》,刘林海译,国际文化出版公司 2007 年版,第 83 页。

给现在的只是精打细算的日常生活。这种生活便是布尔乔亚式的生活(人们通常所讲的小资的生活)。它是一种理性化的生活方式,它是一种崇尚家庭的生活方式,一切皆按部就班地生活,没有过多的激情,没有大喜亦无大悲,一切皆在计划之中,一切皆在掌握之内。这种机器般的生活方式常态,“布尔乔亚”对此是自鸣得意的,然而,“在其批判者眼中,布尔乔亚是邪恶、庸俗、冷漠的,不然至少也枯燥乏味、谨小慎微、斤斤计较、容易妥协、不重视英雄。”①“布尔乔亚”认为英雄带给世界的不是创造而是破坏,不是进步而是倒退,英雄是不惜常人的幸福与生命所堆砌成的偶像,但这种偶像面临的不是朝阳而是黄昏,人不仅杀死了上帝,人还杀死偶像与英雄。当然,商业社会人们也推崇英雄,不过这种英雄不再是传统社会中的勇士与帝王,而变成了专家与明星。

利益至上也造就了人的无助化。人为了谋求利益的最大化,必然要走向精细化的社会分工。唯如此,效率才能最大。然而,精细化的社会分工并不能带来人的全面发展,每个人的工作越来越精细化,同时也越来越单一化,许多人的工作只是庞大的流水线上的一个组成部分,个体很难对全体有宏观的把握,他被要求的只是完成手头的工作,对于整个流水线如何运转并不要求他去了解,甚至包括最终的产品流向何方,这不是个体所能、所应了解与掌握的。因而,在这种利益至上、效益优先的商业社会,人并没有真正地站了起来,反而被打压下去了。“做好本职工作”既可以视作一种鼓励,又可以视作一种无奈。总之,人在商业社会中会产生一定程度的渺小感与无助感——“我们太微不足道了,我知道我们什么也不是;在如此浩大的宇宙中似乎没有任何东西在某种程度上既

① [美]彼得·盖伊:《施尼兹勒的世纪:中产阶级文化的形成,1815—1914》,梁永安译,北京大学出版社2006年版,第336页。

能淹没人又能使人重新获得信心。……我们跌入了一个巨大的黑暗迷宫,我们怕极了。”[①]

第三节　科层制社会与制度性冷漠

现代社会的结构迥异于传统社会,现代社会是组织化的与结构化的,现代社会之中的人是无法逃离“组织”与“结构”的,尽管有些人不断地尝试着逃离但实质却并未能如愿,甚至在某种程度上加深了自己结构化生存的程度。现代社会中人的生活方式、精神气质、心理特征均有着结构化的特质。因而,不了解人的现代性存在本体论这一特质,是不能真正了解现代人生存境域的,同时也是不能了解现代人的生活样式的,自然也就不能真正地了解道德冷漠产生的社会性背景与根源了。我们在前面已经指出道德冷漠不仅有旁观者的冷漠,也有受助者的冷漠,同时还有制度性的冷漠。制度性冷漠是通过组织(制度)中人的冷漠所展现出的组织(制度)的冷漠。制度性冷漠的产生与现代社会的组织结构——科层制[②]密切相关。

一、科层制社会的来临

“在当今社会,科层制已成为主导性的组织制度,并在事实上成了现代性的缩影。除非我们理解这种制度形式,否则我们就无法理解今天的社会生活。”[③]科层制不仅仅是政府组织特有的社会

---

① [美]埃里希·弗罗姆:《逃避自由》,刘林海译,国际文化出版公司 2007 年版,第 92 页。

② 在本章,科层制与官僚制是在相同意义上使用的。

③ [美]彼得·布劳、马歇尔·梅耶:《现代社会中的科层制》,马戎等译,学林出版社 2001 年版,第 8 页。

结构，科层制是现代社会中任何组织均具有的结构模式，政府如是，企业亦如是，非政府组织亦如是。在初民社会或某一组织的萌芽阶段，组织结构相对简单，一个人或者几个人就能够实现对于组织的治理，但是当社会组织变得越来越大时，一个人或少数人不再能够乾纲独断时，他必须要分权给他人，让他人来协助他；当组织变得越来越大时，就会有更多的人来协助工作，同时这就要求对这些协助工作的人进行管理，这便形成了层级结构，为了不使组织目的落空，上层必然要对下层进行监控，这就是科层制的由来。科层制有其历史演进的过程，中国古代的文官制度是传统社会之中较为典型的科层制。西方近代以来，宗教改革之后民族国家的确立、启蒙运动以后的政教分离、工业革命之后商品社会的突飞猛进、国家职能与社会任务以及公民素质的提升等多方面因素造就了西方社会官僚体制的形成。当然，西方社会的官僚制（科层制）是在借鉴中国古代文官制度以及科举制度基础上所形成的。

科层制是经过考核与专门培训后以职业化的态度对待某一特定职责所形成的诸多职业及其职业考核的体系。与传统社会之中基于等级、血缘基础之选拔官员的机制相比，现代科层体制的人才选拔是科学的、理性的、客观的、明确的，同时也充满了强烈的目的性；因而，科层制是理性化的、系统化的与制度化的。马克斯·韦伯对于科层制[①]有着经典的描述：

i 各部门有依据规则——法律或行政章程——所授予的明确的权限；

ii 官职层级制与审级制；

① 参见[德]马克斯·韦伯：《支配社会学》，康乐、简惠美译，广西师范大学出版社2010年版，第21—23页。

iii 职务运作乃是以原本草案形式保留下来的文书档案以及由幕僚与各种书记所组成的部门为基础的；

iv 职务活动至少是所有专业化的职务活动——通常都以彻底的专业训练为前提；

v 职务发展完全成熟之际，职务活动即会要求官吏的全力投入；

vi 业务的执行须遵照一般规则，这些规则必须是：多少是明确的、多少是全面包罗的以及可以学习的。

科层制是通过理性化的方式来建构社会，对社会治理的结构进行新的重组，目的是使社会更加的富强、文明与正义。科层制较以往的社会治理模式有较大的历史进步性。

(1) 科层制具有效率的优势。科层制试图通过理性化的建构改变传统的社会治理模式，相较于以往的社会治理模式科层制的制度设计更为严密、细致与神学。“对于统治者和有关的人员来说，言而有信，劳动效益强度大和范围广，形式上可以应用于一切任务，纯粹从技术上看可以达到最高的完善程度，在所有这些意义上是实施统治形式上最合理的形式。”①

(2) 科层制具有理性的优势。科层制的规则、目的都是经过理性的考量以实现效率最大化所实施的制度安排。科层制中的理性设计拒绝情感的冲动与盲目，一切都是按照数字化、程序化以及最优化的方式来运筹与设定的，并且每一具体的环节都可以精确化地测评，从而实现效率的最大化。

(3) 科层制具有稳定的优势。科层制设计及制度安排使得管

---

① [德]马克斯·韦伯：《经济与社会》上册，林荣远译，商务印书馆 1997 年版，第 248 页。

理越来越条理化，一切皆可预见，特别是科层制中的任期制使得社会告别了无序与恐慌，从而实现了管理的有序化与程序化，同时也使得公众对于社会管理充满了信心，社会因而变得稳定与和谐。

(4) 科层制具有专业的优势。科层制中的官僚(职员)是通过考试与选拔进入到科层制体系中来的，同时官僚(职员)为了能够继续在科层制体制内生存就不断地加强职业技能的培训与职业素养的提升，这与传统社会中贵族将行政管理工作视作一种荣誉是有区别的，现代科层制是职业化与专业化的，科层制中的官僚(职员)对其职业是投入的与专注的。

(5) 科层制具有平等的优势。科层制迥异于传统社会中的特殊主义的方式而采取普遍主义的态度，对事不对人，不会因人而异。因而，它看似无情——不对熟人与特权特殊化对待，实则有情——对所有陌生人的一视同仁。此外，科层制讲求机会对每个人开放，任何人均可以通过考试进入科层制而非像原先靠等级、血统与门第。因而，科层制体现了现代社会的进步。

总之，科层制是合法型的社会治理模式，它较之传统型的和魅力型的社会治理模式具有较大的合理性。“精准、迅速、明确、熟悉档案、持续、谨慎、统一、严格服从、防止摩擦以及物资与人员费用的节省，所有这些在严格的官僚制行政里达到最理想状态。”①

中肯地讲，科层制并非是十全十美的。不同的人基于不同的立场均对科层制加以批评与指责。“特权阶级用它来指责特权的丧失；商业阶级用它来指责对商业活动的干预；手工业工人用它来指责文秘工作的优越；科学家用它来指责官僚的无知；政治学家用它来指责行政的拖拉。”②人们认为科层制就是人造的怪兽——利

① [德]马克斯·韦伯：《支配社会学》，康乐、简惠美译，广西师范大学出版社 2010 年版，第 45 页.

② [英]马丁·阿尔布罗：《官僚制》，阎步克译，知识出版社 1990 年版，第 15—16 页。

维坦,如果不注意对其弊端与局限的规避,人类的自由最终会被科层制会吞噬。总体来看,科层制存在着以下五个方面的缺陷与不足。

(1) 效率的悖论。科层制的最初的本意在于去除情绪化与非程序化的干扰,减少任性专断与感情用事,而是通过遵章守纪、程序化的处理来提升社会管理的效率。这在现代化之初的确做到了,但是随着现代社会的发展,科层制的效率不仅没有大幅度地提升反而有急剧下降之趋势。它变得机构臃肿、人浮于事、效率低下。人们对于科层制逐渐不满。更为值得注意的是,为了使机构增强效率,便要加强控制,而加强控制的方法便是再设机构,这样机构会越来越多,本来为了增加效率的举措反而最终带来的效率的迟滞,这便形成了一种恶性的循环。

(2) 理性悖论。科层制是人为了增加经济效率、实现社会稳定与人的美好生活所进行的理性的创制。科层制是人的创造,而非神的给予,科层制展示了人的想象力、创造力与执行力。但是在实际运行的科层制中,人却变成了失去思考与理性的盲从的个体。"是的,大人!"成为一种事实上的行为准则。科层制迷信权威,下级迷信上级,上级迷信规则。"上层在各种细小问题的知识方面依靠下层,下层则在有关普遍物的理解方面依赖上层,结果彼此都使对方陷入迷途。"[①]因而,科层制中守规则即为德性,不守规则即为失职与失德。在科层制社会之中,鼓励的是僵化与守旧,反对的是创新与变革,因而那些具有创新精神的人反而被视为"折腾的异类"而不断地加以抵制与排斥。

(3) 平等的悖论。科层制是社会理性化的产物,也是社会民主化的产物。科层制是通过考试向社会大众选拔人才,因而它体

① 《马克思恩格斯全集》第1卷,人民出版社1960年版,第302页。

现了社会平等与进步。然而，这种平等却存有隐忧。“随着身份在一个国家实现平等，个人显得日益缩小，而社会却显得日益强大。或者说，每个公民都变得与其他一切公民相同，消失在群众之中，除了人民本身的高大宏伟的形象以外，什么也看不见了。”①不过，我们更应该关注的是科层制现实运行之中存在着不平等并制造着差异。首先，体制内存在着不平等。体制内的个人看似在规则面前人人平等，但实质上体制内层级森严，上下级之间并不是真正平等的关系，上级的独断与专横以及下级的迎合与奉承均是现实化的可能。其次，通过信息、技术及其专业的限定所造成的最终资源占有上的不平等以及个体心理上的差异，社会之中的人分为精英集体与弱势群体。

(4) 创新的悖论。作为科层制中的个体，每个官僚(职员)都曾经充满了理想、信念与激情，都想有一番作为。但是，有相当的人在看似机械化的制度中渐渐失去了理想、激情，失去了奋斗的激情。而渐渐成为了一个绝对的制度的维护者——保守主义者。这个过程在“当快速向上升迁的官员穷尽了可用的晋升选择时，他们就不再成为攀升者，继而成为保守者。没有得到晋升的中层官员采取保守者的态度，以此作为适应环境的手段。当拥有自利和利他混合动机的中层官员意识到自己的态度显然不能塑造机构政策时，他们就会滑向保守者主义。”②现代社会的组织体系犹如一只巨大的铁笼，将人固定于其中，大大压抑了人的积极性和创造精神。

(5) 目的的悖论。社会之所以需要官僚(职员)与科层制，是因为官僚(职员)与科层制通过其专业化与职能化的服务能够满足社会与公众的需要。从本源意义上讲，官僚(职员)是为社会与公

① [法]托克维尔：《论美国的民主》下卷，董果良译，商务印书馆1988年版，第841页。
② [英]帕特里克·敦利威：《民主、官僚制与公共选择》，张庆东译，中国青年出版社2004年版，第169页。

众提供服务的人，公众利益方是其行为其职业的终极目的与最高信仰。不过，在现实之中的，存在着这样的可能——“官僚是国家的耶稣会教徒和神学家。”[①]这也就是说有些官僚是表里不一的，他们表面上是维护社会普遍利益的代表，但实质上却成为自身利益的追求者与捍卫者。官僚（职员）只顾自己在科层制的等级阶梯上向上爬，官僚（职员）所考虑的内容是自身的利益、部门的特殊利益而不是社会公益。

二、官僚及科层制社会的众生态

官僚并不神秘，官僚也并不特别。官僚是人，有着人之为人的所有的特性、喜爱与偏好；但是，官僚毕竟有异于常人之处，官僚是体制内的人，自然就具有“官僚气”，同时这种官僚气也会逐渐延伸到社会之中，因为现代社会均是组织化的社会，任何组织中的人均会带上“官僚气”——“官僚人格”。

1. 官僚：官僚制（科层制）中的人

官僚首先是指官僚制中的人，同时也是指官僚制中的人所从事的职业。在此，我们重点从人的角度而非职业的角度来看官僚。从人的角度来看官僚，那么官僚就是指能够担当和行使与之职务要求相匹配的素质及其能力的个体，因而官僚进入到官僚体制之中是经过资格审查与能力考核之后，同时进入到官僚体制之内，官僚也并不是就像有些人想象的那样轻松，官僚也要在不断地接受各种考核与问责，进入到官僚体制之内的个人既有个体私利之诉求，又有社会公益之考量，因为官僚从本质上讲是为公益服务的。进入到官僚体制内的官僚都是积极向上的人，能够成为官僚一定是具备相当学识与能力且愿意在尘世间建功立业的上进的个体，

---

① 《马克思恩格斯著作全集》第 1 卷，人民出版社 1960 年版，第 301 页。

因而每个进入体制之内的官僚都力图抓住任何可能的机会，能够实现在体制内不断地攀升，不过这种攀升并不完全是由个体所决定，个体的能力、努力与机缘是起作用的，但并不一定会起关键作用，有时上级的好感与提携会起到至关重要的作用，因而，体制内的个体的命运并不完全由自我所决定与把握，因而有些原来意气风发、壮志凌云的有为青年变成饱食终日、无所用心的庸碌之辈。

2. 官僚人格

长期浸淫于官僚制（科层制）中的人，经过官僚制的长期的规范与教化，自然而然地会形成适应官僚制的思维定式、行为习惯与精神气质。这便是官僚人格。官僚必具备官僚人格，即便不是官僚制中人也多少会具有官僚人格的特质，这是因为整个社会就是一个官僚制的社会。

官僚人格最大的特点便是服从。官僚制强调规则与秩序，强调纪律与服从。因而，通过长期的训练与培养，官僚养成了对于文本与教条的坚守、对于上级与长官的尊重、对秩序与纪律的服从。因而，官僚习惯于旧例，唯书、唯上是其一般性的行为习惯。官僚服从主要体现在唯上。处于官僚层级之中的个体总是相信上级是真理与正义的化身，上级来的任何指示与政策都是正确的，因而，他们总是不加反思地去加以执行；而处于官僚制中的上级官员也总认为他们比下级要高明与正确，他们相信自己掌握了所有的情报并根据客观事实所做出的科学论断，这种自我确信也来自下级官员的承认与上级官员所上报材料——往往是经过筛选、加工为了迎合上级口味与需要——所确证的。长期的规训与教化，使得官僚视义务的遵循为天职与本能，甚至放弃了自己的思考与批判。

官僚人格第二个特点是保守。官僚往往会拒斥首创精神，官僚并不是创新的爱好者与倡导者，甚至在相当程度上对创新进行本能的抑制。他们即便不将创新与变革视为大逆不道，但却总是本能性地选择抵制与反抗，这是因为他们需要的是秩序与稳定，他们习惯的还是秩序与稳定。而创新与革新总是对既有秩序与规范的颠覆，总是要打破旧的传统与习俗，因而就要求人不断地学习与适应，这对于习惯于旧例的官僚而言是很不适应的，也是很不习惯的，更是不欢迎的。因此，保守与守旧是官僚的一大标签。保守与守旧是社会前进的障碍。保守与守旧既压抑了人的个性又带来社会的停滞与僵化。

官僚人格第三个特点是懦弱。对此，也许有人会持不同的看法，因为在常人眼中，官僚是体制内的人，他们掌握资源、拥有声望与地位，他们更可能是傲慢与偏见，怎么可能是懦弱呢？其实，道理不难理解。官僚之所以懦弱有以下几个原因：(1)由于官僚体的制度设计，体制是不变的，而人是流动的，没有任何人可以长期地占有这一地位，无论个体如何强势与多能，个体总是要离开这一位置，更为值得注意的是后继者随时可以将其取代，因而，相对于制度而言，官僚个体处于弱势地位。(2)处于官僚制下层的官僚面对上级只有服从与执行的职能，最多只能提出建议，因此即便是有自己的看法与思考在上级未采纳之前也只能听从上级的指挥。从而，作为官僚的个体在面对上级时显得是无能无力的。(3)官僚在面对着同事时，由于精细化的分工的存在，各负其责，各司其职，各人对于超出自己所负责的业务并不熟悉，因而，在现代社会之中，个体更多地会感觉到挫折感、失败感与无能感。精细化的分工造就了“孤立的个体”“残废的个体”与“失望的个体”。[①] 总之，现代

---

① “孤立的个体”是指精细分工使人们局限于自己的狭小专业领域，越来越难以与专业外的人进行沟通；“残废的个体”是指精细分工使人只具有专业特长，特长之外的基本能力严重衰退，变得“单面、残废”；“失望的个体”是指细碎的分工使多数人看不到自己在最终产品或某项任务中的作用，觉得自己可有可无、什么也没做，没有成就感。（参见［法］阿尔贝·雅卡尔：《科学的灾难？一个遗传学家的困惑》，阎雪梅译，广西师范大学出版社 2004 年版，第 20—21 页）

官僚制中的人不再是有血有肉、有棱有角、鲜活的个体，而变成了越来越盲从、保守与随大流的人了。

3. 官僚主义

对于官僚主义，人们一般并无好感。这是不难理解的，因为官僚主义是："脱离实际、脱离群众、做官当老爷的领导作风。如不深入基层和群众，不了解实际情况，不关心群众疾苦，饱食终日，无所作为，遇事不负责任；独断专行，不按客观规律办事，主观主义地瞎指挥等。有命令主义、文牍主义、事务主义等表现形式。"①对于官僚主义，我们需要正视而不能仅仅作情感上的宣泄。官僚主义的产生与存在有其现实基础与条件，它不会因某些人的不喜欢而立即消亡，也不会因某些人的喜欢而永远存在下去。"官僚主义不是矫揉造作的人为之物，也不是从子虚乌有中捏造出来强加于人的东西；它是自然生成的，由一大批受教育的职员的创造和组织生产出来的。它是他们社会生活的表述。"②

人们不满意官僚的作为是可以理解的。不过这还跟公众对于官僚制及其官僚制的运行缺乏了解具有一定的关系。官僚主义的产生是与官僚制内在的运行方式紧密相关的。普遍民众之所以抱怨官僚，是因为对于官僚制内在运行的不熟悉。官僚制中精细化的分工使得部门与部门、职员与职员之间职责是极其明确的，因而，在公众具体办理事务时从一个部门推向另一个部门、由一个办事人员转到另一个办事人员在制度设计中是合理的与科学的，但在具体办事的公众眼里则是繁琐的与教条的，而官僚制的层级设定则使得接待公众的办事人员无权决定如何处理而只能向上级反映与汇报并等待上级的决定。而这样的环节是必不可少的同时也

---

① 辞海编辑委员会：《辞海》，上海辞书出版社 1979 年版，第 2325 页。

② [英]阿克顿：《自由史论》，胡传胜等译，译林出版社 2001 年版，第 540 页。

是耗费时间的。同时,每一位来到官僚机构办事的公众往往都是具体化的特殊个体都要求被区别对待,而在官僚眼中则是习以为常的普通个体而一视同仁般地对待,这就极易形成心理落差,这也极易形成公众对于官僚的抱怨。而这一过程往往就会被不明真相的公众视作互相推诿、不负责任官僚主义的由来。

如果说上面所述的官僚主义的产生有其客观原因外,那么下面这种官僚主义的产生与官僚自身有着直接的关联。那就是衙门作风、老爷气派、故意刁难的官僚主义。这才是我们要大力加以批判的官僚主义。对于后一种官僚主义,弗罗姆通过"官僚的施虐狂"①的描述进行了精彩的说明。

> "想象一个坐在邮局办公室窗前的人。15 个人正在外面排队,到了下班时间还剩下两个人。当 5 点钟的钟声敲响时,那人就关上了窗户,打发走了最后那两个已经等了半小时的人。有一丝微笑浮现在这个人薄薄的嘴唇上,一个显而易见的施虐狂的微笑。他很高兴见到那两个人不得不离开,他拥有的权力就是使他们空等一场而只好明天再来。他本可以很容易地为他们费上一两分钟,但他没有那样做。一个好心肠的人是会牺牲这点时间的,绝大多数人在那种情形下也会那么做。施虐狂关上他的窗子不只是因为营业时间已到,而是由于关上了它,会给他一种乐趣。尽管他的薪水可能不是太高,但施虐狂的愉快就如金钱一样美妙,没有它,他不会去考虑要做。"

---

① [美]埃里希·弗罗姆:《生命之爱》,王大鹏译,国际文化出版公司 2007 年版,第 65—66 页。

弗罗姆认为具有施虐狂心理的官僚有着强烈的秩序情结、等级情结与异化情结，他们并不会将人视为人看而将人视作物，他们不会与人友好相处；他们具有秩序情结，唯纪律与规则是从，从表象上看决定是遵纪守法的好员工与好公民；他们从不会对强者和上级施虐，而将施虐对象换作下级和常人，因而他们骨子里是有着社会歧视和社会排斥心结的。弗罗姆认为每个人内心深处都有施虐狂的心理，只不过是有没有机会与条件释放以及释放多少而已。官僚施虐狂所展现出来的心理与作为既是个体的冷漠又是制度的冷漠。

三、制度性冷漠

1. 制度性冷漠

制度性冷漠并不必然意味着体制中的个体是冷酷与残忍的，事实上，他们也是正常的人，甚至是具有较强良知与正义的人，但是由于身在体制内等诸多的原因，个体主动地或被动地认同制度的安排而未做反制度的行为。体制内的工作人员严格按着制度的行事，从表象上看，体制内的工作人员遵章守纪，对服务对象一视同仁，不能挑出任何毛病，但是其行为却总会给来办事的人及其他社会成员一种不近人情的感觉，总觉得在其眼中"只有规章而没有人"。人们通常将这种看似合理而实则不合理的对于人的无视与蔑视的行为称作制度性冷漠。制度性冷漠可以视为"合法却不合理"，制度性冷漠存在于任何科层制社会之中，西方社会有，当代中国社会也有。近些年来在不少媒体上类似于"证明我爸是我爸"[①]

---

① "江苏新闻"微信公号 2018 年 5 月 27 日消息，要说最难证明的一件事情，莫过于怎么证明"我妈是我妈""我爸是我爸"。最近，淮安的钱先生就遭遇了这样的尴尬。前不久，淮安市民钱先生的父亲因病去世，料理完父亲的后事后，钱先生打算将父亲住房公积金账户里的余额取出来。住房公积金中心的工作人员告诉钱先生，（转下页）

"75 岁病重老汉担架抬进银行改密码"①等相关报道持续不断地进入到人们的视听之中,这些均是制度性冷漠的表现。制度性冷漠

(接上页)提取他父亲的公积金需要到公证处对继承这笔款项进行公证。随后,钱先生来到淮安市公证处。对方要求钱先生开具这些证明:在这一大堆各种各样的证明中,父子关系的证明让钱先生很难理解,"我有户口本的话,完全可以证明我和他的父子关系,也可以证明我爷爷奶奶去世。"为了办理这些证明,钱先生跑遍了户口所在地的街道、社区和派出所,但各个单位均无法给出他想要的证明材料,"居委会说这些格式的话,'我们早就不开了',包括我是我爸的儿子。"淮安市公证处陈静主任表示,按照我国《继承法》的相关规定,办理继承公证确实需要提供亲属关系证明。淮安市公证处主任陈静:《继承法》规定,配偶、子女、父母是第一顺序继承人。一个人去世后,他的财产由配偶、子女、父母共同继承。所以说在办理继承公证的时候,当事人要提供全部法定继承人基本情况及被继承人亲属关系的证明。陈主任表示,之所以要求开具亲属关系证明,主要是为了防止骗取住房公积金的行为,同时也能够避免后期产生不必要的经济纠纷。未来,他们也将推行绿色继承制度,简化市民的办事流程,"由当事人提供被继承人死亡证明、财产证明等基础材料,并提供证据线索,由公证人员前往被继承人生前所在单位、街道社区等地,帮助当事人调查收集证据。"为了一张又一张的证明跑断腿,很多人可能都遭遇过,有的证明是法律的严谨所需要的,而有时则是有关单位和部门为了规避自己的责任而人为设置的,真的希望这些尴尬证明能少一些。(https://item.btime.com/361bfb2mrmo90nqc2aaiu78bvdb)

① 2013 年,75 岁的徐万发身患多种重病,在西安城东一家医院接受治疗。10 月 12 日中午,因为需要更改银行卡密码,且银行要求本人必须亲自办理,他被 120 急救人员用急救车送到西安某银行门口,并在他们的帮助下被放在担架上抬进营业大厅,才最终完成了按指印这道程序。为去银行办业务用急救车从医院接出老人。14 日下午,在西安市灞桥区东方世纪城 16 楼,徐万发一个人右侧身躺在一张大床上,鼻子插着氧气管,患有重病,生活没有办法自理,无法行动,就连睡觉都不能平躺。银行工作人员说必须要重置密码,而重置密码必须要本人来才行。因为徐万发病情比较严重,一般的出租车或者其他家用车都不方便,也不敢接送,所以就申请让 120 急救车送他们过去。5 名 120 工作人员帮忙抬着老人进银行。李女士先进了某银行营业厅门口,与银行的保安、大厅工作人员说明了老人患病无法行动的情况,希望能通融一下。沟通并没有起到任何效果。"我们还建议他们现场录像拍照取证,这样也能真正体现服务行业的服务精神。但很遗憾,银行里面没人出来"。"密码重置须本人来,这是我们的制度"。该营业网点一位负责人表示"客户要修改密码和解锁都必须是本人亲自来,或者是经客户本人授权并且经公证处公证的其他亲属。如果仅仅是密码重置,老人清醒、身体能动的时候再来办也可以,如果要急着用钱,那必须是他本人前来,或者由他的代理人拿着公证处公证过的授权才可以办理。因为密码牵扯到个人资金的安全,要求必须是本人重置,这也是我们的制度,也是为了保护客户资金的安全。"(http://news.163.com/13/1016/00/9B92AHA000014Q4P.html)

影响了人们的生活，当事者为了某一不必要的程序往返奔波于各路窗口与部门时，既增加了个体的成本又增加了社会的成本，更为重要的是它极有可能造就个体对于社会的愤懑与怨恨的情结，因为人们感觉不到制度的温暖与人性的光辉，人们感觉到的是冷酷的人心与冷漠的制度。制度性冷漠从表面上看似乎是尊崇制度，其实是在通过神化制度来歪曲制度。制度是为了人的，离开了人、人性的关怀的制度是背离制度本意的。这种盲目的制度崇拜与制度至上做法最后只能变成推卸责任的借口。制度不应是冷漠的，制度应是温暖与友善的，制度的温暖与友善方能凸显制度的价值与存在的意义。

制度性冷漠的根源何在？这与官僚制内在的运行机制密切相关。韦伯认为："官僚制发展愈是完美，就愈非人性化。"[①]官僚制自身的设置就是理性化与制度化，它就是要剔除情感化与非程序化的制度设计与制度安排的。因而官僚制本身的非人格化设计与非人格化运行本身就蕴含着非人格化官僚的产生与存在。官僚制中人会变得不假思索地执行上级的命令与制度的规定，官僚（职员）会变得越来越机械化与规则化，照章办事、不越规则会成为其本能式的行为准则，这便是典型式的体制中的人。当然，往往开始进入体制（职场）中的人并不是如此这般的冷漠，他刚开始工作时充满了理想、热情与抱负，他乐于助人，他扶危济困，但是时间长了，他心中的那份热忱少了，特别是当他在工作之中发现自己的热情与努力无济于事时，他脸上的微笑就会越来越少，这便是职业性冷漠，最后也便是制度性冷漠。一旦成为典型的体制中的人便具有了典型式的官僚作风，一切都似乎见怪不怪了，没有了勇气也没

① ［德］马克斯·韦伯：《支配社会学》，康乐、简惠美译，广西师范大学出版社 2004 年版，第 46 页。

有了激情，一切皆是循规蹈矩，最终成了套子里的人。体制内的个人由于不假思索，不再进行自己独立性的反思，因而逐渐成为无批判精神的"行政人"——我对体制负责，所以我要听体制的话；我对上级负责，所以我要听上级的话，而官员真正的社会责任却在有意无意间被遗忘了。

2. 责任消解

科层制为什么会产生制度性冷漠，其根本原因就在于科层制的制度设计与制度安排使责任消解与责任逃避不仅可能，而且是利益最大化的行为选择。

为什么在科层制社会之中责任消解与责任逃避有可能出现呢？正如我们在前文所分析的那样，科层制的设计之中，人人均是体系链中的一环。我的职责都是规章所规定的，我的行为是上级授意让我去执行的，我只要完成我上级分排给我的任务即可，至于说这一任务是否恰当与合理则不在我的考虑范围之内。对于这种状况，曾任法国总理的阿兰·佩雷菲特说过："官僚主义的基本性质：不负责任。在等级制中，哪怕是一个最最微不足道的决定，从来也不会跳过一级。一位低级职员要请一次假吗？他得循级呈报。上级决定再沿老路逐级下达。宗卷的厚薄不关事情的大小，而看机关的大小。精力全花在上呈下达上，有时候，上呈还没到顶，下达还没到底，力气已经花完。上面推动的事不一定能贯彻，下情并不都能上达。知情人不做决定；做决定的人不知情。甚至有时候，谁也不做决定，没有任何决定而事情也会凭习惯势力办下去。"[①]既然一切都已经请示过，那么我做的事情便不应由我负责，而是上级负责。因为我只不过是执行命令罢了。如果非要说我有

---

① [法]阿兰·佩雷菲特：《官僚主义的弊害》，孟鞠如等译，商务印书馆 1981 年版，第 357 页。

什么责任的话，那只能是——“我只负我应负的责任”。但是这种应负的责任到底是什么责任呢？又该是多少呢？对此，人们往往并未能有明确的认知，通常情况下笼而统之，最后又不了了之了。因而，在科层制社会，似乎造成了一个悖论——“有罪过，但无犯过者；有犯罪，但无罪犯；有罪状，但无认罪者。”①

那么，为什么在科层制社会中，逃避责任不仅成为可能，而且是利益最大化的选择呢？这同样是与科层制的评价机制有关。科层制对官僚（职员）是有其绩效考核的，是对优秀进行奖励对不合格者进行处罚的。不过，大家都清楚，优秀是很难达到的，而要保持合格则是相对容易的事。只要按照规矩办事，就不会有问题，就不会受到处罚，因而任何一个具有经济理性的人一般性的选择就是不犯错误，那么什么是最不易犯错误的举措呢？遵章守纪！因而，“不求有功，但求无过”对于官僚（职员）来讲，是最保险、性价比最高的行为选择。官僚（职员）这种行为对其本人来讲是利益最大化的行为，但对其办事人员，则是官僚主义，则是制度性冷漠。此外，社会的精细化分工，也造成了人推卸责任的可能与便利——“安全保卫，救护工作，都由社会交给了不同的单位。出了事故，由抢救队救人。妇女受了袭击，有警察来管。公家的事，由议员、代议士负责。个人是不愿意管，也不应该管的。让他们自己想办法好啦。就这样蔓延开了一种经常推卸责任的现象。”②

3. 平庸的恶

这是美国学者阿伦特在《耶路撒冷的艾希曼》一书中对于大屠杀中纳粹军官艾希曼的行为及其责任时提出的一个有名的论

---

① [英]齐格蒙特·鲍曼：《后现代伦理学》，张成岗译，江苏人民出版社 2003 年版，第 21 页。

② [法]阿兰·佩雷菲特：《官僚主义的弊害》，孟鞠如等译，商务印书馆 1981 年版，第 507 页。

题——普通的人在邪恶的制度中究竟有无责任的问题。按照艾希曼的观点，艾希曼本人只不过是错误政策的一个执行者而已，错误与罪责不应该由他来负而应该由上级来承担。对此，阿伦特认为艾希曼并非特例，科层制中的人都有着极大的可能成为下一个艾希曼，在科层制中的人易放弃反思、将执行上级的命令视作理所当然的天职，因而，自觉或不自觉地放弃了自我，成为一个平庸的人，而一个平庸的人是做平庸的恶的人。对此，阿兰·佩雷菲特也说过："我们正在这个制度下生活。我们大家都是这个制度的帮凶。"①

在科层制体系中，体制内的人事实上有两种责任：技术责任与道德责任。技术责任是指作为体制内的人所应完成上级指派给个体的责任；而道德责任则是作为人应该所承担的责任。技术责任与道德责任在绝大多数情况下并不会发生冲突，但有时也会有矛盾。当技术责任与道德责任发生冲突与对立时，是坚持技术责任至上还是道德责任优先，则是一个严肃的问题。技术责任应该是服务于、服从于道德责任的，这时人的行为既是善的也是美的；如果强调技术责任凌驾于道德责任之上，则人的行为往往会变得邪恶。当真、善、美以及公平与正义不再是人的最高追求时，当上级与上级的命令是"最高的道德权威"②时，平庸的恶就会产生。事实上，这时的人处于一种道德代理状态——"一种把自己看作是给别人执行意愿的状况"③。这时的人是丧失自我的人。

---

① [法]阿兰·佩雷菲特：《官僚主义的弊害》，孟鞠如等译，商务印书馆 1981 年版，第 355 页。

② [英]鲍曼：《现代性与大屠杀》，杨渝东、史建华译，译林出版社 2002 年版，第 210 页。

③ 同上书，第 213 页。

第四章
健全的人：道德冷漠治理的个人之维

黑格尔在其《精神现象学》中对高贵意识与卑贱意识做过区分，黑格尔认为卑贱意识就是将国家权力和财富视作与自己不同一、相背离的那种意识，卑贱意识视国家的统治力量为压迫和束缚自为存在的一条锁链；高贵意识是认定国家权力和财富与自己同一的意识，是实现二者统一的意识，高贵意识是服务的英雄主义，高贵意识为普遍而牺牲个别存在，高贵意识为了国家与共同体的利益放弃对它自己的占有和享受。按黑格尔的这一思想，英雄与圣贤就是具有高贵意识的人，就是具有为共同体而勇于牺牲且善于牺牲的人。这里应该强调，人人都应崇敬英雄与圣贤，但不应要求所有的人都成为英雄与圣贤。崇高的义务是高尚的，但却不能是普遍的；崇高的义务是高尚的，但并非是必然的义务。亚里士多德很早就注意到了这一点，因而亚里士多德主张："公民与善良之人的德性就不会是同一种。"[①]一位合格的公民并不必然是一个道德高尚的人，因为一个遵纪守法的常人就是一位合格的公民，他与英雄、圣贤等道德楷模是有差距的。因而，公民德性与英雄美德是

① [古希腊]亚里士多德：《政治学》，颜一、秦典华译，中国人民大学出版社 2003 年版，第 77 页。

存有差异的，公民义务与英雄义务也不宜混同。成为一个人，首先是指成为一名合格的公民，合格的公民是人的最基本的要求，不过应该强调在合格的公民之上还有英雄与圣人的人格诉求，人应努力地成圣成贤。崇尚圣贤与英雄并不意味着要求社会所有成员都成为圣贤与英雄，亦不意味着要将圣贤与英雄的标准来衡量所有社会成员，我们应注意到两者的差异，当然我们更应注意到两者的关联。总之，生活既充满了矛盾又充满了辩证法。崇高的义务是份外的义务，它并不应也不能成为所有人的义务。然而，吊诡的是所有的人却应努力崇高起来。

第一节　做有道德感的常人

社会之所以冷漠，就个体而言关键在于缺少心灵的沟通与情感的契合，因而矫治道德冷漠的个体之维首先就在于使人与人之间增加理解与关爱。爱是医治心灵创伤的良药，爱能抚慰受伤的心灵。爱当中包含着关心、理解、尊重与责任。“让这世界充满爱”既是一种理想更应化为一种现实。那么，什么是爱呢？“爱是人的一种主动的能力，是一种突破使人与人分离的那些屏障的能力，一种把他和他人联合起来的能力。爱使人克服孤独和分离感，但爱承认人自身的价值，保持自身的尊严。”①爱是高尚的，爱是只求付出而不计回报的；爱是无畏的，爱既不怕流言蜚语又不怕自我牺牲；爱是会传递的，一个被人关爱的人更易去爱人。因此，作为一种生活方式的爱能造就健全的个体。这便如美国学者内尔·诺丁斯所说：“关心既是人对其他生命所表现的同情态度，也是人在做任何事情时严肃的考虑。关心是最深刻的渴望，关心是一瞬间的

① [美]埃里希·弗洛姆：《爱的艺术》，刘福堂译，安徽文艺出版社1986年版，第17页。

怜悯，关心是人世间所有的担心、忧患和苦痛。我们每时每刻都生活在关心之中，它是生命最真实的存在”。[①]

一、提高道德认知水平，增强明辨是非能力

道德认知就是人们对客观存在的道德现象、行为准则及其意义的主观反映，是主体运用善、恶、应当、失当等范畴进行价值评判和做出道德选择的过程。道德认知是主体道德自我建构过程的起点，道德认知一定是我的道德、我的认识，哪怕就是道德的公理也要内化为我的认同。对此，黑格尔说道：“道德的主要环节是我的识见，我的意图；在这里，主观的方面，我对于善的意见，是压倒一切的。道德学的意义，就是主体由自己自由地建立起善、伦理、公正等规定，而当主体由自己建立这些规定时，也就把‘由自己建立’这一规定扬弃了，这样一来，善、伦理等规定便是永恒的、自在自为的存在了。伦理之为伦理，更在于这个自在自为的善为人所认识，为人所实行。”[②]

道德认知是在个体的社会生活实践中形成的并随着实践的发展而随之变化的。因而，道德认知决非孟子所讲的“不学而知”的“良知”与“不学而能”的“良能”。道德认知源自生活、源自实践。道德认知是个体在进入社会后不断地规训与教化、学习与感悟中加深的对是非、善恶、荣辱等的认知，道德认知是经过习得而成的。通过道德认知，个体明确自己的角色与身份，并进而意识到自己的职责与使命，增强个体遵守道德规范的意识，认识到义务与责任是成人之必须与关键。明晰了责任、确定了自我的意识，那么个体才

---

① [美]内尔·诺丁斯：《学会关心：教育的另一种模式》，于天龙译，教育科学出版社2003年版，第23页。

② [德]]黑格尔：《哲学史讲演录》第二卷，贺麟、王太庆译，商务印书馆1960年版，第42—43页。

有可能真正地投身于道德实践并在具体的道德实践成就道德自我。个体的道德认知并不是一次性完成的，道德认知的形成总是要经过认同——思考——质疑——再思考——再认同这样的过程。

道德认知具有着重要的功能与作用。孔子曾说："好仁不好学，其蔽也愚；好知不好学，其蔽也荡；好信不好学，其蔽也贼；好直不好学，其蔽也绞；好勇不好学，其蔽也乱；好刚不好学，其蔽也狂。"(《论语・阳货》)通过道德认知，个体可以将社会道德要求及时、恰当、有效地转化为主体的道德行为，养成个体的德性。因此，我们应该重视道德认知，应该强调道德认知的重要性。人所形成正确的是非感、荣辱观与善恶观均源自正确的道德认知。人只有知道何为对，才能知道何为错；人只有知道何为善，才能知晓何为恶；人只有知道何为荣，才能明辩何为耻。

道德认知是我们人具有道德的第一步。没有道德认知，就不可能有真正的道德意识与道德品质。因而，在这个意义上，知识就是美德，没有知识就没有美德。不过，知与行并不完全一致，知行也存在着不统一与不同一的现象。因此，亚里士多德就持有这样的观点——"说知羞是某种德性并不恰当，看起来与其说它是一种品质还不如说它是一种感受。"①这是因为有羞耻感并不意味着个体不去做羞耻之事，明知不对仍去为之的人是存在的。这样的人并不能算做真正有德性的人，他最多可以说是良知未泯的人。因而，增强道德认知，明辨是非荣辱是重要的，但这只是人道德修养的第一步，培养与塑造人的真正德性还需要道德情感、道德意志与道德信仰的保障。

---

① [古希腊]亚里士多德：《尼各马科伦理学》，苗力田译，中国人民大学出版社 2003 年版，第 90 页。

二、注重培育道德情感，挖掘情感共鸣能力

人不仅仅是理性的动物，人同时还是情感的动物。没有情感与没有理性一样，人都将不能称其为人或完人。情感是人的一种特殊的心理现象与心灵功能，情感是个体从事道德活动的基础，人的道德行为是知、情、意的统一，其中情感居于中枢的地位。“发乎于情，止乎于礼”所强调的是情感而非理性方是人行为的最初动力，理性无非是情感实现的方式。情感不仅是人行为的源起与动力，同时情感更是人行为的保障与后盾。人的道德行为，事实上是以情感为基础与核心的。“同情的情感与冲动构成社会德性的自然基础。”①缺少个体情感的认同与共鸣就不会有道德行为。人之所以会有道德之举，不仅仅在于个体的道德认知的辨识，关键在于个体的道德情感的萌发。社会中之所以不乏道德冷漠现象的出现，其原因更多的不在于道德认识上“不知道”而在于道德情感上的“没心动”，正是由于“没心动”因而便会出现“没行动”。② 这便是通常意义上的道德冷漠产生的直接原因。因而，对于道德冷漠的个人治理而言，培育个体的道德情感、培育个体的移情能力是十分重要的与必要的。

道德情感是人的一种高级情感，是人在道德行为过程中所产生的情感，它表现为在个体具体的道德行为所表现出来的爱恨情仇等心理活动与情绪体验。从表象上看，道德情感的产生似乎源

① [德]弗里德里希・包尔生：《伦理学体系》，何怀宏、廖申白译，中国社会科学出版社1988年版，第510页。

② 对于道德情感发动所产生的道德行为，包尔生有这样的观点：“同情使意志决心去从他人的生活中清除痛苦的原因。集体的团结通过同情表现出来：集体把首先触及它的一个成员的纷扰看作是对它自己的一个威胁，并推动自己按照有益于它自己的自我保存的方式作出反应。”（参见[德]弗里德里希・包尔生：《伦理学体系》，何怀宏、廖申白译，中国社会科学出版社1988年版，第513—514页）

自人的本能。其实，道德情感源自人的道德实践活动。主体对于善恶的认知与好恶、仁爱的产生、情感的共鸣均是在人际交往活动中形成与巩固的。离开了道德实践，就不会有道德情感的产生。道德情感是人在学习与认知道德原则以及运用道德原则指导自己现实生活中所体验到的情感。道德情感是人最真切的情感体验，是人行为最真实的动因。道德情感的产生离不开道德认知，道德情感与道德认知在人的实践活动中不断地被深化并互相影响、相互作用。积极的、健康的道德情感会使个体充满了道德活力，个体会勇于道德实践且努力追求道德自我之实现；而消极的、颓废的道德情感则易使个体意志消沉，个体会出现认知偏差以及行为的偏差。道德冷漠之所以产生的根源往往就在于个体的道德情感薄弱与消沉。道德情感的薄弱与消沉会使个体的良知隐匿与泯灭，同时造就个体道德冲动的消减与退化，因而社会就会出现见义不为、麻木不仁等道德冷漠现象。

道德情感有着冲动性的表象，但道德情感更有理性的成分，因而道德情感有直觉的道德情感、想象的道德情感与理性的道德情感之分。整体而言，道德情感有着稳定的倾向与趋势。道德情感有道德认知的前提与道德意志的保障，更为重要的是道德情感是个体在长期道德实践中形成的稳定的心理结构。道德情感在现实中可以有三种特性：一是道德情感具有趋同性，凡是具有相似道德情感的人更易打成一片，融为一体。二是道德情感具有延伸性，即道德情感易将自己的情感推及他人，即通常所讲的将心比心，推己及人。人若将其正当的道德情感保有与弘扬，人便会觉得他人是友善的、社会是和谐的、制度是可以信赖的；反之，若人没有恰当的道德情感或道德情感被遮蔽，那么，人就会觉得他人是麻木的、社会是冷漠的、制度是不可以依赖的。三是道德情感具有功能性。道德情感的功能性是指道德情感对人的道德行为具有直接的作用。道德情感有导向功能、选择功能与评价功能，积极的道德情感能激励人的行为高尚并拒斥低俗，积极的道德情感能够使人知耻明辱，积极的道德情感能够使人去恶向善。对于根治道德冷漠，激发人的道德情感、塑造健全的道德人格方是最终的解决之道。

既然道德情感如此重要，那么如何培育人的道德情感呢？且又如何对人的道德情感加以恰当地运用呢？我们应注重发挥道德情感的正向作用同时又避免道德情感的不足或道德情感过于激烈所导致不恰当的后果的出现。培育个体的道德情感方法很多，不过其中最为重要的是要注重情感共鸣的养成，即人与人之间能够形成移情的关系。所谓移情是指个体能够设身处地理解他人的所思所想的能力，也就是说移情是指人既能够理解他人的情感、分享他人的情感又能够与之产生共鸣与互动的能力。移情使个体能够做到“将心比心”“推己及人”，能够做到“己欲立而立人，己欲达而达人”。移情是人之为人的必然，亦是人之为人的常态与共性。人具有某种先验的心理结构，人确有孟子所言的“不忍之心”。凡人皆有情感，皆会发生情感之共鸣。当然，人产生情感共鸣的大小与强弱与个体及其情境是有关联的。人之情感共鸣是好的，亦是必然的。然而，移情也是有限度的。移情不足不好，移情过度亦不好。移情应是恰当的与合宜的。① 因而，我们要注重移情的养成。我们要注重以情来养情，我们还要注重以境来养情，我们更要注重以理来养情。培育个体的道德情感以及移情能力，必须注重道德知识的学习，要加强个体的道德认知，只有在真知之上的情感才是

---

① 对于移情的合宜性，亚当·斯密特如此的主张：“在当事人的原始激情同旁观者表示同情的情绪完全一致时，它在后者看来必然是正确而又合宜的，并且符合它们的客观对象；相反，当后者设身处地发现前者的原始激情并不符合自己的感受时，那么，这些感情在他看来必然是不正确而又不合宜的，并且同激起这些感情的原因不相适应。”（[英]亚当·斯密：《道德情操论》，蒋自强等译，商务印书馆 1997 年版，第 14 页）

真实的情感，才能真正地发挥道德情感的正向作用而非负面作用。情感仍然需要理性来保驾与护航的，因而要注重以理养情，通过提升个体的理论素养来升华个体的道德情感。在培育个体道德情感的过程中，要注重道德情感全面的、系统的与协调的发展，要注重个体的是非感、荣辱感与责任感的提升，也要注重个体的使命感、成就感与自豪感的养成，还要注重个体的友善感、同情心与慈悲心的养成。

三、锤炼道德意志，坚定道德信仰

人的德性结构包括知、情、意三个部分，在这三者之中，道德意志居核心地位。这是因为人的道德行为最终是要通过道德意志来加以现实化的。人的道德行为在相当程度上是对于自我本能的限定，是对于自我的约束与克制，因而在人的道德行为过程之中（特别是在道德行为的初始时期），没有意志的坚持与保障很难会有道德行为。道德意志是体现在道德活动之中人的意志。意志是人的能动性的突出表现形式，意志是主体所独具的自我意识的一种特殊心理现象，是主体自觉地确定目的、并根据确定目的支配和调整自己的行为以及克服障碍实现目的的心理过程。因而，“所谓道德意志，就是人们在履行道德义务过程中，克服困难、障碍而做行为抉择的努力和坚持精神。”[①]道德意志能够实现道德主体的自制，所谓道德主体的自制指的是道德主体能够控制自己的情绪、心理，能够抵制外在的诱惑，能够克服内心的恐惧，坚定完成任务的信心与决心。具有自制力的道德主体能够依据某种道德认识和道德情感，果断地确定道德行为的方向和方式，并抑制和排除来自外部或内部的障碍和干扰，使个体长时间地专注于所确定目标的完成。

① 罗国杰等：《伦理学教程》，中国人民大学出版社 1985 年版，第 357 页。

道德意志是自由的，意志的自由就突出地表现为在对客体认知的基础上意志自觉、独立的个体的行动。不过，这里所指道德个体的意志自由并非指意志的任性与恣意，而是要凭理性与良心行事，弃绝感官冲动和爱好。因而，道德意志的养成是一个过程，道德意志的养成是要经过道德个体在履行道德义务、实现道德目标道德实践中磨练而成的。

现实中屡次出现的道德冷漠现象，既与个体的道德认知不清晰、道德情感不强烈有关，更与道德意志薄弱有关。有些人之所以成为旁观者，关键就在于意志不坚定。因而，欲实现道德冷漠的个体治理，加强个体的道德意志是必不可少的环节。加强道德意志的锤炼，固然离不开道德认知的深入与道德情感的增强，不过更为重要是个体的道德实践的注重。只有在道德实践中，道德主体才会切实地履行义务、承担责任，在道德实践中锻炼自身又提高自己。在道德主体意志锤炼过程中，道德信仰起着重要的作用。道德信仰是道德主体对于道德理想的确信不移与道德规范的身体力行，道德信仰是人的精神支柱与行为指南。道德信仰是人道德行为的内在保障与终极动力。只要个体具有坚定的道德信仰——德福一致，个体才会义无反顾地坚定去行善事、做好人。道德信仰能够坚定人们对于社会公义的信心，道德信仰能够做到人们对于道德原则的尊崇，道德信仰能够做到人们对于道德规则的笃行。总之，具有正确的道德信仰的人就能够成为善人，就能够成为勇士，就能够克服社会中的冷漠，就能够给社会带来温暖。

四、唤醒道德良知，加强道德修养

道德冷漠与良知的缺失密切相关，欲实现道德冷漠的社会治理，唤醒个体的道德良知是必不可少的。道德良知与良心同义。良心是个体对于道德的内心体认。良心指的是道德主体在履行义务过程中形成的一种道德意识，是人们在对义务的认知基础上所形成的一种强烈的道德责任感和自我评判等心理过程与活动。良心是“自我的确信”，良心将关于义务的领悟、理解或知识变成自我规定。良心的这种自我规定、这种对于义务的遵从与践履，不是来自于外在的强迫或者是利益的诱导与功利的算计，而是唯凭自身，求得内心的安静与灵魂的无纷扰。“良心仿佛人生的暮鼓晨钟，事无巨细，必作提醒；而且事情越严重，它的声音越宏亮。”①良心既是公诉人又是审判官，做了坏事，良心发现，自责不已。良心检察人们行为动机是否合乎道德要求，良心会在不同程度上抑制、否定人内心中邪恶动机。同时，良心还预测并评估可能的行为结果。对于符合道德要求的情感、欲望或冲动，给予强化与激励；对于不符合道德要求的情感、欲望或冲动，则予以纠正和克服。当人履行了道德义务并产生了良好的后果和影响的行为后，它感到满意和欣慰。对于没有履行道德义务的行为，或后果和影响不好的行为，它便进行自我谴责，感到内疚、惭愧和悔恨，以致陷入极度的痛苦中。人的良心不会持久性地泯灭，而只会暂时性地消失，在适当的时机人的良心必然会觉醒，即通常所言的“幡然悔悟”“良心发现”。人的良心的发现抑或是人的良心的养成，绝不是“不学而知”“不习而能”的“良知”与“良能”，也不是“上帝所启示的”，而是人们以物质生活为基础的全部社会生活过程中的能动的产物。马克思曾指出：“良心是由人的知识和全部生活方式来决定的。”②

人的德性的养成，是离不开个体能动的道德修养的。道德修养即道德主体经过道德实践所养成正确的生活方式与生活态度。主动性与自觉性是道德修养的主要特征，个体的道德修养离不开

① 王臣瑞：《伦理学》，学生书局 1981 年版，第 323 页。

② 《马克思恩格斯全集》第 6 卷，人民出版社 1961 年版，第 152 页。

个体的自觉。首先，道德修养离不开主体对于道德知识的学习，知识尽管并不直接等同于美德，但美德的确立是离不开知识的。其次，道德修养离不开主体的内省。所谓内省即个体进行道德上的自我批判。自省包括省察与克治。自省是道德修养的基本功夫。对此，孔子曾讲："见贤思齐焉，见不贤而内自省也。"（《论语·里仁》）第三，道德修养离不开主体的慎独，慎独就是告诫人们在独处之时，在没有外人的监督与督促，不要放松对自己要求，不可恣情任性。慎独即要求人的自我克制。即便在没有外界监督时，自己也要做到不胡思、不乱想、不妄为。其实，慎独培养的是人的自制能力与自律精神。第四，道德修养离不开主体的笃行。道德修养不能仅仅停留在口头上，而应该在具体的道德实践中加以提升。如果每一个体都从自身做起，从点点滴滴做起，持之以恒，培养自己的道德品质，那么社会风气就会更加美好，生活世界就会更加真实，人的精神世界就会更加高尚。

第二节　做有责任感的公民

现代社会不仅要有传统意义上的好人，更应该有具有时代气息与现代素质的新人，这种新人便是公民。公民并不神秘，公民的产生是一历史过程。尽管古希腊雅典城邦也存在公民，但真正严格意义上的公民却是近现代社会的产物。公民是随着市场经济的来临、民族国家的确立之后方逐渐明晰起来的。公民不同于臣民，公民是既能成为被统治者又能实现统治的人，因而公民就不仅仅是一种资格，公民更应该是一种能力。作为公民而言，他应具有谋生的技能、从政的技巧、合作的意识、共享的观念与善于谋划的能力；更为重要的是，公民要真正广泛地介入公共生活，成为国家与社会的主人。总之，公民不能是看客与旁观者，公民是主人与行动者。

一、臣民意识与看客

欲全面认识公民，首先有必要对臣民作一剖析。臣民是与公民相对应的概念，在前现代社会，平等与自由是奢望，社会之中一般分为两类：有自由的主子与不自由的奴隶。“那种在本性上不属于自己而属于他人的人，就是天生的奴隶，可以说他是他人的人，作为奴隶，也是一件所有物。”[①]奴隶并不能真正占有自己意志以及意志外化所形成的权利，因而，奴隶只是一个自然存在而不是自为的存在。其实，奴隶不仅仅是指传统社会基于制度安排缺乏权利的人，同时还指现代社会即便有了权利设定但实质仍未能将权利意识真正树立起来的人，他们看似是公民，实质是伪公民，仅具公民之形，而有公民之实。这种人，在马克思看来就是庸人。对于庸人，马克思说道：“所谓庸人是世界之主，只不过是说世界上充满了庸人及其伙伴，正如尸体充满了蛆虫一样。因此，庸人社会所需要的只是奴隶，而这些奴隶的主人并不需要自由。虽然，人们认为土地和奴隶的主人优越于其他一切人而称他们为主人，但是他们和他们的奴仆一样，都是庸人。”[②]庸人的世界就是政治动物的世界，他们是“垂头丧气，唯命是听，默默无言的牲口。”[③]其实，无论是亚里士多德笔下的奴隶还是马克思所言的庸人，都是没有独立的人格、没有自主意识与自由精神的人，都不是真正意义上大写的人，他们都是臣民。

“人只有在成为他自身的主人的时候，才能将自己当做独立的

---

① [古希腊]亚里士多德：《政治学》，颜一、秦典华译，中国人民大学出版社 2003 年版，第 7 页。

② 《马克思恩格斯全集》第 1 卷，人民出版社 1957 年版，第 409 页。

③ 同上书，第 414 页。

存在物，而且只有当他把自己的存在归之于他自身的时候，他才是自己的主人。”[①]而臣民恰恰就是无我者。臣民自己并不能代表自己，一定要别人来代表他们。正是由于自我意识、权利意识与主体精神缺失，臣民必然会产生依赖意识与依附心理。“以其是非荣辱，听命他人，不以自身为本位，则个人独立平等之人格，消灭无存，其一切善恶行为，势不能诉之自身意志而课以功过；谓之奴隶，谁曰不宜？”[②]正因为臣民意识是缺乏自我意识的人，臣民便是不把自己当作社会主人的人。因而，臣民便是只有私德而无公德的人；臣民是缺少公共精神的，臣民便是缺少社会责任感与社会责任心的人。今天社会之中仍有部分人未把自己当作公民来看待，未把自己真正当作社会的主人来看待。我们绝大多数对于社会之中失范的现象并不制止，实质上就是在默认恶与纵容恶，我们即便不是“主犯”但也是“从犯”。究其根源，公德意识、规则意识的缺失是造成道德冷漠的重要原因。

为什么会产生臣民与臣民意识呢？君主专制制度是主要的历史原因。封建专制制度是“君权至上”的社会制度，“君天下曰天子。朝诸侯，分职授政任功，曰：予一人。”(《礼记》)它确认只有君主一人是政治生活的主宰和政治权力的所有者，而社会之中的其他成员注定要服从与依附君主一人，这就是我们所周知的“普天之下，莫非王土，率土之滨，莫非王臣。”因而在这样的社会中是不会有自由的意识、权利的思维以及权利的话语，自然也就形不成独立人格。“在传统的道德修身观念的普遍约束之下，人们不是作为权利主体，而是作为道德义务主体参与全部社会和政治生活的，表现为一种忘我的追求和无偿的奉献。由于缺乏基本的权利主体意

① 参见[美]弗洛姆：《人的呼唤》，王泽应等译，上海三联书店 1991 年版，第 64 页。
② 胡明：《陈独秀选集》，天津人民出版社 1990 年版，第 11 页。

识，从而否定了任何个人私利的索取。”①因此，封建专制培养的是忠君的观念与服从的观念，这样的社会生态只能孕育出臣民意识与奴才思维。统治者采取的“三纲五常”的封建礼教的教育以及统治者推行的“民可使由之，不可使知之”的愚民政策更加使得普通民众不去追问政治生活的意义、过程及其价值，普通的民众也可能在辛苦地劳作，但是放弃了思考、放弃了参与，他们仅仅追求“交了粮自在王”式的自由。其实人的自由既有经济上的自由、又有政治上的自由，当然还包括思想与人格意义上的自由。人的任何一种自由都是不可或缺的，但人的自由无论如何都不能离开政治上的自由。因为人从本质来讲是政治的动物，是社会的动物。

臣民是历史的产物，臣民会随着社会制度的变革而从制度规定层面加以取消。但是作为一种社会意识形态的臣民意识由于具有一定的独立性可能还会在制度性臣民不存在的条件下继续存在一段时间。具有臣民意识的人已经有了深深的顺从与依赖的心理结构，他们不习惯于自主地参与公共生活，他们的一切都听从于安排，他们事实上是无我的人。试想一个失却了自主意识与自主能力的人会有多大可能去真正地关心国家与社会呢？他又会有多大可能去见义勇为、救死扶伤呢？因而，臣民以及具有臣民意识的人有着极大的可能成为看客与旁观者。

看客是没有批判精神的人，看客是自我麻痹的人，看客是失去了正常的是非观、价值观与荣辱观的人，看客是丧失了道德底线的人。看客是生活中的混世者与游世者，甚或是生活中的隐世者与出世者。总之，看客的选择一定是对政治生活的逃避，对于社会责任的逃避，因此，看客的哲学一定是“难得糊涂”的混世哲学，而决不

---

① 刘泽华：《论从臣民意识向公民意识的转变》，《天津社会科学》1991 年第 4 期，第 40 页。

是"改天换日"的斗争哲学。看客注定不是勇敢的人。看客是不敢直面人生的人，是不敢直视自我的人，看客是不敢面对不合理的社会现象与制度安排说"不"的人。总之，看客就是不健全的人。看客自己首先就不把自己当人看，他又怎能将他人当人看？看客就是只顾自己而无视他人的人，看客是不能正确理解自己的人，看客不会将他人视作与自己休戚相关命运共同体必不可少的部分，反而将他人视为与自己相隔膜的原子。因此，看客总觉得他人与他人之事是与其无关的，他不会积极主动地去参加关心社会，因而看客必然是冷漠的人。

臣民与看客是人类社会当中一历史现象，对此应该认真对待并设法克服。悲观消极是不对的，盲目乐观亦是不对的。我们应该正视臣民与看客，正视冷漠，认真思考，积极采取措施加以治理，使其危害最小化。在这个方面，经典作家给了我们很多有益的启示。列宁早就深刻地指出："意识到自己的奴隶地位而与之作斗争的奴隶，是革命者。没有意识到自己的奴隶地位而过着默默无言、浑浑噩噩、忍气吞声的奴隶生活的奴隶，是十足的奴隶。对奴隶生活的种种好处津津乐道并对和善的好主人赞赏不已以至垂涎欲滴的奴隶是奴才，是无耻之徒。"①

人，不应成为奴才更不应该成为无耻之徒，人应成为公民，人应该为成为公民而斗争。

二、公民意识与主人

公民就是具有一国国籍并依据宪法或法律规定享有权利和承担义务的国民。从表象上看，公民也是受限制的，公民也并非是绝对自由的，但是奴隶与公民有根本性的差异——"奴隶必须服从他

---

①《列宁全集》16卷，人民出版社1988年版，第37页。

的主人的命令，虽然命令是完全为主人的利益。……公民服从统治权的命令，命令是为公众的利益，他自己包括在内。”[①]公民异于臣民与奴隶，那么，公民到底有哪些特质与规定性呢？

公民是具有主体意识的人。主体不同于实体，此外主体与主体意识也不能作简单的同一化处理。人自然是实体，人自然是主体，但并非所有的人都具有主体意识，只有那些意识到自己是主体的主体方具有主体意识。所谓的主体意识简单来讲就是我意识到我是人，凡人应有的我亦应有。主体意识是重要的，唯有人确立了主体意识，人才真正地告别了臣民，人才真正地向着成其为人展开努力。对此，马克思说道：“人只有在成为他自身的主人的时候，才能将自己当作独立的存在物，而且只有当他把自己的存在归之于他自身的时候，他才是自己的主人。”[②]具有了主体意识的人才会有了权利意识，才会有了进取精神，才会追求个性的解放与社会的变革。

公民是有权利意识的人。臣民是无权利意识的人，故臣民将自己的未来交付给他者——清官、皇帝、命运或他者。而公民则是有着明确权利意识的人，主张自己要掌握自己的命运，自己的未来要通过自己的抗争来实现与维护。权利意识要求公民必须知晓自己的权利，权利意识明确了我可以支配什么与占有什么，明确了我能够支配什么与占有什么。权利意识不仅要求公民知晓自己的权利，还要知晓他人的权利，明确群己权界，同时权利意识还要求公民为捍卫权利而斗争。权利意识欲求人的自由的真实的现实化，权利意识欲求通过制度安排来确立与维系人的真实的自由。人的权利包括生命、尊严等等诸多的人权以及体现人权的物权之上。

① [荷]斯宾诺莎：《神学政治论》，温锡增译，商务印书馆 1963 年版，第 218—219 页

② [美]弗洛姆：《人的呼唤》，王泽应等译，上海三联书店 1991 年版，第 64 页。

权利是平等的，权利是不可剥夺的，权利也是不可买卖的，权利更是不能被他者以所谓的最大多数人的利益等理由被牺牲的或替代的。

公民是具有平等意识的人。那么，何为平等呢？“平等是人在实践领域中对自身的意识，也就是人意识到别人是和自己平等的人，人把别人当做和自己平等的人来对待。”①平等与权利意识一样均是随着人类实践活动的深入而不断地被强化意识理解的。平等意识至少有以下四层含义：第一，成人意义上的平等。每一个人都可以成为一个应然意义的人，人成为人的潜质是平等的，这类似于中国古人所讲的“人人皆可为尧舜”。第二，法权意义上的平等。每一个人都具有权利，都是具有自为目的的人，因而，人在权利意义上是平等的，我与他均是手段与目的链上的一环。② 我与他在权利维度是平等的，我不能有特权，他亦不能有特权。第三，机会意义上的平等。平等意识要求机会和前程向每一个人开放，不能因其出身、性别、外貌、宗教信仰等进行区别对待。第四，平等并不意味着无差别。“人生而平等”这一论断并不十分健全，应对其加以补充，那就是“人生而平等却有差异”。这种差异既有先天的智力、体力、外貌以及所谓机会的差异，更包括人们最终所占有可支持性资源的差异。因而，平等意识并不是绝对的平均主义，平等允许差异且必然产生差异。没有差异的平等是不会存在的，即便通过强力人为推行也不会持久。当然，差异应是自然的、合情的与合理的。现代公民所有的平等意识应是健全的、理性的平等意

---

① 《马克思恩格斯全集》第 2 卷，人民出版社 1957 年版，第 48 页。

② 黑格尔认为：“在市民社会中，每个人都以自身为目的，因此，其他人便成为特殊的人达到目的的手段。但是特殊目的通过同他人的关系就取得了普遍性的形式，并且在满足他人福利的同时，满足自己。”（参见［德］黑格尔：《法哲学原理》，范扬、张企泰译，商务印书馆 1961 年版，第 197—198 页）

识,而非冲动的、情感化的绝对的平均主义。健全的、理性的平等意识对于现代社会的和谐建构、对于社会之中的“羡慕、嫉妒、恨”等怨恨情绪的化解是至关重要的。

公民不仅要有权利意识,公民更要有责任意识。责任意识是指公民应根据自己所处的地位、角色而积极地主动地承担相应的义务以及未能履行好自己的职责所应承担的社会制裁与自我制裁的意识。人是社会性的存在,是各种社会关系的结点,因而人有着诸多的身份与角色,所以人要承担好、履行好诸多的角色责任,惟如此方是一个合格的公民。对于义务的承担与责任的履行,人是不能逃避的。社会之所以存在未尽人意的地方,关键就在于某些公民未善尽其社会责任。只有具备了强烈责任感的现代公民的普遍出现才能避免社会的沉沦,社会因此才能充满生机与活力,社会因此才会变得更加公平与正义。

总之,公民是真正具有主体意识与自我意识的现代人。公民既是一种资格,更是一种能力。公民要通过其行为展示出其社会主人的形象,而这就需要公民以主人翁的责任感参与社会生活,通过关心社会与他人,公民觉得自己是社会主人,大家均是人类命运共同体的一员,在社会生活与社会发展中,一个都不能少。公民是以休戚相关的视野来看所有社会成员,因而,他人便不在我的视域之外,我也不在他人视野之外。如此一来,个体也不会是看客与旁观者而变成了热心人与行动者。

三、政治参与与公民

早在 19 世纪末—20 世纪初,梁启超认为欲实现对积贫积弱的中国的解救第一要务就是要培养“新民”,他大声疾呼国人要改进国民性,要使国民有公共精神与公共美德,要做新民。“新民云者,非新者一人,而新之者又一人也,则在吾民之各自新也。孟子曰：'子力行之，亦以新子之国。'自新之谓也，新民之谓也。"[①]梁任公此一论断是中肯的，他抓住了问题的关键。只有新吾心，才会有新民；只有新民，才能有新社会；而新民，一定是积极参与政治的社会公民。现在看来，梁启超这一百年前的话仍未过时。

那么，何谓政治参与呢？政治参与简单来讲就是参与政治。政治参与就是个人与各种社会组织、利益集团积极参与到社会公共生活管理以及公共政策制定、贯彻与执行的全部活动与过程。政治参与既是一种生活方式、行为方式又是一种教育手段。通过参与政治，个体确证自己的权利与自由并真正地行使了自己的权利与自由，同时在政治参与中，个体增强了民主与法治意识，个体培养出了规则与程序意识，个体还养成了妥协与合作的精神。更为重要的是，通过参与政治，人增强了信心，人敢于提出不同意见并且为了自己的意见而勇于斗争与善于妥协，人真正地是以主人翁的姿态与责任感生活于世的。因此，当生活世界出现危急事件时，具有如此主体意识的人就会有意识、有能力、有勇气挺身而出、做热心的行动者而非冷漠的旁观者。相反，如果一个社会普遍性地缺乏表达真实意愿的空间，个体对政治生活充满了疑惑与恐惧，个体连自己都没有信心，他又有何勇气与胆量关心他人与帮助他人呢？

公民的养成是离不开政治参与的。卢梭曾这样说过："作为主权权威的参与者，就叫做公民。"[②]因而，那些"未参与主权权威者"——缺乏政治参与意识或未能将参与意识转化为实际参与行动的人——在严格意义上讲就不属于公民而仍属于臣民。公民的确立与养成是有一个过程的，公民是要经过不断的公民训练与公

① 梁启超：《新民说》，辽宁人民出版社 1994 年版，第 5 页。

② [法]卢梭：《社会契约论》，何兆武译，商务印书馆 1980 年版，第 21 页。

民实践方能养成。只有不断的政治参与，个体一方面增长自己的才干与见识，另一方面培养理性批判精神，更为重要的是增强社会主人翁的责任感。

公共生活是人之为人的重要的活动领域。放弃了公共生活，人的生活就是不健全的，不健全的生活就会造就不健全的人。道德冷漠现象中的看客就是不健全的人。那么，什么样的人是冷漠的看客与麻木的旁观者呢？他必定是一个不积极参与政治、对公共生活冷淡的人。当然，政治冷漠并不直接等同于道德冷漠，但是政治冷漠的人极易成为道德冷漠的人。政治冷漠的人不会以主人翁的责任感去建设社会与国家，政治冷漠的人不会以主人翁的责任感去关怀与温暖社会之中需要被救助的他者，政治冷漠的人会以冷漠与麻木的心态看待一切，他的生活要么是全身保命的游世，要么是声色犬马的混世，要么是难得糊涂的隐世，抑或是清心寡欲出世，但绝不会是积极有为的入世。因此，政治冷漠的人实质上就是道德冷漠的人。

第三节　做有正义感的英雄

自现代社会初创以来，对利润的渴求与算计的工商业文明像异教一样颠覆了对英雄崇拜与对商人鄙视的传统，社会的精神风貌与传统社会大为改观——“用不着挥舞刀剑，不需要体力上的英雄，没有机会跨上披盔甲的马冲入敌阵”[①]，代之而起的是严明的秩序与纪律、整齐划一的工厂与流水线，国王、骑士与游侠被实业家、发明家与探险家所取代成为社会的楷模。总之，传统的英雄生

① [美]约瑟夫・熊彼特：《资本主义、社会主义与民主》，吴良健译，商务印书馆 1999 年版，第 205 页。

活被现代的日常生活所取代。[1] 社会的价值取向与德性科目也有了巨大的变化。因此，勇气（勇敢）的样式、地位与作用也随之有了很大的变化。对此，我们在前文中已进行过论述。在此，我们所强调的是现代社会还有没有勇气存在的价值？现代社会还需要不需要传统意义上的英雄？答案不是否定而是肯定的。尽管现代社会较之传统社会有了极大的改变，但是现代社会仍然存在着风险，仍然存在着挑战，因而，它同样需要社会成员的勇气与勇敢，它也同样需要英雄的持存。[2] 那么，如何在一个许多方面异于传统社会

---

① 对于英雄生活与日常生活的区别，英国学者迈克·费瑟斯通对此作了详细的说明。他认为："如果说日常生活以世俗、习以为常和普通为中心，那么英雄生活则是拒绝这种秩序，而向往着不同平凡的生活。它不仅对回归到日常生活的惯例是一个挑战，而且还刻意地让生活本身去冒险。英雄生活的重心，乃是为实现非凡目标而不断拼搏的勇气，和对道德、荣耀和名誉的索取，这与满足少量的家产和财富，追逐尘俗之爱的日常生活形成了鲜明的对照。日常世界是英雄要远离的世界，他留下属于关心和维持生计的人群（女人、孩子和老人），只有彻底完成了自己的使命后，他才会在他们的欢呼中回归而来。因此，一个根本的对照就是，英雄生活是危险、暴力和追逐风险的领域，而日常生活是女人、再生产和关心的领域。在英雄生活中，英雄袒露自己的勇气来证明他自己。"（[英]迈克·费瑟斯通：《消解文化：全球化、后现代主义与认同》，杨渝东译，北京大学出版社 2009 年版，第 82 页）

② 其实，什么是英雄？人们对此的理解并不完全相同，甚至人们对于英雄的理解是存在着许多差异的。有人认为水泊梁山好汉是英雄，有人认为成吉思汗是英雄，有人则认为岳飞才是英雄……其实，对于英雄，我们可以从狭义与广义两个层面去加以分析。从广义上讲，那些在各自不同领域中表现非凡出众并产生深远影响的人均可视作英雄，因而这种英雄的理解所囊括的范围就相当广泛了，影响历史进程的英雄、思想界的英雄、文化界的英雄、体育界的英雄，等等。广义上的英雄不仅仅是指持续意义上高尚人格的先进人物，还包括平常之人作出英雄之举的偶然性成英雄的人。因为他们平时看似普通，但在某一危险境遇却做出了异于常人的英雄之举，因而，我们也将其视作英雄并加以崇拜。而从狭义意义上的英雄所指的范围则小了许多，狭义上的英雄就是为了人类的幸福与社会的正义事业而努力奋斗并且对于人类的幸福与社会性的正义事业产生深远影响的人。英雄要具备敏锐的意识，要善于看到机会与把握机会；英雄还要具备强大的能力，英雄要具备组织能力与宣传鼓动的能力，英雄能将人民的热情与能力聚集成社会的洪流与社会的必然，推动历史的发展。总之，英雄是时代精神的代言，英雄是掌握与道出时代精神的人。"谁道出了他那个时代的意志，把它告诉他那个时代并使之实现，他就是那个时代的伟大人物。"（转下页）

的现代社会培育人的勇气与造就英雄呢?

一、勇气、境遇与抉择

1. 勇气及其作用

勇气就是一种勇往直前的气魄、胆量与品质。勇气不同于胆量,胆量只是个中性词,而勇气更多的是褒义词。不过,勇气也不同于勇敢,因为勇气之中也有血性之勇的小勇以及大智大慧之大勇,勇敢即我们通常所讲的大勇。培根尽管认为世间上最重要的品质是勇气,但是"勇气不过是无识与卑贱的产儿,比较别的关于世务的知识贱得多了。"①因而,从价值序列中可以看到,勇气高于胆量但又逊于勇敢;不过就范畴的大小来看,勇气所包含的对象要大于勇敢的对象。

(接上页)([德]黑格尔:《法哲学原理》,范扬、张企泰译,商务印书馆 1961 年版,第 334 页)因而"所谓历史上的英雄就是那样一个人:在决定某一问题或事件上,起着压倒一切的影响;而我们有充分理由把这样的影响归因于他,因为如果没有他的行动,或者,他的行动不象实际那样的话,则这一问题或事件的种种后果将会完全两样。"([美]悉尼·胡克:《历史中的英雄》,王清彬等译,上海人民出版社 1964 年版,第 109 页)对于历史进程中的英雄,悉尼·胡克又做了进一步的划分,他认为英雄可以划分为事变性英雄(eventful man)与事变创造性英雄(eventful-making man)两种。"在事变性人物的场合,条件的准备是在一个很高的阶段。为了做到那决定性的选择,所需要的不过是一个比较简单的行动——一道命令、一个法案、或一个常识上的决定。他也可能把他的任务'错失',或者被别人中途篡夺了去。但即使他没有失败的话,那也不足以证明他是一个特异的天才。他的功过是根据他的行动后果给人们带来幸福还是灾祸而断定的,而不是根据他在行动中所表现出来的品质。""事变创造性人物,虽然也一样在历史路线上找到了一个交叉点,但他却还可以说帮助创造了这个交叉点。他不但具有种种非常的天才,而且在实现他所选择的历史路线上,发挥了他的特异的天才,增加了成功的机会。象恺撒、克伦威尔和拿破仑等等人物,至少也得从他们政敌的手中打开一条出路,而在这样做时,发挥了他们特异的领袖天才。"([美]悉尼·胡克:《历史中的英雄》,王清彬等译,上海人民出版社 1964 年版,第 112 页)总之,本书在这里更多的是在广义上使用英雄这一概念的,并且更多是指见义勇为式的英雄,是道德楷模意义上的英雄来使用的。

① [英]培根:《培根论话文集》,水天同译,商务印书馆 1983 年版,第 41 页。

勇气是重要的，事实上勇气是一切品质由潜在化为显在的关键。唯有勇气方能使人克服内心自然之本能，实现人之由野蛮向文明的转化；惟有勇气方能使人克服内心的私欲，实现人之由小我到大我的升华；惟有勇气方能克服人内心的恐惧，使人由平凡向着神圣迈进。对于勇气（勇敢）的作用，麦金太尔是这样论述的——"勇敢之所以重要，不仅由于它是个人的品质，而且由于它是维持一个家庭和一个共同体所必需的品质。"①

在美国学者 Rushworth M. Kidder 看来，勇气可以分为肉体的勇气与道德的勇气两类。所谓肉体的勇气即我们所说的血性之勇，攀上悬崖与徒步探险、冒着生命危险将人从火海中救出等均是肉体勇气的体现。肉体的勇气是有价值的，是必不可少的。所谓道德勇气是成为道德的勇气，它通过纪律与训练养成人的诚实、尊敬、责任、公正与同情等道德品质，它使人在面对道德挑战时坚定与自信而非怯懦与退缩。道德勇气不仅仅面对那些伤害人的肉体的挑战，而且还要面临智力的可能伤害人的自尊或者破坏情感等方面的挑战。如果说肉体的勇气面对的更多的是对肉体能够直接感知行为的挑战，那么道德的勇气除此之外还要面临精神与心智等多方面的挑战。② 因而，我们在此处所谈的勇气，在更多的意义上是指道德勇气。

2. 危险境遇中的道德抉择

哪里有危险，哪里才会有勇气。危险的存在是见义勇为的客观条件，而对于危险忍受的意愿则是阻碍人进行道德行为的主观障碍，而对于道德原则的坚守则是促使人进行道德行为的主观动

---

① [美]麦金太尔：《德性之后》，龚群、戴扬毅等译，中国社会科学出版社 1995 年版，第 154 页。

② Rushworth M. Kidder. *Moral Courage*, New York, Harper Collins Publishers Inc. 2005, pp. 19 - 72.

机，道德原则的坚守与危险忍受意愿的博弈则是在危险境遇中的道德抉择。真正勇敢的行为就是对于道德原则的坚守最终战胜了危险忍受的意愿，从而将潜在道德冲动化作真实的道德行为。道德勇气由潜在化作现实是不易的，同时道德勇气要达到善的最终结果还要与道德原则结合在一起，否则仅仅有道德冲动或道德热情可能事与愿违。因而，道德勇气是人的道德行为与道德原则的真实的同一与统一。

在具体的危险的道德境遇中，道德主体无论是看似出于本能立即进行道德行动还是经过深思熟虑后所进行的道德行动，事实上人们大体都经过了以下几个步骤：评估环境；审视价值；深思危险；避免陷阱；挺身而出。评估环境就是要对环境进行初步的判定，看危险是什么，危险的程度大体有多大；审视价值则是道德主体对于内心的道德原则与道德信仰的回溯，主体要反思是否应该进行道德行为，内心的那个人（良知与正义）在敦促个体要站出来成为见义勇为者而不能成为看客与旁观者；深思危险则是主体基于自保的心理下对于客观环境以及自身能力进一步的考量，究竟有何种风险以及风险的程度，这是主体发起真实道德行为的第一步；避免陷阱则是主体经过内心信念与理性抉择之后在发起道德行动之前进一步思考避免道德风险所进行的更为详尽的考虑，道德主体要考虑自己见义勇为的方式与方法，力争实现救助他人且不危及自己；当个体经过这些的内心纠结与斗争以及理性算计后，个体方能真正地行动。

因而，当我们仔细分析见义勇为后，我们就会发觉见义勇为的产生不仅仅有良知与正义的“本能”，有救人于水火的恻隐之心，事实上还有理性的考虑以及信仰的保障等诸多因素与环节。事实上，在个体进行见义勇为的道德行动之前，一定会想到这样的问题：我是最适合做这个行动的人吗？为什么其他的人没有采取行动呢？假设我采取行动，我的行为会对我、我的家人产生什么样的风险？……总之，凡见义勇为者都经过了这样的思想斗争——“他人都没有采取这种英勇的行动，若我挺身而出，我是否已经准备好接受不良后果的准备了吗？”当然，最后的见义勇为者一定且必然通过了这种内心道德考验的。

对于危险境遇中的种种道德抉择，美国学者 Rushworth M. Kidder 通过一个图表[①]进行了清晰的表达：

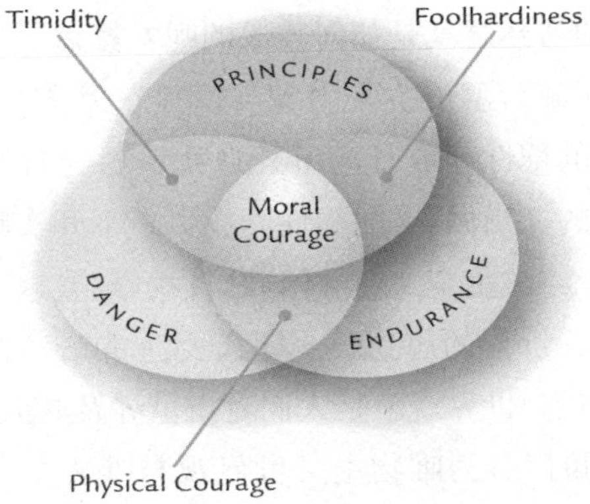

二、道德勇气的养成

1. 道德勇气与价值观

人是观念的存在与价值的存在。人的精神世界若是健康的，那么人就是积极进取、乐于助人与勇于奉献的；如果人的精神世界是不健康的，那么人就是消极悲观、冷漠自私与麻木不仁的。什么

---

① Rushworth M. Kidder. *Moral Courage*, New York, Harper Collins Publishers Inc. 2005, 184. timidity 是“胆怯”之义；principles 是“原则”之义；foolhardiness 是“鲁莽”之义；moral courage 是“道德的勇气”之义；physical courage 是“肉体的勇气”之义；danger 是“危险”之义；endurance 是“忍耐”之义。

样的人是勇士呢？如果用孔子的话来讲，“仁者必勇”（《论语·宪问》）。为什么仁者能够做到真正的大无畏呢？根本原因就在于仁者是爱人的，仁者会以“民胞物与”的胸怀关爱世人，仁者会博施于众，救民于水火的。因而，真正的勇气源于正义与正气。所以，勇气的养成、英雄的养成源于正气的养成——人的浩然之气。当人心中充满了浩然正气时，他就会勇往直前。孔子曾言：“当仁不让于师”。（《论语·卫灵公》）孟子则讲：“仁者无敌”（《孟子·梁惠王上》）。

那么，人的浩然之气是如何养成的呢？按孟子的说法“万物皆备于我，反身而诚”，孟子主张内省与慎独。孟子的这一主张是不无道理的。人的德性养成是离不开自我反思与自我审视的，是离不开个体自律的。当然，人的德性养成更离不开实践与社会生活。不过，仅仅就个体注重个人德性修养（自我修养）这一维度而言，孟子提出了极其有价值的思想——即人要注重培育正确的世界观、人生观与价值观。世界观就是人们对于世界及其人与世界关系的看法。世界观可以分为唯物主义世界观与唯心主义世界观，在诸多的世界观之中只有辩证唯物主义世界观方是科学的与正确的世界观。大凡树立了正确的世界观的人都会对社会与人生持一种积极、健康的态度，大凡树立了正确的世界观的人大多会有正确的人生观与价值观。人生观是对人生根本问题的系统看法，它主要回答什么是人生、人生的意义以及怎样实现人生的价值等问题。价值观是人们对何为价值以及如何评判价值标准的根本看法。世界观决定着人生观与价值观。人生观与价值观又反作用于世界观。正确的世界观、人生观与价值观就能够使人养成浩然之气，就会使人有凛然的正气。在面对歪风邪气时，个体就敢于拍案而起、挺身而出。

冷漠与麻木、犹豫与观望的产生均与错误的世界观、人生观与价值观相联。宿命主义者认为一切皆为天定，一切皆由命运所安排。因而，宿命主义者要么表现为以悲观主义的态度来对待人生，要么以享乐主义的态度来对待人生，他们所表现出来的生活样式一定是冷漠与麻木、冷酷与残忍。总之，宿命主义者就是道德冷漠者。悲观主义者只看到了人生遇到的曲折和不幸的一面，否认了人有摆脱不利处境、改善人生的主观能动的一面，因而对人类获取自由与实现自由欠缺信心。悲观主义者对于人间美好的事物缺乏信心与勇气，他们看不到并且也不相信人间存在着真、善、美，他们看到的只是假、恶、丑，他们认为世间没有任何值得留恋的东西。因而悲观主义者要么主张隐遁出世，以超尘绝俗求得解脱；要么主张消极处世，得过且过，敷衍时日。悲观主义者既不相信未来，也不相信他人，更不愿主动对他人伸出援手，因此悲观主义者往往也是道德冷漠的人。享乐主义者认为人生的目的和意义就在于感官与肉体的享乐。因而，享乐主义者追求的是“尽骄奢之极，恣无厌之性。”(《列子·杨朱》)一味追求感官享受的享乐主义者绝不会有进取的精神，一味地贪图物质享乐的享乐主义者绝不会意志坚定，一味地纵情声色的享乐主义者绝不会为他人而见义勇为、挺身而出的。拜金主义者把金钱视为最高价值并且以物质财富的多少视作人生价值评判的标准，因而，拜金主义者必然是丧失远大理想和高尚追求的人，必然是狭隘自私与道德堕落的人。这样唯利是图的人是不会坚守良知与正义的，他们必然是冷酷与自私的人。

只有那些树立了正确价值观的人，他们才会胸怀天下、救民于水火；只有那些树立了正确价值观的人，他们才会杀身成仁、舍生取义。因而，道德勇气的养成离不开人的正确的认识，离不开人的正确的价值观的树立。所以，人要注重正确价值观的养成。

2. 道德勇气与道德意志

道德勇气的产生与持存是不易的，因为自保、怯懦才是人的自然天性，而道德是道德主体与其自然本能的斗争。勇气战胜怯懦是不易的，此外，坚持勇气还会遇到其他方面的挑战，比如“道德勇气并不总是产生立即的回报。”①因而，在现实中，培养人的勇气，坚定人注定要成为有道德人的信念是极其重要的。而这就需要主体加强道德意志的锤炼。

道德意志在个体的道德品质与道德行为中居于关键的地位。人具有种种的欲望，若没有意志的控制，人将会像动物一样任由本能所支配。人之所以异于动物、高于动物，原因就在于人有意志，人通过意志来控制和支配自己行动。意志既控制个体的情绪又控制个体的心理。意志坚强者能抑制外在之诱惑与内心之纷扰，从而能做到咬定青山不放松，成为强者与英雄，成为品质高尚的人；而意志薄弱者则往往易被外在诱惑与压迫所征服，从而放弃自己原本的主张与见解，同流合污，从而成为弱者与懦夫，成为品质卑劣的人。

我们在前文中已指出之所以社会中会出现诸多的旁观者而不是英雄，主要原因并不在于那些旁观者的道德认知出现了偏差而在于这些旁观者的意志出现了问题——意志薄弱。那么，如何克服意志薄弱的问题呢？如何造就人的坚强意志从而使人勇于行动成为英雄呢？首先，加强理论自觉。所谓理论自觉即道德主体要加强道德认知注重自身对于理论素养的提升。个体首先要对成人的重要性、艰巨性、反复性以及终身性有正确的认知。道德自我的养成是不易的，道德自我的养成并非是一蹴而就与一劳永逸的。道德自我的养成是一永无止境的事业。道德自我的养成要求主体要不断地加深对于社会、人生等诸方面的认识，提升自己的理论素

---

① 原文为“Moral courage doesn't always produce an immediate benefit.”（Rushworth M. Kidder. *Moral Courage*，New York，Harper Collins Publishers Inc. 2005，3）

养与对生活的理解。尽管知识并不能与美德划等号，但是离开知识的美德是虚妄的与不真实的。这也正如孔子所言："知者不惑，仁者不忧，勇者不惧。"(《论语·子罕》)因而，培育人的道德意志首先就要加强理论自觉，这是道德自我养成的基础与前提。此外，在理论学习中，一定要加强风险认知与挫折认知，要在日常生活中对于风险、挑战有正确的认知，至少从心理上对于突发事件是要有一定的心理准备以及应对各种风险的预案，从而不至于完全措手不及、惊慌失措。总之，人通过理论自觉，不断地进行自我反省与自我激励，促进道德人格的完善与道德自我的确立。其次，道德意志是通过个体自觉确定目标实现目标的过程中克服一系列困难的能动的实践活动，因而，道德意志的形成是离不开道德实践的，道德自我也是在道德实践中得以养成、巩固与提升的。在丰富多彩的社会实践中，个体恰恰是在战胜困难与挑战、克服恐惧与诱惑的过程中不断提升道德意志、确立道德自我。道德自我的养成是需要艰苦的磨练过程的，是经过反复实践与考验才得以确立的。

3. 道德勇气与道德能力

道德勇气仅仅源于人的正义感吗？不，道德勇气其实还源自人的道德能力。如果仔细审视旁观者现象，在诸多的旁观者中有相当一批人是想挺身而出但觉得自己能力不足而最终没有挺身而出，这种旁观者出现的原因不是其不想而是其不能，这种状况就是"心有余而力不足"。这便是那些未成为英雄的常人真实的写照。人们常讲"艺高人胆大。"人的胆大与大胆自于高超的技艺，源自对自身能力的确信。因而，道德勇气的产生关键在于道德能力的支撑与保障。离开了道德能力保障的道德勇气往往仅仅是血气之勇，尽管勇气可嘉，但后果却并不一定美妙。惟有从切实增强人的道德能力这一维度入手，方能克服人的恐惧，方能增强人的道德勇气，方能做到见义勇为与见义智为的统一。

那么，何为道德能力呢？我们首先看何为能力。能力就是"能胜任某项工作或事务的主观条件。"[①]能力是主体对于客体施加影响并产生作用诸多因素的合力，它既可帮助主体实现预定的目的与计划同时又可以改变主体原有的计划与初衷。能力主要表现为主体对身体、知识与技能等诸多方面的掌握、理解以及运用。道德能力也就是人在道德方面的能力。具体来讲，道德能力就是道德主体所具有的实现道德义务要求的能力。从人的存在本体论维度而言，人的道德即人的道德能力。道德不仅仅是道德认知这样的主观意识，道德实质上要将主体的主观意识化作客观存在。因而，道德是真实的而非虚妄的，道德是有力的而非软弱的，道德是客观的而非臆断的。对此，麦金太尔说道："我们践行德性，并靠选择达到这个目的的手段而能这样做……这种选择需要判断，因而德性实践需要一种对时间、地点、方式是否恰当的判断能力，以及在恰当时间、地点和方式下做正当的事的能力。"[②]道德能力是自由意志在道德行为过程中实现自身的能力。道德能力具体包括两个方面：可行性能力以及明智。所谓可行性能力是指道德主体在具体道德境遇中所能行善的真实性能力，它是个体"应为"与"能为"的统一，可行性能力决定了个体所能做之事的上限，它一般不主张道德主体随意超越自身能力而去挺身而出，它要求个体理性权衡，去寻求最佳的见义勇为的路径与方法。在见义勇为的具体道德境遇中谈个体的可行性能力看似庸俗实则真实，看似平凡实则不易。因为这种做法更多是基于个体自身的能力，这种尊重常识的做法对于普通的常人而言则更具亲和力与感召力，反而更易激发人们

① 中国社会科学院语言研究所词典编辑室：《现代汉语词典》，商务印书馆 2012 年版，第 941—942 页。

② [美]麦金太尔：《德性之后》，龚群、戴扬毅等译，中国社会科学出版社 1995 年版，第 189 页。

去做崇高事迹的可能。所谓明智是指人通过最好的谋划以实现最优效果的能力。明智不同于聪明，聪明更多地指个体在纯粹理性理解上的迅捷的能力，而明智是指在现实生活的练达与成熟，明智是一种实践智慧。明智的人总会寻求在恰当的机会、在恰当的场合运用恰当的方法将人的意图实现并达至效果的最大化。这就是明智及其明智的作用。对于明智的重要性，亚里士多德说道："即使明智并无实践意义，它显然是必要的。因为它是德性的一个部分。同时，没有明智也就没有正确的选择，正如没有了德性一样。因为德性提供了目的，明智则提供了达到目的的实践。"①当然，人要养成明智之美德是颇为不易的，因为"一个有智慧的人要尽可能地通晓一切，且不是就个别而言的知识；其次，有智慧的人还要能够知道那些困难的、不易为人所知的事情。"②不过，人的使命却注定要明智起来，因而人便不得不去努力增长自己的道德能力。

人的道德能力的养成既有先天的因素，也离不开后天的努力。对于道德能力的先天因素的作用我们不易夸大，但也不能否定。"在各种潜能中，有一些是与生俱来的，如感觉能力，有些是习得的，如吹笛的能力，有些是传授而来的，如技术的能力，那些由习惯和理性而来的能力，必定要有事先的努力，那些与此不同的能力以及由承受而来的能力，则不必然如此。"③伴随人的出生而来的那种认知结构、身体素质与心智条件无论如何对于人的道德能力来讲都是有作用的。否认这一点是违心的也是不科学的。但我们也并不能将此过于夸大，过于夸大道德能力的先天因素是错误的，当代的生物科学界的一股"基因决定论"的潮流就是突出的代

① [古希腊]亚里士多德：《尼各马科伦理学》，苗力田译，中国人民大学出版社 2003 年版，第 135 页。

② 同上书，第 4 页。

③ 同上书，第 180 页。

表。我们对此应加以警醒。道德能力的养成离不开主体自身的努力,但我们更应该强调人的道德能力的养成是在社会生活实践中随着实践活动的深入而不断加以提升的。因此,增强人的道德能力,就要求主体不断地深入生活,在火热的现实生活中接受挑战,增强能力。舍此无他途。其实,这也正如亚里士多德所言:“理论与实践两者都为必要,但重要的还是经验。”①

三、英雄与自我牺牲

欲成为英雄,就会遇到一些绕不开的话题:成为英雄有没有成本与代价的问题?做英雄能否有善的结局?是否成为英雄就避免不了流血又流泪这样最终的结局呢?……因而,欲使人成为英雄或使人由看客变为行动者,对于这些问题必须要全面的清理从而以正人们的视听。

1. 自我牺牲的必然性

如果我们将牺牲视作一种代价,那么牺牲就会成为一种必然。这是因为做任何事情都是需要付出,都是需要成本与代价的。所谓代价是指:“为达到某种目的所耗费的物质或精力。”②如果这样来理解与定义代价的话,那么代价就是一种必然。我们所有的收获都要有付出、都有代价,这种付出与代价如果不是财力的付出便是时间、精力与体力的付出。总之,凡欲有所得必先有所付出。事实上,这也是人类社会乃至自然界中存在的一公理。试想不付出代价就想求得社会进步与个体的发展,那只能是一美妙的幻想而已。一部人类文明史在某种程度上也是一部代价史。如此看来,成

---

① [古希腊]亚里士多德:《尼各马科伦理学》,苗力田译,中国人民大学出版社 2003 年版,第 126 页。

② 中国社会科学院语言研究所词典编辑室:《现代汉语词典》,商务印书馆 2012 年版,第 249 页。

为英雄一定且必然要有所付出，见义勇为者在做出英雄事迹时候必然是要有所付出的，是要做出牺牲的，即便没有以生命为代价，但至少会有时间、精力、体力等方面的牺牲与付出。总之，没有付出、没有牺牲也就不会有英雄的诞生。

2. 自我牺牲的合理性

牺牲与代价的付出具有必然性，但这并不意味着所有的牺牲与代价都是合理的。有些牺牲与代价是必然的，有些牺牲与代价则是非必然的，那些非必然性的牺牲与代价就不具合理性，对此我们应该警醒。我们不应作无谓的牺牲，不应承担不该承担的代价。牺牲是一种必然，一种应该，但是“任何一种‘应该’都有可能是不应该的。”[①]因此，我们应该对于“应该”以及“自我牺牲”作进一步的考察。

牺牲从形式上看是一种付出，一种损失，一种否定，但从实质上讲它又是一种收获，一种利得，一种肯定。在人的牺牲当中，个体彰显了道义的崇高、人格的伟大以及世间的美好，并且给世人传递了爱、信心、希望与勇气。当然，人并不是为了牺牲而牺牲，牺牲自身并不能成为目的，牺牲是以人为目的的，牺牲是为了世间的崇高与美好所服务的。所以，不能将牺牲异化或者异化牺牲。尽管牺牲很重要，但“自我牺牲本身并非目的。”[②]因而，那些没有必要的牺牲应该尽量避免，那些有勇无谋的牺牲更不应过分地被倡导。其实，牺牲是有着内在规定性的。只有为了善的目的并以善的方式个体所自觉地放弃自我利益乃至生命的牺牲才是真正的自我牺牲，才是我们所倡导的牺牲。这种牺牲便是亚里士多德所主张的那种牺牲——“事实上善良的人，总是为了朋友，为了母邦而尽心

---

① 赵汀阳：《论可能生活》，生活・读书・新知三联书店 1994 年版，第 4 页。

② [英]约翰・穆勒：《功利主义》，徐大建译，商务印书馆 2014 年版，第 19 页。

尽力，必要时甚至不惜自己的生命。他鄙弃金钱、荣誉，总之那些人们竞相争夺的东西，为自己他只求得高尚。”①因而，牺牲不是冲动式的报复，也不是无畏的冒死。对于那种单纯的冒死、无知无畏的牺牲，黑格尔批判道：“冒生命的危险当然比光怕死要高明，但还是属于单纯否定的东西，它本身既没有规定，也没有价值。肯定的东西即目的和内容才给与这种勇敢以意义。”②总之，牺牲是有着内在规定性的，牺牲要以民族国家与人间正道为最终的价值指向，牺牲是一种真正的高贵意识，在牺牲中个体实现了小我与大我的统一、自我与民族国家的统一、自我与人类的统一。

3. 应为与能为的统一

“应为”就是应当如此作为之意，而“能为”则是能够如此作为之意。欲将应为与能为两者关系说清楚，我们首先有必要从“应当”这一概念谈起。人们常说类似的话：“人应当有道德，人应当做有道德之事……”如果追问一下，那么何为“应当”呢？“应当”之所以成为“应当”就在于它符合人的期望与社会的要求，“应当”不能仅仅是梦想；“应当”还要化为现实。“应当”一词所指对象甚广，包含内容甚多。比如行仁义之事是人之“应当”，携泰山以超北海亦是人的“应当”，但这两种“应当”是有区别的。第一种“应当”是作为个体的人能为之事，此种应当就是“能为”；而第二种“应当”则纯粹理论上的“应当”而实质上是“不能为”。通过对“应当”这一概念的分析，我们可以更加清晰地认识“应为”与“能为”概念之间的关系。

所有应然之事（无论其是否在个体能力范围、职责范围之内）都是个体应为之事，这是对应为的一种广义的理解；此外对应为还

---

① ［古希腊］亚里士多德：《尼各马科伦理学》，苗力田译，中国人民大学出版社 2003 年版，第 201 页。

② ［德］黑格尔：《法哲学原理》，范扬、张企泰译，商务印书馆 1961 年版，第 344 页。

有一种狭义的理解，那就是只在个体能力范围之内、职责范围之内的应为，这种应为就是能为。将人的“应当”做“应为”与“能为”的划分是有意义的。我们不能不顾实际情况只强调“应为”而忽视“能为”，也就是说我们不能滥用“应当”，特别不能以“应当”之名让人去做“不应当”之事，这实质上是一种“不道德”的行为。对此，西季威克说道：“按照‘应当’一词的最严格的用法，我‘应当’去做的事始终‘在我的能力之内’”。[①] 仅就见义勇为而言，就应该在大多数场合强调“能为”这一点，如果不顾及到个人自身能力而强求每个人都挺身而出，实质上就是一种道德绑架，最终也实现不了道德目的。比如以见到有人溺水为例，假设我不会游泳，那么就不应该强求我直接跳入河中救人，若我不顾自身实际条件直接跳入河中不仅救不出溺水者，而且连我自己都要成为不必要的牺牲者；那么此时，我明智的选择可以是打电话、找绳索、大声呼喊，等等。因而，欲成为英雄的人在相当多数的场合一定要结合自身的条件与能力，做到见义勇为与见义智为的统一。不过，如果说在绝大多数场合我们强调“能为”这一点，那么在某些特定场合，我们则要忽略“能为”这一点而要强调“应为”。这是因为若仅仅强调“能为”也会带来一些负面影响，它事实上就有可能限定与阻碍人的德性提升，也会造成某些人以能力不足等理由推卸道德责任。更何况人的能力并非不变的，而且在某种特定的场合，人会爆发出极大的潜能。因而，在特定的场合，不计成败、不顾自身能力大小、勇往直前的“应为”就是一种真正的崇高。在这方面，孔子给我们树立了光辉的榜样——“道不行，已知矣，知其不可而为之。”(《论语·宪问》)在紧急状态，没有其他可替代性的方法时，最好的

---

① [英]享利·西季威克：《伦理学方法》，廖申白译，中国社会科学出版社 1993 年版，第 100 页。

办法就是拼了——“宁可站着死也不坐着亡”，这便是一种崇高。

总之，“应为”与“能为”不应是割裂的。“应为”是一种道德要求与精神追求，而“能为”是一种实践智慧与实现方式，坚持“应为”与“能为”的统一，取决于道德主体对于自身能力以及自己所处的道德境遇的认知、评估与把握。

第五章
健全的社会：道德冷漠治理的社会之维

个人德性养成是一个复杂的系统工程，在这其中，制度的作用无疑是至关重要的。这是因为“社会的制度形式影响着社会成员，并在很大程度上决定着他们想要成为的那种个人，以及他们所是的那种个人。”①所以，欲造就好的人，必然需要好的制度。不过，欲造就好的人，仅仅有好的制度还不够，它更需要好的社会——健全的社会。健全的社会不仅有好的制度，更有好的社会氛围以及好的教育。诸多的因素合在一起，共同起作用方能造就好的人。对此，罗素早就指出：“在不具备刑法的情况下，我将去偷，但对监牢的恐惧，使我保持了诚实。如果我乐意被赞扬，不喜欢被谴责，我邻人的道德情感就有着同刑法一样的效果；在理性盘算的基础上，相信来世永恒的报答和惩罚将构成一种甚至是更为有效的德行保护机制。”②

① [美]约翰·罗尔斯：《政治自由主义》，万俊人译，译林出版社 2000 年版，第 285 页。

② [英]伯特兰·罗素：《伦理学和政治学中的人类社会》，肖巍译，中国社会科学出版社 1990 年版，第 73 页。

第一节　创制免于恐惧的制度

一个好的制度会使人保持良知与正义，一个好的制度会使钻制度空子的人越来越少，一个好的制度能够使善良的、有道德的人越来越多。相反，一个不好的制度，守规矩有道德的人会越来越少，而钻制度空子的小人会越来越多。所以，“如果一个道德体系竟然只能造就‘不道德’的人，那么这个体系可能也会有些什么不妥当的地方。”[①]乌克提茨的这一论断是有道理的。如果一个社会之中仅有少数道德冷漠的事件以及少数的旁观者，那么可能是与少数人个体的道德素质低下有关；假如一个社会当中有一批道德冷漠事件以及为数不少的旁观者，那么我们就应该反思这一社会是否存在着某些不合理的地方？为什么会有这么多的冷漠事件与冷漠的人？当然，我们更要思考怎样通过制度与体系的改善减少冷漠事件的发生与冷漠的人的产生。

一、个体德性与道德回报

1. 个体德性

道德是人的本质体现，也是成人的关键。一个有道德的人，就是一个由“小我”走向“大我”、由世俗走向高尚、由平凡走向伟大的人。具有良好道德的人，或者是清风傲骨、高风亮节、留清白于人间；或者是为国为民不计个人之得失，勇往直前，甘洒热血于尘世；或者是为科学、真理与正义而勇于献身……总之，道德是人的确证方式，同时道德也赋予了个体人生的意义与价值。因而，人们重视

---

① ［奥］弗朗茨·M. 乌克提茨：《恶为什么这么吸引我们?》，万怡、王莺译，社会科学文献出版社 2001 年版，第 93 页。

道德，敬畏道德，并立志成为有道德的人。不过，立志成为有道德的人与真正成为有道德的人并不完全等同。成为有道德的人是需要付出与努力的，同时也是需要时间的。即便被称为圣人的孔子自己都讲成人的不易，孔子说："吾十有五而志于学，三十而立，四十而不惑，五十而知天命，六十而耳顺，七十随心所欲而不逾矩。"(《论语・为政》)从孔子自己的独白中我们可以看出成为有道德的人是何等的艰难与漫长。圣人尚且如此，更遑论常人。但无论是圣人还是常人，都需要养成德性。人为什么要有德性？这不仅仅是因为德性是美的，还因为道德是有用的。也就是说，人们遵守道德是要有回报的，并且这种回报之中不能否定与忽略物质性的因素，尽管我们从来不否定崇高。

道德不能仅仅是崇高的与美的，道德还应该具有实效性与有用性。仅仅具有崇高性但却缺乏实效性的道德是不会有强烈的、普遍的、持久的感召力的。那么，什么样的道德才能具有强烈的、普遍的、持久的感召力呢？那就是那些能够做到"德得相通"[①]的道德。德得相通的道德是那些既能够立足于利益又能够从利益中升华与超越出来的道德。道德是不能够离开利益的，脱离了利益的道德的做法是违背唯物史观的基本原理的。马克思指出："'思想'一旦离开'利益'，就一定会使自己出丑。"[②]从现实角度来讲，人为什么要有道德的根本原因就在于道德具有实效性，道德能为人们带来利益与好处。一旦人们普遍地拒斥某种道德，原因可能就在于这种道德不再能给人带来利益与好处，于是人们就会对它产生质疑乃至最后抛弃它。易言之，个体德性的养成以及其所遵从的道德与这种道德能否为其带来好处密切相关。如果一种道德

---

① 《管子・心术上》："德者道之舍，物得以生，生知得以职道之精。故德者得也，得也者，其谓所得以然也。"

② 《马克思恩格斯全集》第2卷，人民出版社1957年版，第103页。

在根本上否定了个体的利益，那么这种道德就会很难被个体所接纳与认同。对此，托克维尔在《论美国的民主》一书中通过"正确理解的利益"原则作了详尽的说明。在托克维尔看来，人们的道德行为是有着利益考量的，离开了人的利益去谈道德如同空中楼阁。托克维尔认为"个人利益即使不是人的行动的唯一动力，至少也是现有的主要动力。"[①]因此，只有那些有利于个体生活境遇的改善以及对个体的生存与发展的道德才会被大多数普通的人所接纳与认同。托克维尔"正确理解利益"原则看起来世俗气很浓，但却有极强的现实性。德性的养成必先有一个基础，然后在此基础上不断地提升。这也正如托克维尔所说："'正确理解的利益'的原则不要求人们发挥伟大的献身精神，只促使人们每天作出小小的牺牲。只靠这个原则还不足以养成有德的人，但它可使大批公民循规蹈矩、自我克制、温和稳健、深谋远虑和严于律己。它虽然不是直接让人依靠意志去修德，但能让人比较容易地依靠习惯走上修德的道路"。[②] 托克维尔的"正确理解的利益"原则给我们的道德建设很多有益的启发：第一，利益与道德紧密相关，不能离开利益去空谈德性的养成；第二，不能用要求少数道德楷模的标准去要求普遍社会成员，对于社会民众要通过利益的保障与维护来促使其提升道德水准；第三，对利益（自我利益）的关注并不直接等同于自私自利，"正确理解的利益"原则对于自我牺牲同样是持开放态度的；第四，个体德性的养成要有一个好的制度加以保障。

2. 道德回报

道德回报是对"德性是有用的"一种自然的逻辑推理。道德回报是指道德主体在履行道德义务后社会以及他人所给予其的物质

---

① [法]托克维尔：《论美国的民主》下卷，董果良译，商务印书馆 1988 年版，第 654 页。

② 同上书，第 653 页。

性与精神性的奖励与肯定，道德回报是社会与他人对其行为所给予的积极性、正面的回应与反馈。应然意义上的道德回报就是凡个体做出了道德行为社会与他人就应给予其相应的正面的肯定与激励（精神上的与物质上的）。良性的、健康的道德回报机制就能造就我们通常所讲的德福一致。德福一致用通俗的话来讲就是“善有善报，恶有恶报。现在不报，时候未到。”如果道德回报机制不是正向的而是负向，也就是说，个体尽了道德义务并未得到社会与他人应得的物质性的与精神性的肯定与奖励，甚至反而是物质性与精神性的伤害，即出现“好人没好报，恶人很逍遥”“英雄流血又流泪”式的现象，那么，在这样的社会氛围中，个体便很难有继续成为有道德的人的勇气，个体极有可能成为袖手旁观、明哲保身的旁观者。道德冷漠的现象可能就会在现实生活中不断地出现。

其实，道德回报既是客观的社会现实，同时也是主观的社会认知。道德回报是社会与他人对个体行为所进行的社会性评价，它与个体对其行为的自我评价合在一起形成统一的道德评判。一般而言，在一个良序社会之中道德行为的社会性评价与个体自我评价是一致的。凡是个体尽到社会义务后，个体会对自我有一个积极的与正向的自我肯定，个人就会产生愉悦感与幸福感；同时社会与他人也通过口头表扬、精神鼓励与物质刺激等方式来表达对个体及其个体行为的认肯，个体就会产生成就感与自豪感。如果当个体尽到其社会职责后，个体所给予的自我评价与社会评价出现了反差，个体就会产生迷茫与困惑：到底是我错了呢？还是他人错了呢？抑或是社会错误了呢？良性的道德回报会使人心向善、会使人树立正确的是非观与荣辱观；而病态的道德回报则易使人心困惑，易使人是非颠倒、荣辱混淆。因而，建立正确的道德回报机制是何等的重要。唯有正确的道德奖惩与赏罚机制方能造就健康的社会心理，形成正确的道德认知，营造良好的社会氛围，养成正确的道德信仰。个体德性是离不开道德回报的，而道德回报又是需要制度保障的。

二、制度性承诺与制度性信任

社会中之所以会出现“旁观者现象”，并不是因为绝大多数的人是冷酷的人；恰恰相反，绝大多数的人是热心的人，但问题的关键在于是什么原因使得这么多热心人只有心动而未见行动呢？其实，恐惧是造成这一现象的最终根源。人们因何恐惧呢？最主要原因就在于人担心自己挺身而出、见义勇为后给自己带来不必要的麻烦，尤其是人们担心被救助者对自己的讹诈以及无理的纠缠，当然，人们最为担心的是自己见义勇为而致残所造成的“英雄一阵子、后悔一辈子”“流血又流泪”的这样的结局。那么，如何避免人们的此类恐惧呢？如何造就人们的信心、勇气与行动呢？关键就在于制度性承诺与制度性保障。欲做到这一点，首先就要有制度，制度必需要对见义勇为的行为的认定、表彰及其权利保护有详尽的制度设计与制度安排，即制度必须有承诺；其次制度的如此设计与安排是真实有效的，人们对此是可以相信与依赖的，即人们形成了制度性信任。只有社会中有了制度性承诺与制度性信任后，信任危机才会真正地得以解决，社会整体的道德氛围才会真正好转，诸多潜在的英雄与好人方能成为真实的好人与英雄。

1. 制度与制度的功能

“现存制度只不过是个人之间迄今所存在的交往的产物。”①制度是人为建构的规则，制度是为了能够让各自有自我利益诉求的人为了更好地实现自己的欲求而在共同体生活中所形成的且遵

① 《马克思恩格斯全集》第3卷，人民出版社1960年版，第79页。

守的行为准则，制度最终会成为人们的行为方式与交往结构。制度不仅仅有正式制度还有非正式制度。制度是人们的生活方式与交往结构，制度不仅有书写的、宏大叙事的正式制度，制度还有着未书写但却真实发挥功效的非正式制度。其实，无论是正式制度还是非正式制度，都为人类的行动提供框架。对于制度所起的作用，中国古人早就有过详尽的论述。比如，荀子就曾说道："人生而有欲，欲而不得，则不能无求，求而无度量分界，则不能不争。争则乱，乱则穷。先王恶其乱也，故制礼义以分之，使欲必不穷于物，物必不屈于欲，两者相持而长，是礼之所起也。隆礼贵义者其国治，简礼贱义者其国乱。礼义生而制法度。法者，治之端也。隆礼至法则国有常。"（《荀子·性恶》）

人是社会的产物，人的社会活动具有鲜明历史性。"一个人的发展取决于和他直接或间接进行交往的其他一切人的发展；彼此发生关系的个人的世世代代是相互联系的，后代的肉体的存在是由他们的前代决定的，后代继承着前代积累起来的生产力和交往形式，这就决定了他们这一代的相互关系。总之，我们可以看到，发展不断地进行着，单个人的历史决不能脱离他以前的或同时代的个人的历史，而是由这种历史决定的。"①因而，某一个社会中人的好坏与社会、制度有着密切的关系，先在的制度对于个体后天德性的养成具有关键的作用，制度的好坏在相当程度上决定着人的好坏。因而，"个人是否健康从根本上讲并非个人的事情，而取决于他所在的社会结构。"②社会结构的公正与合理会造就健全的社会，社会结构的不公正与不合理会造就不健全的社会。一个不健全的社会会在社会成员中制造出敌意与猜忌，会使社会成员失去

---

① 《马克思恩格斯全集》第 3 卷，人民出版社 1960 年版，第 515 页。

② [美]埃里希·弗罗姆：《健全的社会》，王人庆等译，国际文化出版公司 2007 年版，第 67 页。

合作意愿与责任意识,会使人不成其为人,即使人成为不健全的人。马克思之所以批评专制制度,就是因为专制制度是不公正与不合理的制度。对于专制制度,马克思就批评道:“专制制度的唯一原则就是轻视人类,使人不成为其人,而这个原则比其他很多原则好的地方,就在于它不单是一个原则,而且还是事实。专制君主总把人看得很下贱。他眼看着这些人为了他而淹在庸碌生活的泥沼中,而且还像癞蛤蟆那样,不时从泥沼中露出头来。”①因而,在专制制度下所造就的是匍匐于地的奴才与臣民而不会是自觉、自主与自立的公民。

制度是重要的,并且制度的功能是多样的。制度是“集体行动控制个体行动。”②因而,制度首先是约束与禁止。制度的第一功能是“你勿……”制度又通过对人的权利与义务的设定,使人知晓自己行为的限度;制度通过禁止与约束等处罚减少人的任性与随意性的行为,使人的行为具有更多的可知性与可预测性。这样通过制度的约束功能使社会进一步的规范化与有序化,既减少人们冲突的可能又给社会带来预期的稳定与和谐。制度除了具有约束功能外,制度还具有激励性与鼓励性。制度不仅要限定什么与反对什么,制度还要提倡什么与鼓励什么,制度事实上给人提供了背景性框架与支持性的平台,制度告诉人们只有按照制度的设计与安排个体才能最大化地实现自身价值。总之,制度性激励能够改变人们的价值偏好,改变人们的生活态度,导引人们的行为。

制度要想最大化地发挥其激励人的功能与作用,就需要进行好制度设计与制度安排。制度既要使得人免于恐惧,制度更要激励人

---

① 《马克思恩格斯全集》第 1 卷,人民出版社 19606 年版,第 411 页。

② [美]康芒斯:《制度经济学》上册,于树生译,商务印书馆 1962 年版,第 87 页。

积极向善与努力为善。这就要求社会成员有利他保留的动机与利他主义行为，不过仅仅是个体化的利他主义动机与利他主义行为是不够的，因为个体性的利他主义与利他主义行为具有偶然性、任意性与低效性，惟有将利他主义与利他主义行为制度化方能做到利他主义的必然性、持续性与高效性。

2. 制度化利他主义

所谓制度化利他主义是指“通过结构性机制，特别是奖赏与处罚的调节，以激励那种有助于他人的行为。”①制度化利他主义是利他主义的一种特殊形式，它与个体性的利他主义既有联系也有区别，它是个体性利他主义的升华，它超越了个体性利他主义局限，将利他主义作为一种制度性的安排，从而使利他主义有了明确的制度设计与制度保障，从而使利他主义行为在社会之中更易普遍化。所以，制度化利他主义有助于提高人们选择利他行为的比率，有助于人们做热心人而非旁观者，从而大大地降低社会冷漠现象的发生。制度化利他主义对于个体的动机高尚与否并不十分在意，制度化利他主义所关注的是个体利他行为这一结果的不断出现。制度化利他主义是基于人具有自利心之现实然而却力图诱导个体做出利他主义行为所进行的制度设计。因此，“制度化利他主义的一个重要特征是通过一种机制将报酬返还给本来的施助者。一旦利他主义制度化，其作用范围将超越友谊界限及通常的二人互动组合，跟其他利他主义不同，它以制度化方式使报酬（不管何种）从最初的受助者返还给施助者，而施助者的报酬，更有可能来自他们参与其中的社会系统中的其他个人。”②

---

① [美]罗伯特·K. 默顿：《社会研究与社会政策》，林聚任等译，生活·读书·新知三联书店 2001 年版，第 126 页。

② [美]罗伯特·K. 默顿：《社会研究与社会政策》，林聚任等译，生活·读书·新知三联书店 2001 年版，第 127 页。

中肯地讲，这种制度设计与制度安排是合理的与现实的。制度化利他主义能够使“我为人人、人人为我”这样的互惠的理念变成一种有序的、可预期的共赢的制度化现实。并且，制度化利他主义——这种具有现实可操作性的制度设计——能够使人的道德在现实基础上不断地得以提升，制度化利他主义可以使人由精致的利己主义者逐渐升华到无私的利他主义者。这是一种具有现实可操作性的制度设计。对此，默顿说道：“通过一定的奖励制度使在专门职业中道德责任和自我利益常常趋于一致和融合，专门职业的这种制度化机制有利于促使个体从业者的自我利己性转变为利他性行动。”①

制度化利他主义在制度设计上承认与允许人的道德水准及其道德动机的差异，但制度化利他主义的制度设计是在清晰地认识现实中人的德性的基础上力求于实现利他主义行为普遍化的一种切实有效的制度设计与制度安排，因此，“制度化机制总是把自我利益与关心他人结合在一起，并以此来促进利他主义行为，而不管其具体动机差异多大。”②不过，制度化利他主义却能够做到使好人敢于行善，制度化利他主义能够解决了见义勇为者“我救人，谁来救我”的这一困惑；同时，制度性利他主义能够促使社会普遍性的道德水准的提升，制度化利他主义能够将“心死”的人激活、将“心歪”的人校正、将“心惑”的人澄明。

3. 德福一致：制度化承诺与制度化保障

制度是一种手段与工具，制度是为了人的幸福与社会的安宁而设立的。因此，制度有好坏之分，制度好坏的关键就在于制度能否实现与达到人们设置制度的目的。衡量与评判一个制度好坏是

① ［美］罗伯特·K. 默顿：《社会研究与社会政策》，林聚任等译，生活·读书·新知三联书店 2001 年版，第 136 页。

② 同上书，第 149 页。

有标准的，即制度本身是否是合理的与公正的。制度的合理性源自制度的效率，从社会发展的维度来看，好的制度一定是有效率的制度，效率高的制度替代效率低下的制度是历史发展的必然。不过，对于制度的评判又不能仅仅按效率这一个标准，评判制度好坏的标准应做到合乎规律性与合乎目的性的统一，即做到历史尺度与道德尺度的统一。对于制度好坏评判的另一个重要的标准就是公正性。所谓制度的公正性就是制度对于权利与义务安排是合理的，制度能够做到并保障人的德福一致。

德福一致用通俗的话来讲就是“好人有好报，恶人有恶报”。其实，德福一致就是一种人们希求的公正合理的道德回报，德福一致也是一种公正合理的制度安排。当然，德福一致还可以视作一种道德信仰。不过，德福一致实现不能仅仅寄望于个体的信仰，德福一致的个体信仰虽然有助于个体德性的提升但对社会的整体改善作用有限，更为重要的是如果仅仅强调个体的改善而忽视社会的进步，很可能会出现“道德的人与不道德的社会”的现象。我们努力的方向是“道德的人与道德的社会”同构。而欲实现德福一致的社会理想，制度是关键。制度的合理设计是合理的道德回报机制确立的开端，制度的高效运行是合理的道德回报机制确立的保障。惟此，德福一致才能化理想为现实。

德福一致要求社会做出完善的道德回报的制度安排与制度设计。制度要做出制度性承诺，按照如此的制度安排与制度设计行动的个体一定会得到好的道德回报，制度不会让好人吃亏，即制度是善的；同时，制度不会有缺失与遗漏，即制度是健全的。完善与有效的道德回报就是要做到奖善与惩恶并重。制度要完善相关的规定，要对见义勇为行为的认定、表彰等相关工作做好充分制度性设计与安排，制度规定要细致、全面以及易操作。在此，我们通过因见义勇为而受伤的两个相关制度设计与制度安排加以说明：

(1)对“英雄流血又流泪”现象的社会治理。对于英雄的抚恤制度要做细致的划分：因见义勇为而受伤但身体可以恢复的英雄、因见义勇为而受伤身体不可恢复但仍具部分劳动能力的英雄以及因见义勇为而受伤身体不可恢复同时又完全失去劳动能力的英雄的抚恤与补偿就应该区别化对待。同时，对于见义勇为的英雄的表彰要注意做到精神表彰与物质奖励并重，这是因为人的需求与需要并不是单一的，而是全面与分层次的，物质的与精神的奖励并重的做法能够给英雄以真正的尊重从而引领社会对于英雄的认同与效仿。除此之外，对于因见义勇为而受到讹诈的英雄，制度要做好相应的制度安排，国家与组织要主动对英雄提供法律援助、技术援助以及精神抚慰，避免出现“英雄流血又流泪”的现象。总之，一定要做好制度上的设计，不能让好人吃亏，不能让见义勇为者因其勇敢的行为而影响到其正常的个人生活与家庭生活。只有通过制度性的承诺才能免去人们见义勇为的后顾之忧，才能真正地使广大民众由看客变为英雄，才能真正地使行善成为社会的时尚。(2)医院与医生冷漠的社会治理。解决医院与医生的冷漠，既要有教育，更要有制度的安排与保障。医院是企业单位还是事业单位？医院的运行是靠行政拨款还是以药养医？医生是靠技术吃饭还是靠开药吃饭？……这些就是造成当前医患紧张的制度性根源。因此，欲解决当前紧张的医患关系，这就需要对医院与医生进行更为合理的制度设计与制度安排，要进行更为合理的医疗改革，要废除以药养医这样的制度设计与制度安排。同时，怎样确保医院对于突发情况以及危重病人的救助，同样需要好的制度的设计与制度安排，政府应建立紧急救助机制，划拨相应的紧急救助款项，从而确保医院、医生与见义勇为者能够安心地去做好事，从而避免明明自己做好事、自己救了人反而还要自掏腰包这样不合理的现象的发生。

好的道德回报机制不仅仅要有奖善，更要有惩恶。这是因为制度是人们为了互利性而达致的规范，人们遵守制度与规范更多的是为了保障个人利益。我们之所以会对破坏“规矩”的人愤慨，主要原因是“他人侵犯了我们受正义规范保护的个人利益，而不仅仅是因为他人违反了正义规范这一事实本身。”[①]我们制订规则与遵从制度是有条件的，“他人普遍遵守正义规范是每一个人遵守正义规范的前提。”[②]这是因为我们之所以遵从制度是因为我们相信社会之中所有的人都已承诺要遵守制度，自然也包括我们自身，我们事实上已向他人表明我们的态度并做出我们的承诺，我们绝不会侵犯他人的利益。但是现在破坏规矩的人并未遵守其承诺，因此事实上我们自身便成为遵守制度的利益受害方，因而我们就会产生愤恨之情。若是我们的愤恨长久不能得到疏解，我们也极有可能转变我们的生活策略，不再遵从制度，也会成为制度里的“自由骑手”。如果更多的人都采纳如此的生活准则，那么事实上也便宣告了此项制度的失败。所以，我们从中也可以看出制度的脆弱性。为了保持制度的有效运转，我们必须对于破坏制度良序运行的恶进行必要的惩罚。对于恶的惩罚，首先就要发挥舆论监督的作用。对于那些违背公序良俗的人与行为，媒体要对其大胆地进行曝光，形成强大的社会舆论逼迫其改变认识与行为。同时，这种舆论监督也是对广大公民的一种很好的教育。对于恶的惩罚，除了舆论监督外，还要有经济处罚、行政处罚、纪律处罚以及法律的制裁，等等。目前制度的奖赏有了长足的进展，但是制度在惩恶方面还有不足。我们经常会看到那些见义勇为的好人反被其救助者讹诈的事件，通过相关报道，我们发觉对见义勇为的英雄进行讹诈

---

① 慈继伟：《正义的两面》，生活·读书·新知三联书店 2014 年版，第 14—15 页。
② 同上书，第 15 页。

的成本太低而收益甚高，即便最后讹诈者的讹诈行为被揭发，讹诈者本人及其亲属最多是做一口头致歉或送一锦旗了事。[①] 而若讹诈者成功的话，见义勇为的英雄可能要对其英雄行为付出高昂的代价，甚至是倾家荡产。因而，如果不对这样的制度安排加以改进的话，普遍性的见义勇为事迹的出现仍然可能会比人们的预期要少。因此，今后应该在立法与制度方面加强对此类现象的处罚与治理。好的制度应该做到"善有善报，恶有恶报"。对于邪恶，我们不能"以怨报怨"，当然也不能"以德报怨"，正确的做法是"以直报怨"。唯如此，方能刹住歪风邪气，方能匡扶正义，才能造就风清气

---

① 2014年4月11日15时45分，甘肃省临夏县寨子沟乡地合村五社村民马某驾驶无牌助力摩托车载妻子陈某由居集镇驶往寨子沟乡途中，行驶至S309线200公里250米处时，后轮胎突然爆裂，摩托车失控侧翻，被甩出摩托车的妻子陈某撞到公路旁的防护墩，后经抢救无效死亡，摩托车车主受伤，摩托车严重受损。事故发生后，没有人施救，周围的人大都漠然离开。后来，一辆白色面包车路过时停了下来，一名男子上前询问了一名伤者的情况后，立即将两名伤者抬上车送往医院。车主为银川乡工匠村村民马白克。白色面包车和该起事故有什么关系，为什么会送伤者赶赴医院。带着疑问，交警找到马白克了解情况得知，当时他驾车路过事发现场，看到陈某伤势严重，便简单询问摩托车驾驶员马某事故经过，马某当时告诉他是因为自己摩托车爆胎造成事故。马白克了解情况后就赶紧把伤者送往县医院进行抢救，由于陈某伤势严重转移到州医院后抢救无效死亡，马白克通知其家属后便悄然离开。救人之后的几天时间里，马白克对于事故中伤者还十分惦念，更对逝世的陈某万分同情。可是，接下来发生的事情，却让他深陷救人困境。在交警部门进行事故责任认定时，摩托车车主马某却一口咬定马白克就是肇事司机，和他驾驶的摩托车迎面相撞，应该负起全部责任，这个消息让马白克郁闷不已，他万万没想到自己救人之举反被诬陷为肇事者。由于事故现场没有监控录像，事故调查存在一定困难，为了查明事故原因，明确事故责任，积石山交警大队在临夏公安局刑侦支队的大力配合支持下，通过DNA技术手段和多方面取证，最终证实此事故为单方事故，与马白克无关，责任认定为马某应承担事故全部责任。在交警队的详细调查下，事实很快被澄清，马白克终于松了一口气。同时，为了表达对见义勇为好司机马白克的敬意，积石山交警大队教导员赵勇、副大队长铁永福专程来到马白克家中看望慰问他及其家属，并为马白克送上一面锦旗。记者从该县交警部门了解到，死者家属马某已向马白克致歉，并对自己的行为表示自责。（司机救人反被诬陷为肇事者通过DNA鉴定还清白 http://news.163.com/14/0508/01/9RMHDATD00011229.html）

正的好社会。

我们现在的制度正在进一步完善，对于见义勇为的奖励与道德冷漠的惩罚相关的政策制度、法律法规也越来越完善。在这其中以2013年8月1日实施的《深圳经济特区救助人权益保护规定》[①]最具代表性。《深圳经济特区救助人权益保护规定》具体规定如下：

第一条 为了保护救助人的合法权益，弘扬社会正气，促进社会和谐，根据法律和行政法规的基本原则，结合深圳经济特区实际，制定本规定。

第二条 本规定所称救助人，是指没有法定义务或者约定义务，对在紧急情况下遭遇人身损害或者人身损害危险的人，自愿提供救助的自然人。

第三条 被救助人主张其人身损害是由救助人造成的，应当提供证据予以证明。没有证据或者证据不足以证明其主张的，依法由被救助人承担不利后果。

第四条 被救助人主张救助人在救助过程中未尽合理限度注意义务加重其人身损害的，应当提供证据予以证明。没有证据证明或者证据不足以证明其主张的，依法由被救助人承担不利后果。

第五条 救助人因被救助人捏造事实，诬告陷害而发生费用的，有权依法向被救助人追偿。

第六条 被救助人捏造事实，诬告陷害救助人，构成违反治安管理规定行为的，依法予以行政处罚；构成犯罪的，依法

---

① 参见深圳市第五届人民代表大会常务委员会公告(第一三〇号)深圳经济特区救助人权益保护规定——2013年第29期(总第845期)http://www.sz.gov.cn/zfgb/2013/gb845/201308/t20130807_2180712.htm。

追究刑事责任。

被救助人捏造事实,诬告陷害救助人的,救助人可以向人民法院提起民事诉讼,要求被救助人承担赔礼道歉、赔偿损失、消除影响、恢复名誉等民事责任。

被救助人诬告陷害救助人的,处理机关应当在法律文书生效之日起十五个工作日内将处理结果通知公共征信机构,录入个人信用记录系统。

第七条　知道救助情况的单位或者个人,对救助人的救助行为提供合法有效证据予以证明的,有关部门依照规定对证人予以奖励。

第八条　救助人因救助行为与被救助人产生民事权益纠纷请求法律援助的,法律援助机构应当及时提供援助。

第九条　对救助人的奖励和其他保护,适用见义勇为法律、法规的相关规定。

第十条　本规定自2013年8月1日起施行。

尽管《深圳经济特区救助人权益保护规定》仍然有进一步完善的地方,但毕竟是为治理道德冷漠所进行的社会治理做了一个非常具有建设性的有益的尝试。《深圳经济特区救助人权益保护规定》从立法者意图来讲就是要实现德福一致,就是要让好人有好报,要让恶人受惩罚。

有了制度性承诺且制度性承诺能够得到确实的践履,那么制度就具有了权威性,人们便会相信制度,按制度办事,这便形成了制度化信任。现代社会离不开近距离的亲缘信任,但是现代社会必须建构起远距离的陌生人间的纯粹信任,而这种信任且必然是制度化信任。在现代社会,若离开制度化信任,社会便不会有“生产、储蓄或交换”①，个体也不会有本体性安全与自我价值之实现。

三、治理与善治：政府的应为与能为

在道德冷漠的治理之中，政府是要起关键作用的。首先政府对于制度性冷漠的治理具有首要责任，同时政府对于社会之中的旁观者的冷漠、受助者的冷漠等现象均具有直接或间接的关联，因而，政府对所有道德冷漠的社会治理均具有主体性责任。这是政府职能所在，也是评价与衡量政府效能的重要指标。因此，政府要做好公共治理与公共服务，政府要做好社会治理工作，实现社会治理的善治。

首先，政府要做好制度设计与制度供给的服务。恰当、公正、高效的制度是道德冷漠社会治理的关键。不过，在社会现实生活中，制度的供给或践行却存在着缺位与越位的现象。制度缺位是指本应该有的制度却没有制订，从而造就了现实中人们的行动无法可依与无凭可据，比如说反碰瓷、对见义勇为进行讹诈者的反讹诈的相关惩罚政策却迟迟未见出台。制度越位是指不属于政府的事以及不该由政府管理的事，政府却直接走到前台直接进行管理，这即制度越位。制度的越位造就了政府职能的溢出，易造就利益冲突并导致腐败的出现。政府在社会治理中要为道德冷漠的治理提供健全的、完善的制度性安排。具体包括以下几点：(1)要做好法律方面的保障，即健全法律法规方面的制订，健全的法制既要保障见义勇为者的权益，同时还要有确实地保障好人不被讹诈，使恶人有恶报。对于英雄可能受到的被讹的担心与恐惧，政府要改变现有的制度安排，应由被救者(欲进行讹诈的人)提供证据而非像目前这样的制度安排由见义勇为者提供证据与证明自己是英雄而

① [美]康芒斯：《制度经济学》上册，于树生译，商务印书馆1962年版，第197页。

不是肇事者。同时，政府要加大技术的支持与法律的援助，设立见义勇为维权中心对见义勇为的权益加以保障。(2)加大对见义勇为者英雄奖励与扶助的政策性倾向力度。首先就要加大对见义勇为者的宣传力度，要通过宣传让英雄的事迹被社会成员所知晓；同时加大物质奖励力度，用物质奖励的方式真正地触动人心，刺激人的正向反馈，使普遍的民众发自内心地认识到“好人是有好报的”，“英雄虽然可能流血了，但英雄绝不会再流泪；即便英雄真的流泪了，那也是幸福的泪而不是后悔的泪水”。(3)减少认定程序，目前对于见义勇为的英雄的认定相对来讲过于繁琐，应该对此加以简化细化救助补偿规则，比如对于见义勇为者的表扬与补偿标准可以按照至少这样三类标准来加以制订：①对于提供救助行为的救助者本人未造成身体损害或经济损失的；②对于提供了救助行为，并因施救而对救助者本人造就了可恢复性身体损害的和造成了经济损失的；③对于提供了救助行为，并因施救而对救助者本人造成了持久性身体伤害或生命代价的；④要敢于树立反面典型，敢于通过典型性的“恶人有恶报”的案例进行典型加以宣传，让人明了恶人是没有好下场的。目前有这样的一种现象——恶人做恶的成本极低而收益巨大，恶人即便被证明是讹诈者，也只要作口头致歉或送个锦旗就万事大吉了，这种惩罚太轻，甚至可以说不构成惩罚，实质上这是在纵容恶。这种极不合情又不合理的现象不能再持续下去了，我们要通过法律、技术、舆论等多方面的努力使“恶人一定要有恶报”。因为这样才是公平的，才是正义的。

其次，加强社会福利与社会保障制度建设，努力实现社会的公平，使人们过上有尊严的生活。一个和谐友善的社会，一定是一个公正与正义的社会。在这样的社会中，人们的合法利益得以保障，人们的社会理想得以实现，人生的价值得以实现，那么，社会成员怎么会不爱这个社会呢？他怎么会对这个社会产生怨恨与仇恨呢？因而，欲实现社会的和谐，欲达到道德冷漠的社会治理，社会的公平与正义是必不可少的。欲实现社会的公平与正义，就要求国家与社会给人们提供形式正义又要做到实质正义。形式正义实现的是人的法权意义上的平等自由，是机会的平等与规则的平等的实现，尽管形式正义是重要的与必要的，但是形式正义却存有局限与不足。这是因为实质上人的能力、机会与运气恰恰是不平等的，因而平等的自由必然会带来自由的不平等，因此，罗尔斯在提出正义的两个原则时，他在坚持平等自由原则优先性的前提下强调差别原则，差别原则的目的就是要调节社会的权利与义务，要对最少受惠者以最大的关照，从而实现社会的实质正义。即便是与罗尔斯进行论战的保守主义代表人物的诺齐克也并不排斥社会矫正原则——“一个大致的矫正不正义的经验规则也许就是这样的：如此组织社会，以便最大限度地提高这一社会中最后处在最不利状况的那个群体的地位。”①诺齐克这一主张事实上回到罗尔斯的立场上，纯粹的程序正义（形式正义）所带来的结果并非是完善的，它必须要通过矫正方式进行补偿才能达到实质正义。更何况在现实中，“完善的程序正义如果不是不可能，也是很罕见的。”②程序本身的不公（起点的不公与过程中的不公）所造成的结果的不公与程序正义所造成的结果不公交织在一起，从而造成了现实生活中的相当严重的社会不公现象。基于这些不公，社会之中部分人产生了怨恨心理与怨恨情结，那么如何化解社会之中怨恨与暴戾之气呢？只有社会的实质正义。只有通过建立更为健全的社会福利

① [美]诺齐克：《无政府、国家与乌托邦》，何怀宏等译，中国社会科学出版社 1991 年版，第 234 页。

② [美]约翰·罗尔斯：《正义论》，何怀宏等译，中国社会科学出版社 1988 年版，第 81 页。

与社会保障制度，让人人都能共享改革开放的成果，让每个人都有人生出彩的机会与梦想化为现实的可能，那么社会之中的怨恨与暴戾之气就会化解，人与人之间就会友善，社会就不再会出现大规模的冷漠、隔阂与疏离。这些便是政府的能为与应为，并且也是政府的必为之事。

第三，加强公务员队伍建设，增强公务员的职业精神与服务意识，消除制度性冷漠。政府是公器，政府就是为了实现公共利益、公共目标而存在的，这是政府赖以存在的合法性基础，也是政府存在的终极性价值目标。而政府的工作人员——公务员（官僚）——就是因这一职能且为这一职能而存在的，因而从本质讲他们是属"公"且是为"公"，不过，从现实角度来看，他们未必能够完全做到这一点，公务员也存在异化之可能——"公仆"变"老爷"。为什么会出现这种状况呢？既有科层制的原因，也有人性自身的原因。我们先从人性谈起。现实中的任何人都会有灵与肉的矛盾，都会有"小我"与"大我"的冲突。公务员也不例外。对此，卢梭这样写道："在行政官个人身上，我们可以区别三种本质上不同的意志：首先是个人固有的意志，它仅只倾向于个人的特殊利益；其次是全体行政官的共同意志，唯有它关系到君主的利益，我们可以称之为团体的意志，这一团体的意志就其对政府的关系而言则是公共的，就其对国家——政府构成国家的一部分——的关系而言则是个别的；第三是人民的意志或主权者的意志，这一意志无论对被看作是全体的国家而言，还是对被看作是全体的一部分的政府而言，都是公意。……按照自然的次序，则这些不同的意志越是能集中，就变得越活跃。于是公意便总是最弱的，团体的意志占第二位，而个别意志则占一切之中的第一位。因此之故，政府中的每个成员都首先是他自己本人，然后才是行政官，再然后才是公民；而这种级差是与社会秩序所要求的级差直接相反的。”[①]卢梭的这一表述是中肯的，他较为真实地揭露了官僚体制中个体人性及其人性次序。因而，官僚是有个人利益诉求的，并且在有些时候官僚将其个人利益、团体利益置于社会整体利益之上，从而形成备受民众所痛恨的官僚主义——制度性冷漠（官场冷漠、不作为）与腐败。所以，为了实现道德冷漠的社会治理，政府首先就要做好自身冷漠的治理。这就一方面要加强教育，另一方面则要加强制度建设。(1)要加强廉政教育与廉政文化建设。通过廉政教育，一个“自在”的公务员能够实现到“自为”的公务员的转化——由私人性、个体化的“本我”与“自我”向着公共性、社会化的“超我”（即“公仆”）不断地超越。通过教育，使得公务员有正确的权利观与权力观；通过教育，使得公务员明了自己所从事的职业公共服务的价值与意义；通过教育，使得公务员知道哪些是应为哪些是不能为；通过教育，提高公务员的职业道德和职业操守，从而能更好为祖国和人民服务。同时，政府还要通过各种方式惩恶扬善，弘扬真、善、美，贬斥假、恶、丑，创造良好的社会风气与氛围，使全社会上下都有正确的权利观与权力观，形成良性、健康的政治文化与社会风尚。(2)加强政府与完善政府自身制度建设。对于制度性冷漠与腐败治理而言，制度的作用是至关重要的。只有将权力装进制度的笼子中，权力受到监督与制约，权力才能真正地实现为人民服务之目的而不会发生变异。波普尔曾说：“我们需要的与其说是好的人，还不如说是好的制度。”[②]因而，我们要尽快地研究建立预防官员“不作为、慢作为与乱作为”的监督体系，同时对于政府部门以及公务员的考核机制要逐渐地由经济性的指标转向服务性与公益性的指标

① [法]卢梭：《社会契约论》，何兆武译，商务印书馆 2003 年版，第 78—79 页。

② [英]波普尔：《猜想与反驳》，傅季重等译，上海译文出版社 1986 年版，第 491 页。

考核，确保公益不缺席，确保制度性冷漠不出现。

第四，充分调动公益性组织与个人的积极性，通过社会志愿服务来感化人心进而治愈冷漠。现代社会是一个多元社会，现代社会治理的主体不能仅仅是国家，组织与个人事实上均积极参与到社会的治理过程之中，因而一个善治的社会必然是将这三者的作用与功能有机地统一起来。在当代社会治理体系之中，非政府组织与个人的作用是社会治理有益的、必要的补充，这是因为它们具有专业化、志愿性、灵活性等诸多特点，因而在实现道德冷漠的社会治理中同样要注重调动公益性组织与个人的积极性，通过公益性组织与个人的志愿活动将社会温暖传递给需要帮助的人，从而让受救助者(尤其是因见义勇为而被讹诈心理受委屈的英雄)心里得到慰藉，这对于传递正能量、对于常态、正向的道德回报机制的确立非常有益。[①] 同时，政府也应注意个人的志愿服务热情，包括利用“名人效应”来弘扬社会正能量，倡导社会贤达人士积极从事慈善事业，成立慈善事业基金，鼓励人们见义勇为，为社会的公序良俗建立与维系作出有益的贡献。当然，这就要求政府加大对公益组织与志愿者的志愿服务活动提供政策与制度等方

① 比如中国好人网。中国好人网于 2008 年 5 月 19 日汶川地震全国哀悼日由华南师范大学教授谈方创办。其主要目标是彰显一种好人有好报的理念，以及好人一生平安的愿景。主要内容包括好人简介、当代好人、帮好人、做好人、好人图片、好人音像、好人文艺、好人研究、好人评选、好人志愿者、好人基金、好人论坛等。中国好人网的宗旨：“说好人、帮好人、做好人!”到目前为止，中国好人网好人基金下面设立的部分专项基金有：“搀扶老人风险基金”，“永泰见义勇为基金”，“好人养老基金”，“帮好人万里行基金”，“丛飞助学基金”，“保护焦裕禄基金”，“救助志愿者基金”，“保卫钓鱼岛基金”，“汇海爱心基金”，“公益慈善捐赠信息平台基金”，“器官移植帮扶基金”，“李洪华无偿献血帮扶基金”，“尚炳辉爱心基金”，“衰厉害救助弃婴基金”，“邦才助学基金”，“陈铁初爱心基金”，“食品药品行业好人基金”，“重阳基金”，“最佳拍档广州好人基金”，“得利安马机械爱心基金”，“连辉爱心基金”，“陈铁初爱心基金”，“长红伤病救助基金”，“海外华人爱心基金”等 20 多项。(参见“百度百科中国好人网”，https://baike.baidu.com/item)

面的帮助，同时也要求政府对公益组织与志愿者的志愿服务活动加强管理以防止公益组织与志愿者的志愿服务活动的异化。公益组织与志愿者的志愿服务活动也并非至善与全能的，它也有失控的可能与作恶的风险。因此，社会善治就要求政府充分地调动一切积极因素为社会治理做出贡献并同时预防其负作用的发生与出现。

第二节　营造激励向善的风尚

“人之初，性本善，性相近，习相远。”人的本性原来相差无几，为什么后来有了很大的差异呢？根源就在于个人的生活习惯、行为习惯以及其个人生活环境的差异。环境塑造人，环境改变人，人是社会的动物，准确地讲人更是环境的产物，孟母之所以要三迁，原因就是看到了不良的环境对于年幼的孟子产生了不良的影响，而好的环境则使得孟子静下心来读书好礼。唯物史观认为只有合乎人性的环境才能造就真正健全的人。所谓合乎人性生长的环境既指社会有着公正与合理的“显性的”制度安排，同时社会还具有积极与健康的“隐性的”社会道德风尚。良好的社会道德风尚鼓舞着人向上与向善、激励着人进取与卓越，良好的社会道德环境批评社会的阴暗与腐朽、抑制着人的堕落与沉沦。对于道德冷漠的治理而言，良好的社会道德环境是必不可少的。好的环境易造就好的人，恶的环境易造就恶的人。普通人的意志并不像我们所想象的那样坚强，“出污泥而不染”只是个例，绝大多数人是会随波逐流的。因而，欲使人由“旁观者”向“行动者”转变，欲使人由“冷面人”向“热心人”转变，欲使人由“凡夫俗子”向“道德楷模”转变，营造良好的社会道德风尚是必不可少的。

一、净化社会道德环境

社会道德环境的优化，离不开政府、社会与公民的共同努力，其中，政府的作用首当其冲。政府应当且必然营造好道德环境，这是因为一是其职责所在；二是政府有着人才、资金、技术等多方面的资源、途径与方法。

1. 加强舆论导向，重视道德舆论建设

舆论是重要的。“它惩邪恶，奖善良，尊敬一切为公益出力的人。但判断舆论是否正确仍然是法律的本份，这样做就能有力地鼓舞公民遵从道德，防止邪恶。”[①]人生于社会之中，良好的社会氛围会造就良好的社会行为，良好的社会氛围会造就良好的社会公民。因而，我们必须十分重视宣传工作，要加强舆论导向，创造出良好的道德舆论氛围。我们要做善的传声筒与播种机，我们要做恶的灭火器与消防员。曾有一段时间，某些媒体因为过于重视经济效益而忘却了社会责任，媚俗、低俗、庸俗，为了吸引眼球，将凶杀、色情、暴力作为噱头来吸引关注，将演艺名星的家庭琐事、个人隐私、情感问题作为卖点来大肆宣传与报道，反而对于英雄与道德楷模的报道的力度与数量均有不足，同时更值得注意的是对于普通的劳动者媒体则是更少留意。勤劳致富、劳动光荣这样的价值导向在某些媒体上不见了，不劳而获、一夜暴富这样的案例在某些媒体上却得以大肆宣扬；好人有好报、有德人有福这样的报道少了，好人没好报、恶人却很逍遥的报道却屡见不鲜。如此的宣传报道事实上造就了不良的道德氛围与错误的价值导向。我们的新闻媒体一定要扭转这种风气，一定要大张旗鼓地弘扬正气，宣扬真、善、美，抨击假、恶、丑。

---

① [法]霍尔巴赫：《自然政治论》，陈太先译，商务印书馆 1994 年版，第 291 页。

加强舆论导向，一定是通过大力弘扬道德楷模的先进作用。道德楷模即道德的榜样，即道德的英雄。“道德的”就意味着崇高，榜样即是标兵与学习的榜样。道德楷模是一个社会理想人格、精神境界与道德水准的最集中的代表，道德楷模理应成为全社会学习的榜样，道德楷模强化人们的道德认知、激励人们的道德情感、鼓舞人们的道德意志。近些年来，感动中国道德楷模的评选以及最美教师、最美医生等先进人物的评选与表彰活动就使得这些道德楷模为全社会的人们所知晓且被尊崇，同时又掀起持续不断地向英雄学习的热潮，从而推动普遍民众道德水准的大幅度提升。当然，人们向着崇高与先进的学习也是需要条件保障的，这既需要个体的道德自觉，也需要社会道德氛围的优化。在一个学习英雄、崇尚英雄的良好的道德风尚中，人们更易向楷模学习，全社会的道德水准更易得到提升。与此同时，这也要求我们做好道德楷模的宣传工作：第一，充分地肯定道德楷模的先进事迹，做到妇孺皆知，让道德楷模的英雄事迹在全社会流传开来，让普遍民众心灵得到真正的震撼；第二，实事求是，客观如实地报道，对于英雄不能污化，但也不宜过分美化与人为地拔高，过分拔高与美化的英雄固然其形象更为高大，但其真实性却有某种程度的损害，这可能会导致人们对于英雄真实性的怀疑。英雄固然是英雄，但英雄首先是人而不是不食人间烟火的神，因而，在宣传英雄时既要充分地肯定英雄的先进事迹，同时又要注意立体地表现英雄的常态生活，最好做到“有图有真相”，这样的典型人物的典型宣传民众们更易认同，而不会产生怀疑、抵触等负面情绪。第三，利用网络等新兴技术，让手机、微信、微博等新兴自媒体成为正能量的渠道，从而让人们随时随地都接受正能量的舆论宣传，人们在日常中就感受到生活的美好，从而激发起对生活的热爱与对人性善的信念。

同时,创造良好的舆论环境,不仅要表彰先进,还要批评落后,对那些“恶搞英雄”“恶搞历史”等明显有悖于公序良俗的恶行与恶人要大张其鼓地展开批判,对于那些有不良价值取向与导向的媒体与平台进行治理整顿,对于那些媚俗、低俗、恶俗的节目要敢于叫停。只有这样才能确保主流意识形态的强大舆论优势,才能有力地提升社会的精神风貌。

2. 注重培育良好的社会公德与职业道德以及家庭美德

公民道德建设是培育良好道德环境的基础环节。破解道德冷漠、造就良好的社会道德环境,培育良好的社会公道、职业道德与家庭美德是必不可少的。社会公德是社会公民应当遵循的最基本的行为准则,同时也是一个民族与国家的精神文明与道德素养最为直观的体现与展示。社会公德是公民在公共生活领域中应当遵循的基本行为准则,社会公德的基本内容包括“文明礼貌、助人为乐、爱护公物、保护环境、遵纪守法。”社会公德力图实现人与人、人与社会、人与自然和谐。特别是在一个流动性的现代社会,不熟悉的陌生人间的交往需要公民遵守基本的社会公德,人与人之间文明且礼貌,同时助人为乐成为一种社会时尚,那么这样的社会环境中,任何人都感受得到社会的温暖,从而都会将封闭的心打开,会伸出友爱之手,对任何人——熟悉的人与陌生的人——都温暖相待。因而,在这样的社会中,旁观者冷漠的现象就不会发生,受助者冷漠的现象也就不会发生。

职业道德建设是建设良好社会道德环境的关键。这是因为由于专业化分工的出现,社会是由诸多职业所组成的,社会成员分布于诸多的行业与职业之中。社会成员的职业精神与职业素养直接关系到社会道德环境的好坏。职业是任何社会成员所必须的,职业既是个体谋生的需要,又是实现人生价值的需要,更是社会价值实现的需要。每个社会成员在各自的职业之中互帮互助从而实现社会和谐、繁荣与发展。一个行业中的某一部分职业的职业素养的缺失会带来诸多的连锁效应，会造就这一行业甚至社会的信用缺失。当每个人都有良好的职业素养时，都忘我地投入到事业与工作之中时，社会必然是和谐的与稳定的，人心必然是团结的与乐观的。当"爱岗敬业、诚实守信、办事公道、服务群众、奉献社会"这样的职业道德成为普遍的职业操守时，社会便不会冷漠，官僚主义、制度性冷漠便不会发生。

家庭美德是造就良好道德环境的保障与基石。良好的家风更易造就良好的社会公民。由于家庭是社会的细胞，家庭的和美方能造就社会的和谐，良好的家教易造就个体身心的健康，更为重要的是家庭是爱的起始点与加油站。爱是重要的，爱是化解冷漠的春风，爱是开启孤寂的钥匙。那么，什么是爱呢？"所谓爱，一般说来，就是意识到我和别一个人的统一，使我不专为自己而孤立起来；相反地，我只有抛弃我独立的存在，并且知道自己是同别一个人以及别一个人同自己之间的统一，才获得我的自我意识。"[①]温暖的家庭、良好的家风有助于培养个体爱的天性，心中有爱的人就能团结邻里，就能做到"老吾老以及人之老，幼吾幼以及人之幼"，就能去"泛爱众而亲民"。

3. 加强对媒体的有效监管

诸多的报刊、杂志以及新兴的媒介构成了现代社会的精神世界。因而，记者被称为"无冕之王"，从中可见记者在现代社会之中的地位与作用。不过，在商业化为主导的现代社会，记者可能为了追求经济效益而忽视了新闻的真实性，为了吸引眼球，可能就会忘记了媒体的社会责任。对此，雅斯贝斯曾讲道："这种职业最具灾难性的特征乃在于新闻工作的责任与精神创造性会由于记者们不

① [德]黑格尔：《法哲学原理》，范扬、张企泰译，商务印书馆 1961 年版，第 175 页。

得不受制于群众需要和受制于政治经济方面的大人物而受到伤害。我们常常听说一个记者不可能始终保持精神上的正直。如果他要为他的产品找到市场，他就必须诉诸千百万人的本能。追求耸人听闻的效果，描写琐碎的事情，尽量避免他的读者在阅读时费脑筋——这一切都可能使他的写作平庸浅薄乃至低劣。如果新闻界要有所收益，它就不得不愈益服务于政治、经济上的各种权力。在这种受支配的情况下，记者们发挥了故意说谎的技巧并为了那些同他们的更高自我不相一致的事情而极尽宣传之能事。他们不得不奉命写作。”[①]而随着现代科学技术的迅猛发展，尤其是通讯技术使得人们的生存方式发生了巨变，人类真的已进入到互联互通的网络时代，网络的平民性与虚拟性造成了人易成为信息的生产者、传播者与发行者；因此，如何利用新媒体以及如何做好新媒体的监管与治理则是一大挑战。比如突发事件的各种虚假宣传、网络暴力、网上侵权以及网络大V、意见领袖的诱导性与歪曲性报道会对社会舆论产生极大的消极影响。因而，我们要注重新媒体的运用，更要注重对于新媒体的监管。以网络谣言治理为例，在传统社会之中我们可以坚持“谣言不攻自破”“谣言止于智者”，但在新媒体时代对于谣言的治理我们就不能仅仅消极应付。更要积极应对，网络谣言不仅仅止于智止，网络谣言更止于公开，同时网络谣言止于治理。因而，政府一定要加强对于新媒体的监管，一定要将事件的真相向社会与民众及时公开，同时对于网络谣言要加大治理。在信息社会的今天，QQ、微信、微博、陌陌、直播等新兴媒体占据了绝大多数青少年信息来源，如果有意或无意忽视了这一重要的传播方式事实上就是放弃了话语权（尤其是对于青少年的话

---

① [德]卡尔·雅斯贝斯：《时代精神的状况》，王德峰译，上海译文出版社2003年版，第146页。

语权）。因而，我们必须重视新媒体，在强调掌握传统媒体话语权的同时，更要注重对新互联网、手机等新媒体话语权的掌控。同时，完善立法、健全制度就成为一项非常紧迫的任务。我们应该制定网络道德规范与法律规范，加强网络行为监督，对网络犯罪行为加大惩处力度，从而起到震慑与教育的作用。2013 年 8 月"秦火火"与"立二拆四"被刑拘，以及网络谣言传播 500 次就可以被认同为诽谤罪。这些法规对于网络谣言的治理的功效是非常重要与明显的。

二、坚持社会主义核心价值体系，培育与践行社会主义核心价值观

道德冷漠的产生是与人的理想的失落、信念的动摇、价值观的混乱密切相关的。因而，治理道德冷漠，重塑人的精神世界是必不可少的。而欲实现人的精神世界的重塑，欲重塑人的世界观、人生观与价值观，关键在于对社会成员的价值观的引领。这就需要社会核心价值观来引领人们的思想。社会核心价值观是一个社会的道德评判的尺度，反映着国家与国民的精神追求。任何民族与国家都应有且必须有社会核心价值观，具体到当代中国社会，则是要求我们坚持社会主义核心价值体系，培育与践行社会主义核心价值观。

社会主义核心价值体系由马克思主义指导思想、中国特色社会主义共同理想、以爱国主义为核心的民族精神和以改革创新为核心的时代精神以及社会主义荣辱观组成。社会主义核心价值观是社会主义核心价值体系的高度凝炼和集中表达，是社会主义核心价值体系的精神内核，社会主义核心价值观充分体现了社会主义核心价值体系的根本性质、基本特征和实践要求。社会主义核心价值观集中表述为"富强、民主、文明、和谐、自由、平等、公正、法治、爱国、敬业、诚信、友善"。其中，富强、民主、文明、和谐是国家层面的价值目标；自由、平等、公正、法治是社会层面的价值取向；

爱国、敬业、诚信、友善是公民个人层面的价值准则。社会主义核心价值体系与社会主义核心价值观的建设是凝魂聚气、强基固本的基础性工程，是全体中华儿女共有的价值理念与精神追求，具有着重要的理论意义与现实意义。

社会主义核心价值体系与社会主义核心价值观在理论上具有以下几个突出的优点：第一，社会主义核心价值体系与社会主义核心价值观具有科学性。社会主义核心价值体系与社会主义核心价值观是科学理论与社会实践相结合的产物。它源于人们追求社会主义的实践，是实践的总结，并随着人们社会主义运动的实践不断地丰富与发展；同时社会主义核心价值体系与社会主义核心价值观既有长远的终极目标又有具体的阶段性目标，使人觉得理想信念既具有现实性又具有崇高性，从而激励人们不断地提升自己的精神境界与道德水准；社会主义核心价值体系与社会主义核心价值目标既关注人类共识性的价值理念，更关注民族国家的价值观的特殊性与差异性。因此，这样界定的社会主义核心价值体系与社会主义核心价值必然是科学的。第二，社会主义核心价值体系与社会主义核心价值观具有崇高性。社会主义核心价值体系与社会主义核心价值观本身就具有崇高的品质，它以共产主义的实现为最终的社会理想与社会追求，社会主义与共产主义追求的不是个人自身的私利，而着眼于无阶级的、被压迫民族的与全世界人民的自由之实现，因而社会主义核心价值体系与社会主义核心价值观天然就具有崇高性。社会主义核心价值体系与社会主义核心价值观鼓舞着人们奋斗，激励着人们精神上的提升与道德上的升华。同时，社会主义核心价值体系与社会主义核心价值观着眼于崇高，又立足现实。承认当下中国仍处于社会主义初级阶段，因而提出的目标与实现的方法是立足于实际的，从现实的角度来引领人民群众走向崇高。因而社会主义核心价值体系与社会主义核心价值观得到了广泛的认同性。第三，社会主义核心价值体系与社会主义核心价值观具有包容性。社会主义核心价值体系与社会主义核心价值观是对人们一切文明成果批判的继承，它对任何曾经的人类文明都持有开放包容的态度，吸取其中的精华，结合社会发展之所需，不断地对理论进行丰富与发展。因而，社会主义核心价值体系与社会主义核心价值观既具有先进性又具有包容性。社会主义核心价值体系与社会主义核心价值观具有广泛的包容性，是指它承认文化的多样性，承认人的理想与意愿的差异性；承认文化传统、生活习惯的民族差异性，承认社会阶层、利益群体的多元价值取向。当然，社会主义核心价值体系与社会主义核心价值观的包容性并不是纵容"多"的任性与泛滥，社会主义核心价值体系与社会主义核心价值观的包容性就指在承认"多"与允许"多"的基础上强调对"多"的引领，从而实现"一"与"多"的完美的统一。社会主义核心价值体系与社会主义核心价值观既有对"多"的包容与许可，更有对"一"的共识与倡导。社会主义核心价值体系与社会主义核心价值观强调马克思主义在意识形态领域的主导地位，既彰显中国特色社会主义共同理想的主体地位和激励作用，又高扬以爱国主义为核心的民族精神和以改革创新为核心的时代精神，强调社会主义荣辱观对社会成员的道德行为规范作用，这就是价值体系的"一"与"共识"。

从现实角度而言，用社会主义核心价值观引领社会思潮具有着现实性与必然性。第一，任何社会都强调核心价值观的引导，因而运用核心价值观引领社会思潮具有普遍性。任何社会的核心价值观都是意识形态，都要为社会现行的制度与体制加以论证并必须对不利于统治阶级的思想与行为加以斗争、批判与引领。中国古代封建社会"罢黜百家，独尊儒术"，讲求"三纲五常"，推崇"忠孝节义"，这是它将"讲求等级、崇尚礼治"儒家思想作为主导思想、核心价值,因而会对违背这一精神的思想加以批判。资本主义世界也是如此,尽管资本主义世界口头上讲自由、民主、人权,但是它们却禁止宣传共产主义思想,禁止宣传不利于资产阶级利益的思想。第二,当代中国客观存在多样化思潮迫切需要社会主义核心价值观的引领。社会思潮是人们的思想愿望与利益诉求的一种现实化的表达,它既有理性思考的成分又有非理性情感宣泄的成分。社会思潮是社会的晴雨表,它反映了社会现实中真实的社会认知以及社会情感,同时社会思潮也反映着人们强烈的利益诉求与情感宣泄。因此,社会思潮既有理性的成分又有非理性的要素,既有正确的表达也有不合理的诉求。总之,社会思潮是鱼龙混杂、泥沙俱下的。在社会思潮中,有些错误的观点是出现的,甚至有些非马克思主义和反马克思主义的思潮也有所滋长,享乐主义、拜金主义、极端个人主义也会有所抬头,从而使得一些人思想困惑、信仰迷失、理想淡漠。因而面对社会思潮多样化的现实,如果我们不对其加以有效引领,极易造成认识上的模糊和思想上的混乱,甚至有些思潮可能还会被敌对势力所利用,扰乱社会秩序、破坏社会的安定与和谐。第三,培育与践行社会主义核心价值观是实现中华民族伟大复兴的中国梦的需要。建设社会主义核心价值观是巩固全党全国各族人民团结奋斗的共同思想基础的迫切需要,是国家经济社会发展的需要,是提高文化软实力的迫切需要。

那么,怎样培育与践行社会主义核心价值观呢?第一,旗帜鲜明地坚持马克思主义。马克思主义是我们的指导思想,对此我们是毫不动摇的。因而,对各种反马克思主义的思潮,应主动开展针锋相对的斗争,要敢于亮剑;同时对非马克思主义的思潮,则要客观地分析,既要斗争,又要包容、借鉴与吸收。总之,我们应努力创造风清气正的社会生态环境。该倡导的,我们必须要倡导;该包容的,我们就要包容;该批判的,我们就要对其进行批判。第二,大胆地进行理论创新。“马克思主义能否成功地引领多样化的社会思潮，最终要看能否不断增强自己解决问题的能力。其中的关键在于能否成功地运用其基本原理，令人信服地研究、回答和解决历史遗留和现实提出的重大课题，并在这一过程中不断丰富发展自己，使其实践特色、民族特色和时代特色更加富有吸引力和感召力。”[①]社会主义核心价值体系的建立是一不断完善的过程，我们已经确立了社会主义核心价值体系的结构，但我们更应该进一步深化理论。现在进一步的任务是如何来界定对社会主义核心价值观的概括和阐述，如何使我们提出的社会主义核心价值观既精准、又简炼，同时更能深入人心。所有这些都是我们应该将理论进一步加以深化之处。第三、扎实做好理论普及。马克思曾经说过：“理论一经掌握群众，也会变成物质力量。理论只要说服人，就能掌握群众；而理论只要彻底，就能说服人。所谓彻底，就是抓住事物的根本。”[②]这就要求我们不断在理论联系实际上下功夫，在通俗化、大众化上下功夫，不能简单化与表现化，使社会主义核心价值体系成为广大人民群众主动采取的精神形式。这就要求我们不断地创新方法与方式，增强理论说服力和感召力。我们要大量出版理论通俗读物“等这种”将大道理讲清楚、说明白、让群众喜闻乐见的理论书籍；同时我们还要用红色文化、高尚文化占领互联网、手机等媒体阵地，让群众在日常生活中潜移默化地受教育。习近平同志指出：“我们要本着对社会负责、对人民负责的态度，依法加强网络空间治理，加强网络内容建设，做强网上正面宣传，培育积极健康、向上向善的网络文化，用社会主义核心价值观和人类优秀文明成果滋养人心、滋养社会，做到正能量充沛、主旋律高昂，为广

① 张国祚：《论多样化社会思潮的引领》，《求是》2007 年第 14 期，第 15 页。

② 《马克思恩格斯选集》第 1 卷，人民出版社 1995 年版，第 9 页。

大网民特别是青少年营造一个风清气正的网络空间。”[①]总之，要通过教育引导、舆论宣传、文化熏陶等方式，使社会主义核心价值观内化为人们的精神追求，外化为人们自觉行动。

三、对生活世界荣辱观加以引领

荣辱观就是人们对荣誉和耻辱的看法与观点。社会常常用荣辱观评价一种行为，表明社会支持什么或反对什么，否定什么或谴责什么，进而对该行为进行荣辱的评判。因而，荣辱观是一种社会的价值导向。荣辱观有着如此重要的作用，因而任何社会都重视荣辱观的建设。

荣辱观是一历史的范畴，不同的时代、不同的社会、不同的民族会有不同的荣辱观。荣辱观是一阶级的范畴，由于个体在社会中所处的位置、所从属的阶层不同，荣辱的内容与表达形式也不尽相同。因而，即便是相同的符号话语，其代表的真实意思可能也不尽相同。此外，现实生活中个体的生活样式也是多重的(政治的、经济的、文化的、休闲的，等等)。人的生活样式可以做两个大类的划分：政治生活与日常生活(当然，两者之间并不是截然对立的，而是相互影响与相互转换的关系)。基于上述原因，社会荣辱观可以分为民族国家荣辱观与生活世界荣辱观两种。

民族国家荣辱观是民族国家通过国家公权力确立加以倡导并通过国家保障实施的价值观念。民族国家荣辱观有如下的特点：第一，主导性。民族国家荣辱观必定得到政治国家的确认与保障，是国家意志的体现，因而民族国家一定且必然集中国家力量确保其在社会生活中、话语体系中的主导地位。第二，公共性。民族国家荣辱观是国家意志的整体体现，维护的是国家的整体利益，因而

① 《习近平谈治国理政》第二卷，外文出版社 2017 年版，第 337 页。

它总是力图规训与教化社会之中所有的成员，因而无论是统治阶级还是被统治阶级都应遵守，无人能够例外。第三，抽象性。民族国家荣辱观是对生活世界的总结与提炼，它是一系列概念所形成的话语体系，它一定是一种理论的表达，因而，民族国家荣辱观具有高度的抽象性、系统性与学理性。第四，崇高性。民族国家荣辱观是作为一种公共意识形态，它会要求所有的社会成员放弃“小我”走向“大我”，即要求每一社会成员都应朝着崇高与神圣而努力。第五，民族性。民族国家荣辱观一定具有民族性。这种民族性可以做两种理解：一是不同的民族国家会倡导各具民族特色的荣辱观；二是民族国家荣辱观一定且必然反映着该民族独有的民族特质。事实上，民族国家所倡导的荣辱观不仅要成为全体社会成员的行动指南，更要成为全体社会所有成员的精神信仰。一个国家的民族性格与民族精神往往是在民族国家所倡扬价值观作用下形成的。

生活世界荣辱观与民族国家荣辱观既有联系又有区别。生活世界荣辱观顾名思义即在生活世界中被人们实实在在地践行的荣辱观。生活世界荣辱观同样对人的行为加以引领指导。不过，由于生活世界荣辱观源于民众的现实生活，其与民族国家荣辱观确有不同之处。这体现在以下几个方面：第一，世俗性。日常生活世界不同于政治生活，它更多地指向常人真实的现实生活，其所评判的对象是个人的喜怒哀乐、邻里的家长里短、社会的流言蜚语、明星的爱恨情愁，等等。因而，生活世界荣辱观是世俗化的、生活化的道德判断与价值评定，它并不需要直接引用或凭借那些宏大的叙事、玄妙的理论与高深的学问。第二，情感性。日常生活世界中人们的道德评判并不拒斥理性，不过生活世界中人们对事物的认知与评判往往是基于本能式的习惯，人们往往将生活世界中的风俗、习惯、宗教等作为评判标准，而且大多数情况下人们并不探究这些标准本身的合理性，即人们往往只求“如此”而不求“因何如此”。因此，生活世界荣辱观与民族国家所倡导的抽象化、理论化的荣辱观相比则更多地具有个人感性的色彩而较少逻辑的推理过程。第三，从众性。日常生活世界中的人们并不会躲避崇高，日常生活世界中的人们也不排斥英雄，而且日常生活世界中人们也并不反对独立思考，不过日常生活世界中的人们更易选择跟风与从众。如果社会中的大多数人认为这是对的，那么个体也便认为它是对的；如果社会中的大多数认为那是错的，那么个体也便认为它是错的。在日常生活世界中人们对于“新、奇、异”更多的是抵制与批判而非接纳与认同，因而“走自己的路，让别人去说”在日常生活世界中是不易被理解的且不易坚持下来的。第四，灵活性。在日常生活世界，只要不涉及到大是大非等根本问题时，人们对事物的评判可能会采取两可的态度，因为人们认为在某些小的事件上没有必要一定要做出“非此即彼”的判断，这充分体现了日常生活世界中的道德评判的灵活性。当然，这种灵活性并不是一种“无是无非”的骑墙，而是一种明智的生活态度与方式。第五，底线性。在日常生活世界，人们并不反对高尚与神圣，人们对道德标准的上限要求并不十分具体与强烈，但人们对道德标准的底线要求却是具体的与强烈的。在日常生活世界，底线、底线意识是至关重要的，任何人都不能破底线。破了底线也便是坏了规矩——人们千百年来约定俗成、众所周知且人人都应遵守的规则。规矩是极其重要的。谁若是“坏”了规矩，谁便是对传统与习俗的背叛，则会被认为是不可饶恕的，人们将会“驱逐”这个人——身体与心理双重的“隔离”。①

生活世界荣辱观与民族国家荣辱观二者均是社会荣辱观，都

① ［英］齐尔格特·鲍曼：《通过社会学去思考》，高华等译，社会科学文献出社 2002 年版，第 49 页。

是社会荣辱观这一大家庭中的"家庭成员"，二者的有机统一组成了社会荣辱观这一家族概念。社会荣辱观是一种非常重要的意识形态。意识形态的功能是强大的，并且意识形态的作用是多重的。意识形态既是对于客观现实的主观认识，更是对客观世界的现实改造。意识形态首先就要论证社会做出如此制度安排是合理的而且要使人们相信与服从此种制度安排是必需的。通过意识形态的规训与教化，人们形成这样的价值判断：依照现行制度安排生活是正当的与光荣的；违反此种制度安排的生活则是不正当的与耻辱的。因而，在某种程度上意识形态与荣辱观是等同的，意识形态即荣辱观，荣辱观即意识形态。其次，意识形态具有改造的功能，意识形态总是力图希望客观世界按其意愿加以改变。凡符合意识形态要求的存在就应被发扬光大；凡不符合意识形态要求的存在就不应该存在（最起码是不应出现）。因而，意识形态"不光要求人们记住什么，也要求人们忘记什么；不光为人们的思想提供确定的领域，也为人们的思想划出禁区；不光使人获得教养，也使人失去自我；不光使人获得判断力，也使人丧失判断力等等。"①

生活世界荣辱观有着社会荣辱观一般性的作用与功能。社会荣辱感不仅仅具有认识功能，还具有规范功能与调节功能。这也就是说社会荣辱观的作用与价值不仅仅在于认识世界更在于改造世界。社会荣辱观通过道德原则对一种行为进行是非、荣辱、善恶等道德评判，表明支持什么与反对什么、肯定什么与谴责什么，并借此来实现对人们行为的引导。同时，社会荣辱观还制造一种集体认知、形成一种公众信仰，造就民族性格与民族精神。生活世界荣辱观除了具有社会荣辱观的一般共性之外，还具有其特性。与民族国家所倡导正统道德（荣辱观）的权威性、理论性与崇高性相

① 俞吾金：《意识形态论》，上海人民出版社 1993 年版，第 134 页。

比，源于普通人真实生活之上形成生活世界的荣辱感则具有俗世道德之民间性、朴素性与世俗性的特质。生活世界荣辱观的这些特质与属性并不是无足轻重的，它是有着独特的作用与功能的。首先，生活世界荣辱观是人们生活中真实的价值选择，是人们真实生活样式的表现。因而，真正地反映一个社会真实精神面貌与道德水准的恰恰是生活世界荣辱观，生活世界荣辱观是社会进行道德建设的真实起点。其次，生活世界是个体德性生成的源泉与根基，生活世界荣辱观对个体心性之养成与人格之确立具有直接影响力，生活世界荣辱观不仅决定着个体道德发展的前景而且还对社会发展的方向具有相当的作用。第三，生活世界荣辱观是民族国家荣辱观起作用最重要的载体与最直接的途径。民族国家荣辱观一定且必然要转化为生活世界荣辱观或者是通过生活世界荣辱观才能发挥作用。如果民族国家荣辱观不能很好地被生活世界所接受与认同，那么其就极可能浮于表面、流于形式，不能真正地引导人们的行为。

生活世界荣辱观与民族国家荣辱观绝大多数情况下是一致的，但在个别情况也会有矛盾与冲突之可能。比如宋明时期，朱熹等理学家所提出的且被朝廷所大力倡导的“存天理，灭人欲”的禁欲主义生活方式与价值取向同人们的现实生活有很大的距离，普通人很难真正地从内心去接受与认同这样的生活方式与价值取向但又不便或不能公开拒绝因而只能装模作样地做一些表面文章糊弄他人、甚至是糊弄自己，这样的结果是可怕的与可悲的。因为它造就了书写历史与口头叙事的背离以及个体人格的不统一。那么，究竟应该怎样看待民族国家荣辱观与生活世界荣辱观偶尔不一致这一现象呢？首先，应采取实事求是的态度，承认两者存在对立的可能。其次，不应过分夸大两者的对立，更要看到与强调两者的关联与统一。第三，不能因为存在两者对立的可能就完全否定民族国家共同体所倡导的荣辱观的现实性，那种认为民族国家荣辱观是与现实生活世界完全背离的假、大、空的观点是错误的。第四，生活世界荣辱观是“现存的”而非“现实的”，生活世界荣辱观未必全部是合理的，其中具有不合理的成分。对此，我们也应该正视而非回避。

生活世界荣辱观是存有不足的。生活世界荣辱观之世俗性造就了生活世界荣辱观的神圣感与庄严感缺失；生活世界荣辱观之情感性造就了生活世界荣辱观的逻辑性与严谨性不足；生活世界荣辱观之从众性造就了生活世界荣辱观的自觉性与独创性不及；生活世界荣辱观之灵活性造就了生活世界荣辱观的严肃性与原则性欠缺；生活世界荣辱观之底线性造就了生活世界荣辱观的彻底性与崇高性缺乏。在此我们仅举一例来说明生活世界荣辱观的理论困境与现实困境。在日常生活世界人们似乎有这样一个道德底线性原则——“兔子不吃窝边草”。即一个小偷只要不偷左邻右舍、街坊四邻，那么这样的小偷就不是一个最坏意义上的小偷，就是一个可以容忍的小偷。但问题的关键在于为何偷盗熟人是不被允许的而偷盗陌生人就是可以容忍的？它的理据何在？事实上，作贼本身就是不对的，无论偷谁都不是光荣的，都是可耻的，都应该进行批判的。而生活世界中的不少类似“兔子不吃窝边草”这样的底线原则给恶人作坏事开了个口子、留下了一定的自我辩护空间，这样做事实上就是在容忍恶甚至是纵容恶。这些便是生活世界荣辱观的不足。

正因为生活世界荣辱观并非是完美无缺的，生活世界荣辱观是存有局限的，生活世界荣辱观是需要被引领与提升的。那么，生活世界荣辱观需要被谁引领呢？又该怎样被提升呢？首先，要重视民族国家对生活世界荣辱观的引领。社会荣辱观的形成(特别是生活世界荣辱观)决不是自发而生成，生活世界荣辱观是被建构而成的。社会荣辱观的生成一定且必然是经过教育的熏陶、制度的诱导与保证而形成的。在社会荣辱观(包括生活世界荣辱观)被建构的这一过程之中,民族国家起着决定性作用。因而,民族国家要做好对生活世界荣辱观的有效引导。民族国家的价值引导决定着生活世界中人们的价值观念的走向,并为人们提供是非善恶的标准。生活世界荣辱观一定且必然要与民族国家荣辱观相协调,如果一种生活世界荣辱观与民族国家荣辱观相对立,那么它是很难存活下来的(尤其是想长期保持存在)。生活世界荣辱观与民族国家荣辱观确如孔子——"君子之德风,小人之德草,草上之风必偃"(《论语·颜渊》),民族国家荣辱观就像风,而生活世界荣辱观则像草。生活世界荣辱观一定受民族国家荣辱观的导引,反映民族国家荣辱观的内容并确保民族国家荣辱观的贯彻实施。认真思考,我们就会发觉这样的事实:日常生活世界中的爱国情感以及孝老爱亲等传统价值观念的积淀,无一不是在民族国家的倡导下影响到生活世界,形成社会舆论,化为人们的日常生活经验表达;人们之所以普遍以爱国为荣、忠孝为荣而以出卖国家、六亲不认为耻就是因为民族国家长期的规训与教化使之化为生活世界中百姓的日常伦理了。

因此,这就需要切实增强民族国家对生活世界荣辱观的引领。这就要求做到以下几点:(1)增强对意识形态工作重要性的认知。意识形态的工作决不是无足轻重的,意识形态的建设与维护有着极其重要的作用。政权的巩固、社会的稳定、经济的发展等均离不开意识形态的维系与加强。如果轻视或忽视意识形态工作,后果将是非常严重的。因为"如果从观念上来考察,那么一定的意识形式的解体足以使整个时代覆灭。"①(2)增强意识形态工作方法创

---

① 《马克思恩格斯全集》第46卷(下册),人民出版社1979年版,第35页。

新的认知。民族国家要改变以往意识形态的高高在上性、神圣不可侵犯性、唯我独尊性，要使意识形态工作更加贴近群众、贴近生活。要与时俱进，使意识形态建设充满时代性、包容性和真实性。所谓时代性是指意识形态要紧密地与时代同步，敢于面对新问题与新挑战，不断地适应与反映时代的变迁，同时提出新的理论应答；所谓包容性是指意识形态要能够对现实生活中不同的生活方式、价值理想存在的多样性给予适度的认可与宽容；所谓真实性就是指意识形态不能仅仅成为部分人的价值取向，而要成为全社会最大多数人的价值取向，要成为最大多数的最大的道德需要。(3)创新宣传的方式与方法，采用群众喜闻乐见的方式宣扬社会主义核心价值观。要依靠群众、发动群众，通过道德楷模的评比活动，通过对见义勇为、助人为乐、诚实守信、孝老爱亲等道德楷模宣传，在全社会形成学习、崇尚、争当道德模范的良好社会风尚。(4)加强社会主义文化建设，特别是高雅文化建设，要通过高尚的作品鼓舞人、激励人，继续大力坚持反庸俗、低俗与媚俗之风。

总之，一个社会的精神风貌要想保持正常的运转，必须要有良好的道德机制，必须要做到生活世界荣辱观与民族国家荣辱观良性互动。民族国家所倡导的价值观得到了生活世界的积极支持；生活世界所认同的价值观得到了民族国家的良性引导。这样一来，整个社会从理想价值到社会结构、从生活世界到政治国家配合协调，就有了共同或相通的精神实质。只有这样，我们才能更好地培育与践行社会主义核心价值观；只有这样，我们才能更好地创造好的道德风尚。

第三节　造就培育好人的教育

何以成人？唯有教育！“因为人是通过教育才成为人，才成为人应有的样子；这是人的第二次诞生。”[①]人只有通过教育方能真正地成长为人！当然，对于应成为什么样的人来讲也要做正确的理解。教育的目的是培育真正的人是具有着主体意识、权利意识的公民。教育是要有规训与教化，但规训与教化只是手段，教育的目的是使人自由。只有有了好的教育，方能造就好的公民与好的社会。好的教育就是培育良好公民的教育，就是造就人的自由全面发展的教育。好的教育既使公民具有良好的职业技能，又使公民具有更高的道德理想与社会理想。好的教育不仅仅会使人求得一份好的工作，好的教育还会使人求得一份好的生活，好的教育还会使人追求好的社会。好的教育最终目的是造就健全的人而非会听话的奴隶。以培养奴隶为目的的教育最后会导致全社会智力的下降，这是因为“绝对的服从，就意味着服从者是愚蠢的，甚至连发命令的人也是愚蠢的，因为他无须思想、怀疑或推理，他只要表示一下自己的意愿就够了。”[②]以培养奴隶为目的的教育最后会导致全社会道德水准的败坏，在这样的社会中，谁也不觉得自己就是主人，谁都不愿意负责，因而冷漠的现象就会不断地出现。一个人接受着何种教育意味着他将变为一个什么样的人。为了治愈道德冷漠，我们必须重视教育，营造良好的社会氛围，造就真正符合人性发展的好的教育。唯如此，好的人方能不断地涌现出来；唯如此，好的社会方能形成并将变得越来越好。

一、教育的本质及其偏离

1. 教育的本质与目的

什么是教育呢？对此，人们的争论会很多。在此，笔者通过知

① [德]黑格尔：《哲学史讲演录》第二卷，贺麟、王太庆译，商务印书馆 1960 年版，第 134 页。

② [法]孟德斯鸠：《论法的精神》上册，张雁深译，商务印书馆 1959 年版，第 39 页。

识考古的方式对于教育的本质与目的作一简要的梳理。

柏拉图是西方世界最早对于教育本质、教育的功能及其如何教育进行系统论证的思想家。柏拉图在《理想国》一书中通过“洞穴比喻”的假说来论证了教育的重要性。教育能够使人由“下”到“上”，教育能够使人由“黑暗”达致“光明”，教育能够使人由“懵懂”走向“澄明”。在柏拉图看来，教育的最终目的是引导人们实现“灵魂的转向”——“作为整体的灵魂必须转离变化世界，直至它的‘眼睛’得以正面观看实在，观看所有实在中最明亮者，即我们所说的善者。”①尽管柏拉图的教育思想有着浓重的唯心主义成分，但其对于教育的本质等相关内容的理解也是有合理性成分的。教育不应仅仅是知识的传授，教育更要塑造人的德性；教育不仅仅要消除感性世界对人灵魂的遮蔽，教育还要使人获得凝视至善理念的能力。柏拉图认为，通过教育人能够超越感性世界的困扰和遮蔽，人能够重新发现世界的本源与真理。因而，教育能够造就好的公民，教育使人内心的欲望、激情与理智完美调和以实现个体的正义；教育还能造就好的城邦，城邦中的人各安其份、各守其责，城邦便是正义的城邦。以“吾爱吾师，但吾更爱真理”著称的亚里士多德对于教育的看点与其教师柏拉图也不尽相同。亚里士多德认为立法者应该关注教育，特别是青少年的教育，教育的内容包括读写、体育与音乐以及绘画。但亚里士多德并不认为这就是教育的最主要的内容，亚里士多德主张在教育公民子女的内容当中，一定要加上既不立足实用也不立足于必需的而完全是了为自由而高尚的情操的教育，即教育最终要以德性为最为关切的目标。② 亚里士多德与其老师柏拉图一样都是主张教育是为造就完美的德性。亚里士

---

① [古希腊]柏拉图：《理想国》，郭斌和、张竹明译，商务印书馆 1986 年版，第 277 页。

② [古希腊]亚里士多德：《政治学》，颜一、秦典华译，中国人民大学出版社 2003 年版，第 267—282 页。

多德重视人的全面发展，人既要有德育与体育还要有美育。亚里士多德并不反对娱乐，这是因为在亚里士多德看来娱乐是有好处的——“娱乐是为了松弛，而松弛必定带来享受，它是医治劳苦的良药；至于消遣，人们公认它不仅包含高尚，而且包含愉悦，幸福就由这两者构成。”①

德国古典哲学大师黑格尔同样重视教育。黑格尔认为教育能够实现人的自由。在黑格尔看来，教育绝不是束缚与压抑，“教育的绝对规定就是解放以及达到更高解放的工作。”②黑格尔所讲的“解放”事实上有两层含义：第一种是工具意义上的解放，即教育通过知识的传授、理解与掌握，人对于外界必然性的认识逐渐增多，从而人改造世界的能力也随之强化，人实现自身欲求之可能便越大，这即我们通常所讲的人类社会由“必然王国”向“自由王国”飞跃。其实，这种解放是人在认识论（认识——实践论）意义上的解放。第二种解放是目的意义上的解放，它是指人在人的社会实践活动中，人对社会、人生意义的理解逐渐地升华，人的天性逐渐地由自然天性向社会天性转化，人的精神逐渐地由特殊性向普遍性的飞跃。这时的人便由低俗走向崇高，由虚幻走向真实，这时的人便是中国古人所讲的“真人”与“至人”，因而，这种解放即人在本体论上意义上的解放。当然，欲达致教育的此种解放实现是不易的。对个体的自然性、任性的升华与转化是一项艰苦的工作与漫长的过程。不过这却是人之为人的必需与必然。唯如此，人方能成其为人；唯如此，人方能称其为人。同时，教育能够使个体由纯粹的自然人成为合格的国家公民。纯粹的自然人是特殊的、个别的与任性，唯有通过教育方能使个体具有普遍性、共同性与理性。

① [古希腊]亚里士多德：《政治学》，颜一、秦典华译，中国人民大学出版社 2003 年版，第 274 页。

② [德]黑格尔：《法哲学原理》，范扬、张企泰译，商务印书馆 1961 年版，第 202 页。

将个体的特殊性加以打磨与雕琢的是纪律。通过纪律、通过规训与教化，个体实现了与普遍性与客观性的同一与统一。这样，个体才会真正地认知个体与社会的关系，个体才会告别纯粹的唯我主义，个体才会有真正的社会共同体意识。此外，黑格尔认为教育能够使人有教养。"有教养的人首先是指能做别人做的事而不表示自己特异性的人，至于没有教养的人正要表示这种特异性，因为他们的举止行动是不遵循事物的普遍特性的。在对其他人的关系上，没有教养的人还容易得罪别人，因为这些人只顾自己直冲，而不想到别人如何感觉。"①一句话，教育使人由无教养迈向有教养。

通过上述思想家对教育的相关论述，我们可以看出教育就是将人的能力由潜在变为显在，通过拥有知识使人从自然、社会与自身的束缚中解放出来，从而实现个体的自由与社会的自由。教育的作用与功效是巨大的。教育的重要性不仅仅在于使人之为人，教育还对于民族国家与社会发展具有重要的作用。对于教育的社会功能，英国古典政治经济学家亚当·斯密说道："这般人民有了教育，国家可受益不浅呢。在无知的国民间，狂热和迷信，往往惹起最可怕的扰乱。一般下级人民所受教育愈多，愈不会受狂热和迷信的迷惑。加之，有教育有知识的人，常比无知识而愚笨的人，更知礼节，更守秩序。他们各个人都觉得自己的人格更高尚，自己更可能得到法律上、长上的尊敬，因而他们就更加尊敬那些长上。"②联合国教科文组织国际教育发展委员会在其编著的《学会生存》一书中指出教育的目的主要有两个：技术与科学的人道主义。技术是实现效率的提升、社会财富增加的保障，技术使人免于物的

---

① [德]黑格尔：《法哲学原理》，范扬、张企泰译，商务印书馆 1961 年版，第 202—203 页。

② [英]亚当·斯密：《国民财富的性质和原因的研究》下卷，郭大力、王亚南译，商务印书馆 1974 年版，第 345 页。

匮乏的恐惧；而科学的人道主义是指“它的目的主要是关心人和他的福利；它又是科学的，因为它的人道主义的内容还要通过科学对人与世界的知识领域继续不断地作出新贡献而加以规定和充实。”①

总之，教育不能仅仅是知识的传授，教育不能仅仅是职业训练，教育的核心在于培养“完整的人”。完整的人并不是“上知天文、下晓地理”式的无所不知、无所不能的人，完整的人其实是一个自知自己理性有限且能力有限的人，不过完整的人从不会怀疑自己的基本信念以及他对生活的基本理念。教育不仅给我们以知识，还给我们智慧；教育不仅给我们以力量，还给我们德性；教育不仅给我们以纪律，教育还给我们以自由。教育能够使人在认识论的领域由必然王国走向自由王国，能够使人从存在本体论的领域实现由懵懂走向澄明。当然，教育既不是无能的，教育也不是万能的。对于教育的作用联合国教科文组织国际教育发展委员会给予了恰如其分的评价：“教育的本身不能单独克服社会的邪恶，它就应该力求增进人民控制自己命运的能力。教育就应该努力帮助每一个人发展他自己的能力，从而实现亿万人民潜在的能力，解放群众的创造力。”②

2. 教育本质的偏离

教育对其本质的偏离是错误的，但是这种错误却是经常发生的。原因有很多：一是学校的原因，二是学生的原因，三是社会的原因。仅就学校而言，任何学校都是一组织，任何组织都要生存乃至于生存的更好，这就要争取获得更多的社会资源。而资源的获得则需要竞争、需要实力，需要亮眼的数据。因而，学校——尽管

① 联合国教科文组织国际教育发展委员会：《学会生存：教育世界的今天和明天》，华东师范大学比较教育研究所译，教育科学出版社 1996 年版，第 8 页。

② 联合国教科文组织国际教育发展委员会：《学会生存：教育世界的今天和明天》，华东师范大学比较教育研究所译，教育科学出版社 1996 年版，第 111—112 页。

理论上更多地属于事业单位（其运行源于政府拨款），但其为了更好地获取资源，增强学校的社会的知名度与美誉度是至关重要的。那么学校的社会的知名度与美誉度源自何方呢？那就是各种量化的社会排名表。如果作一简化处理，就中小学而言就是升学率，就大学而言则是就业率。在此，我们以大学为例加以分析。大学是为社会培养人才的机构，同时大学也是追求知识、真理与智慧的地方，这两者在理论上并不存在矛盾，然而事实上却存在着冲突的——"一个是纯粹对真理的追求；另一个也是大学所公认的，就是为人们毕生的事业作准备。"①如何做到两者的统一对于任何一个存在于竞争激烈现代社会的大学而言都必然是要认真思考的事情。过于关注对纯粹真理的追求而忽视了学生的就业则会显得过于理想、过于浪漫从而在现实之中步履维艰；而过于关注学生的就业而忽视对于真理的追求则有失大学的本质从而降低了大学的位格。而就学生而言，谋生的需要对于绝大多数的学子来讲都居首要的位置，找到一个好的工作、过一份理想的生活的这种职业理想与生活理想是其初心。而对于社会而言，经济的增长、社会的进步离不开高水平的人才，并且社会往往需要立竿见影、即插即用型的技术型人才，因而，在工具理性高扬、功利性思维占优的现代社会，教育的迷失是不难理解的事情。对于教育的迷失，雅斯贝斯是这样描述的"我们的时代在教育问题上的不安以下述情形为征兆：教师们在缺乏任何统一的教育思想的情况下强化着自身的努力；论教育的新书层出不穷；教学技巧持续地扩充。……一种尝试迅速地为另一种尝试所取代。教育的内容、目标和方法不时地被改变。这是一个对自身没有信心的时代，它焦虑地关注着教育，仿佛

---

① ［美］罗伯特·M. 赫钦斯：《美国高等教育》，汪利兵译，浙江教育出版社 2001 年版，第 20 页。

在这个领域中有可能再次从虚无中创造出某种事物来。”[①]现代社会教育的迷失主要有以下三个表现：教育的庸俗化、教育的职业化与教育的功利化。

第一，教育的庸俗化。教育的庸俗化是指教育体系之中的相关各方均不再将教育视为崇高与神圣的事业，事实上都将教育矮化与庸俗化。教育的管理者不再将学校视为真理与智慧的摇篮，不再将自由与真理视作教育的最终价值追求，反而将教育降格为职业训练、将大学视作技能培训的职业技术学院。教育体系之中教师也将自身角色的神圣性加以祛魅——不再将自身看作“传道、授业、解惑”的“代圣人言的”人师而是将教师这一工作岗位视为谋生的手段，将自己视作一个普通的员工，换句话讲，就是教师将自己由“朝圣者”变为了“异乡人”。而教育体系之中的另外一个重要组成部分——学生——也自愿将自己矮化，不再追求神圣与崇高，不再追求理想与卓越，而满足于及格与达标，满足于躲避崇高。许多学生尽管也是非常努力的，但是努力的目标仅仅是个人过上好生活，仅仅求得个人找个好工作、好生活，而忽视了对好的世界、好的社会的向往与追求。

第二，教育的职业化。教育的职业化就是将就业、找工作视作教育的首要的乃至是唯一的目的，从而忘记了教育是人的解放的这一本质。教育的职业化倾向在现代性社会各级学校中均有明显的体现，中小学如是，大学则更加鲜明。大家都在强调教育的重要性与学习的重要性，但对于学习之后到底要做什么并未有过深思，更多的是人云亦云。“职业教育主义会导致浅薄和孤立”[②]。教育

---

① [德]卡尔·雅斯贝斯：《时代精神的状况》，王德峰译，上海译文出版社 2003 年版，第 118—119 页。

② [美]罗伯特·M. 赫钦斯：《美国高等教育》，汪利兵译，浙江教育出版社 2001 年版，第 25 页。

的职业化造就了人的浅薄。教育的职业化造就了现行的教育仅仅注重教育的工具意义而忽视了教育的目的意义。教育的职业化仅仅强调就业，满足于个体成为社会体系中的一个部件并以此为成功的标示。因此，教育的职业化忽视了对于人生活意义的思考，造就了人的人文知识与人文素养的缺乏，从而使人显得异常的浅薄与肤浅。同时，教育的职业化还造就了人的孤立。为什么教育的职业化会造就人的孤立呢？根源就在于以就业为核心与导向的教育造就的教育的位格以及个体品位的下降，一切都以个体找到工作为中心与重点，那么，与他人的合作、追求社会的、自然的与世界的美好这样的理念很难出现在个体意识之中，同时个体还会将他者视作自己竞争的对手、成功的障碍而非合作的伙伴。教育的职业化事实上是以个体为中心的价值导向，事实上以竞争为核心的价值导向，它使得人完全以自我为中心，不会关心他者，更不会有合作意识与协作精神。因此，教育的职业化造就了个体的孤立。

第三，教育的功利化。教育的功利化是指教育的评判完全是以功利来作评判的标准。从理论上讲，校园、教育应是一方净土，应给社会以反省、批判与导引，因而教育不能、不应过于功利化。然而，事实上教育的功利化却是个不争的事实。我们在前文中指出，功利化思维是现代社会主导性话语体系。追求现实的利益、达到利益的最大化恰恰就是现代社会的动力与动机之所在。这是毋庸置疑的。因此，构成现代社会的一部分的教育整体具有功利化倾向也是自然而然的事情。教育的功利化首先就表现在教育的管理者以功利化的思维来考评教育同样以现在评价大学为例。现有大学评价体系中更多的是以出多少院士、双一流学科、杰出校友、就业率、升学率等相关的数据对学校加以考评进而进行相应的财政拨款；而教师也以自己每年的科研数量进行绩效考核，总之，一切紧紧地围绕着绩效考核的指挥棒转，凡有利于绩效考核的事情则干，凡不利于绩效考核的事能不干就不干。而学生则更加地现实化，从小就上各种补习班、辅导班，考各种证书，学生们之所以如此地努力并非天性的热爱而是证书是有用的。受过这样教育的人会以何种态度看待社会与人生呢？他们必然会以有用性来看社会与人生，因而他们往往变得冷酷与冷漠的。仔细思考，我们就会发觉“不能让孩子输在起跑线上”“一分干掉一万人”这样的看似励志的口号背后隐含着冷漠与冷酷的基因，它会使学生造成病态的竞争，造成个体之间的疏离、陌化与敌视；相反那些看似无用的人与事物，个人则采取视而不见的态度，这样冷漠与冷酷的心理便在个体身上埋下了种子，一旦条件适合便会野蛮生长，当代社会中的道德冷漠现象与教育的功利化是不无关系的。

二、增强与改进教育的内容

奥迪曾说：“德性无法通过各种道德领域的价值观念而获得，它通常是通过模仿与社会化而形成，如果没有榜样，它也许便无法教予人。”[①]因而，公民德性的养成，一定且必然是通过教育（尤其是学校教育）得以形成的。因此，我们必须要重视教育（学校教育），改进学校教育的内容。要求我们的教育内容必须具有时代性、针对性与层次性。教育的内容不能是千年不变的，一定要与时俱进；教育的内容要有强烈的针对性，教育的对象与力求达到的目的是非常明确的。不能不分对象而千篇一律，那样就不会有很好的教学效果。教学内容的层次性是指道德要求应有程度上的差别，对于先进分子应有较高的要求；而对普通的人则要有基准的要求。

① 转引自杨国荣：《道德系统中的德性》，《中国社会科学》2000 年第 3 期，第 96 页。

1. 要增加仁爱与感恩的教育

竞争与合作是人间的常态，如何处理与协调好人与人的关系在任何社会都是一个问题，而对于现代社会而言更是如此。人与人之间有竞争的成分，人与人之间事实上存在着某种程度上斗争，当然(不一定是你死我活的斗争)但是不能因此就否认人与人之间是有合作之可能，人与人之间会形成友善的人际关系。现代社会讲求的是竞争性合作、冲突性共谋。现代社会也不是只讲丛林法则的冷冰冰的社会，现代社会里应充满了关爱与友善。仁爱可以简单地理解为爱，仁爱首先是要爱自己，然后是爱他人与社会，最后还要升华为爱自然。在仁爱的价值序列中由自爱到他爱是最为关键的一步。这是因为仁爱之中包含着关怀、责任、尊重、理解。有人可能会讲，既然现代社会中教育要加强刚毅的内容，现在又讲现代社会中教育还要加上仁爱的内容，这两者不矛盾吗？其实，这两者并不矛盾。仁爱与刚毅并不是对立的关系，而是紧密相联的。孔子曾讲："刚毅木讷近乎仁""仁者无敌""惟仁者能好人，能恶人。"真正仁爱之人既充满了博爱的胸怀，同时又充实了正义之感。仁爱就是爱人，把人当作人看而非把人视作蝼蚁或禽兽；仁爱讲求将心比心，讲求推己及人，因而具有仁爱之德的人一定是一个具有古道热肠的好心人与热心人，一定会见义勇为与救民于水火的。因而，我们的教育一定要加强仁爱的教育，把人当人看，把人视作目的而非手段。同时，教育的内容中要加强感恩的教育。感恩是一种"滴水之恩当以涌泉相报"以德报德的道德心理与道德行为。曾经有一个阶段，片面追求成功的"虎爸"与"狼妈"式的教育盛行一时，但那种教育是有明显的缺陷的，通过只讲竞争、光顾自己的教育所造就的"虎子"与"狼孩"是不会有报恩意识的，他们认为这一切都是理所当然的，他们既不会感恩他人与社会，更不会感源自然与生态。总之，缺乏感恩意识的人一定是冷酷的人、刻薄的人、道德冷漠的人。我们的教育中要增强感恩意识的教育。我们的教育要注重培育个体对父母、老师、社会的感激之情。同时，我们的教育还要加上生态文明的内容，通过教育使人们对于自然生态要心存敬畏、心怀感激，这样方能造就一个真正的温情的现代型公民。

2. 要增加勇敢与刚毅的教育

中肯地讲，我们以往的宣传与教育中缺少了些勇敢与刚毅的内容，缺少了些豪迈英雄以及侠肝义胆英雄的报道，反而是演艺圈里的歌星、影星抑或小鲜肉充斥了媒体，甚至有些教科书以所谓的血腥暴力等不合乎现代社会精神的理由逐渐将古代的见义勇为的英雄、打抱不平的好汉等内容从中小学课本删除。[①] 对此，我们应该加以反思。我们的社会还需要不需要英雄？又该怎样对待英雄？社会越来越进步，人类越来越文明，这是毋需否定的进步。不过社会在进步的同时社会还有没有欠缺与不足呢？社会还要不要克服困难而前行呢？答案是肯定的。我们的社会要进步，要克服前进中的种种艰难险阻。因而，没有刚毅的精神怎么能行？没有英雄精神的感召与激励又怎么能行？强调和平的因素、注重生活中的美好固然没错，但是我们怎样保障和平与美好生活呢？我们又该怎样克服危机与消除阴暗呢？若是没有勇敢与坚强的精神，人是不会有血性与豪情的。有意或无意忽视生活中的阴暗与不美好，仅仅强调世间的温情与博爱其实是一种伪善，并且是一种残忍的伪善。它无助于美好生活与美好世界的实现，并且是以牺牲人民的真实幸福来换得其博爱的虚名。在当今世界，面对强权与不正义，必须要有人拍案而起，勇于抗争，唯如此方能实现世界的公

① 比如，2016年起，《鲁提辖拳打镇关西》这篇原先的见义勇为、义薄云天的文章就因有描写血腥暴力等情结从中小学文课本中删除。（参见"新版语文教材为何拿下《鲁提辖拳打镇关西》？"http://www.sohu.com/a/77710649_160800）

平与正义；在当今社会，面对着老人摔倒、游人落水等危急场景，必须要有人挺身而出，见义勇为，唯如此，社会方能温暖与和谐。没有勇敢与坚毅，任何进步都无法实现；没有勇敢与坚毅，邪恶就会沉渣泛起。因而，我们的教育中一定要加强勇敢与坚毅的内容，一定要加强英雄与楷模宣传。只有全社会崇尚英雄，正气压倒歪风，英雄才会不断出现，见义勇为才会成为时尚，道德冷漠才会减少。否则，一个缺乏勇敢刚毅的社会、一个充满道德虚无主义的社会、一个精神萎靡的社会怎么可能会大规模地出现挺身而出的英雄呢？因为从骨子里他们就没有英雄的记忆，就没有英雄气概，自然便不会有英雄的壮举。当然，我们所宣传的英雄（尤其是当代的道德楷模）一定要具有真实性、时代性与典型性，使普通的公民信而不疑、学而不弃。

3. 要增加社会责任感的教育

教育从最本源的意义来讲即是承担起为社会培养合格公民的社会责任。公民是社会的主人而不是臣民或是小民，公民是社会的建设者而不是旁观者。因而公民的核心就是要有责任意识。责任是人之为人的关键。失却了责任人就不成其为人。因而人必须要承担责任。“人类绝对的和崇高的使命，就在于他知道什么是善和什么是恶，他的使命便是他的鉴别善恶的能力。总而言之，人类对于道德要负责的，不但对恶负责，对善也要负责；不仅仅对于一个特殊事物负责，对于一切事物负责，而且对于附属于他的个人自由的善和恶也要负责。”[①]因而，责任从本质上来讲是无限的而非有限的（当然，在具体操作过程中，对于责任的担当是有限度）。责任意识的养成有赖于个人身份的确立与形成，而人的身份是有稳定的身份与扩展的身份的区别的。所谓稳定的身份包括家庭、民

① [德]黑格尔：《历史哲学》，王造时译，上海书店出版社 1999 年版，第 34 页。

族、国藉、职业等等，而扩展的身份则包括兴趣小组、志愿者组织等身份。不过在这其中，公民身份是个体一生中最重要与最稳定的身份。因而在教育中(特别是学校教育中)要加强公民意识及其公民能力的培育与教育。公民既是一种称谓又是一种要求，公民既有权利又有义务。公民要享有权利但更要尽义务，且有能力尽好义务。衡量一个人是否是合格的公民就要看其有没有尽到公民义务的意识以及是否有能力尽到公民义务；同理，衡量一个学校好坏的标志也要看其培养的人才是否有公民意识且有能力履行公民义务。因此，这就要求学校教育要以培育全面发展的人才为目标，就要求我们的教育(学校教育)以培育合格的社会主义事业接班人为目标，因而就要求我们加大社会责任感的教育以培育社会主义社会的合格公民。只有公民才会觉得自己是社会与国家的主人，才会有“家是我的家、国是我的国”这样的意识，才会在关键的时候挺身而出，才会成为行动者而非参观者。

三、教育策略与教育方法的转变

重视与加强教育，不仅应该强调教育内容的调整与完善，更应该注重教育策略与方法上的创新与转变，方法是重要的，没有好的方法，即便有好的内容也不能达到预期的效果。

1. 重视学生道德情感和道德意志的培养

我们在前文已指出，道德既包括道德认知、道德情感与道德意志三个部分，道德是这三个部分的统一。道德认知是重要的，它是道德行为的指南针，它决定着个体如何看待善恶、是非、荣辱等道德判断，并进而对人们的道德行为加以引领。不过，道德情感与道德意志在道德实践中也有着重要的作用。道德情感反映着个体好恶，是人道德行为的制动阀，强烈的道德情感会激发个体强烈的道德行动，而薄弱的道德情感则会使个体缺乏道德行为的动机。而道德意志是道德行为的加油站，没有意志的保障道德行为很难坚持下去。这是因为道德行为某种程度上就是“牺牲自己”的行为，这对于具有自保倾向的个体而言并非出自其自愿或喜好，因而没有坚强的意志个体很难将道德行为坚持下去。道德行为是知、情、意的统一，之所以会出现知行分离、知行不一的现象是与道德自身这三个部分之间复杂的关系有关联的。如果我们审视一下我们现有的学校的道德教育，我们就会发现现有的学校教育中道德知识传授居多而道德情感教育偏少，而道德意志考验与培养内容更少。因而这就要求学校的德育教育在加强与改善教学内容的同时，还要注意方法与方式的改良，让学生们将道德认知与道德情感、道德意志的培养齐头共进，不能使学生成为知识上的巨人、情感与意志上的侏儒。这就需要在教学中注意情境的设置与加强挫折教育等相关的内容，在情境教学中要通过以情育情、情境交融，只有具备了如此感同身受般的情感体现，人才会真正地产生道德激情，才能学会拒绝冷漠，传递温暖。道德教育要注重挫折教育。仅仅有鼓励与表扬的教育是不健全的教育，同时这也是虚伪的教育；教育当中必然要求有批评与惩罚；这才是真实的与完整的教育，这才是教育的应有之义。教育既要扬善，教育还要惩恶。惩恶自然就要了解恶，知晓恶并不是要同流合污，而是要弃恶扬善；同时教育要有意识地增强相关意志品质方面的考核，比如军训与长跑等项目锤炼人的意志等教育内容，不能因为“军训晕倒”“长跑猝死”等偶然事件而降低要求，反而应该在加大后勤保障、医疗保障的基础上一丝不苟地进行这样锤炼人的意志的教学内容。唯如此，方能造就坚毅的人；唯如此，方能造就勇敢的人；唯如此，社会方能充满阳刚之气。

2. 鼓励学生回归生活

我们讲教育应该鼓励学生回归生活并非就是不让学生去学校

而直接进入社会。其实学校与社会并不是截然对立的，学校小社会，社会大学校。（当然，学校与社会也是有差异的）我们所讲的学生回归生活是指学生是以学习为主业，但学生的培养应该是全面的，我们培养的人不能只是会读书的“单向度的人”，而应该是素质与能力全面发展的人。这就要求学生既注重书本又要注重社会与生活，培育各种社会生存所需的能力与技能，并在这一培养技能的实践活动中不断锤炼品质、陶冶情操，具备卓越的道德素养与政治素养。因此，这就要求学生在校园里能积极地参加各种集体活动与社团活动，在校园文化建设中、在集体活动之中培育合作精神、协作意识以及奉献精神。此外，学生还应该积极参加各种社会活动，尤其是青年志愿者活动。志愿者活动是出于良知而自愿参加无偿服务社会与他人的活动。志愿者活动具有着主动性、自愿性与奉献性。志愿者活动传递着社会的温情，给予着人信心、关爱与温暖，因而对于友善的、和谐的社会建构来讲是必不可少的组成部分。鼓励学生积极参加各种社会实践，特别是青年志愿者活动，能够使青年学生主动融入社会，在与他人的共处、交流与协作中，感知社会，体验生活，加深对于世事人生的理解，有助于他们养成互帮互助的友善精神、有助于他们养成牺牲小我、服务社会的奉献精神，同时有助于养成他们民胞物与的责任担当意识。所有这些均有助于道德冷漠消解。

3. 抓住重点人群的教育

这里所谓的重点人群是指教育的主导者与发动者，某种程度上亦可以视作广义上的道德榜样，即身边学习的榜样。这些重点人群主要指家长、老师与领导。这些重点人群对于受众者（青年学生）的影响是巨大的，他们与受众者（青年学生）的关系类似于孔子所言：“君子之德风，小人之德草，草上之风必偃。”（《论语·颜渊》）重点人群的德性好坏对于任一社会都是重要的，孟德斯鸠曾言：

"变坏的绝不是新生的一代，只有在年长的人已经腐化之后，他们才会败坏下去。"[①]由此可见重点人群的德性对于青年学生的重要影响。家庭教育是学生最早的教育也是最长久的教育，它具有真实性、直接性等特点。家长自身示范作用对于孩子来讲是至关重要的，这是因为它是孩子接受最早以及孩子认为最真实的教育，父母造就的勤俭持家、和谐邻里的良好的家风对于子女的成长是至关重要的。孩子往往以父母为最早的学习榜样，父母的言传身教也造就了孩子的言谈举止，子女不仅继承父母生物学意义的遗传基因，事实上子女也继承了父母的社会学意义上的遗传基因。"野蛮产生野蛮，仁爱产生仁爱，这就是真理。"[②]因而，这就要求家长以身作则，不断地进行学习，不仅提高自身的业务与技能，同时还要将德性的修养不断地提升，这样才能给子女作出好的榜样来。在每个人的成长过程中，老师的作用是居于首位的。因为人的世界观、人生观与价值观形成最关键的节点是青少年时期，而这一时期恰恰是人在校园中渡过的，在这个阶段老师的"传道、授业、解惑"的示范作用对所有青少年来讲都是最直接的影响。一个"学高为师，身正为范"的好老师会使得学生热爱知识、追求真理、乐观向上、勇敢顽强；而一个"身不正、学不精"的老师会给学生带来诸多负面的影响：要么得过且过、消极厌世；要么悲观失望、离家出世；要么醉生梦死、游戏人间。任何教育事业、任何教育改革最终几乎都要落实到一线老师身上得以完成。教师的政治素质、道德素质与业务素质是完成这些任务的最基本的保障。所以，教师既要注重业务与能力的培养，又要注重德性与德行的养成。我们要注重教师的师德建设，着力造就一批又一批优秀的老师，唯如此方能造

---

① [法]孟德斯鸠：《论法的精神》上册，张雁深译，商务印书馆 1959 年版，第 42 页。

② [英]斯宾塞：《论教育》，胡毅译，人民教育出版社 1962 年版，第 107 页。

就一批又一批的优秀的学生。其实，加强重点人群的道德建设始终离不开对官员这一重要群体的教育。官员（领导）要在诸多方面起到模范带头作用。孔子讲到领导“其身正，不令而行，其身不正，虽令不行。”（《论语·子路》）因而，要抓官德建设，要通过法律、法规以及政策方面的建设与完善不断地加强对领导的监督与约束，将“权力装进制度的笼子”中，不断地进行警示教育，使领导的官德不断地提升，使其永葆初心，成为全社会的道德楷模。这样，社会风气与氛围就会大为好转，道德冷漠与政治冷漠就会消失，想人之所想、急人之所急的温馨的社会就会建立起来。

尾　言
美好生活的向往与追求

生活美好与美好生活是我们的理想与追求。欲实现美好生活必然要克服不美好的东西，而道德冷漠就是美好生活实现过程中的一大障碍，我们必须要直面道德冷漠、克服道德冷漠，唯如此，我们方能过上美好生活。

道德冷漠是生活的不美好，道德冷漠包括个体的不美好、人际关系的不美好以及社会氛围的不美好与社会环境的不美好。道德冷漠的现象随人类社会产生后就一直出现，并且随着人类社会的发展有着不同形式的表现。因此，某种程度上讲，道德冷漠的产生是一种普遍性的社会现象。道德冷漠现象的出现到目前的人类社会仍未彻底禁绝。道德冷漠有诸多的表现形式：见死不救者有之，落井下石者有之，为虎作伥者有之，麻木不仁者有之，灭绝人性者亦有之，等等。当代中国也时有道德冷漠的发生，2006 年南京的“彭宇案”以及 2011 年广东省佛山的“小悦悦事件”便是引人关注的、典型性的道德冷漠事件。中肯地讲，道德冷漠的产生具有某种必然性。所谓道德冷漠的必然性应做这样的理解：一，当道德冷漠产生的条件具备时，道德冷漠一定会发生，它是不以人的意志为转移的；二，当道德冷漠产生的必要条件都消灭时，道德冷漠也不再发生，这同样是不以人的意志为转移的。当然，我们对道德冷漠作这样的判断并非道德冷漠存在的“现实性”，而是在讲道德冷漠产生的“现存性”。对道德冷漠既应该做事实判断亦应该进行价值判断。所谓事实判断是承认生活之中存在道德冷漠现象这一事实；所谓价值判断是指道德冷漠现象虽是实然的存在，但却是人类社会的病态反映，它不应该存在。因而，提出道德冷漠的概念、研究道德冷漠现象的目的是消解道德冷漠而非仅仅承认与论证道德冷漠存在的合理性。我们研究道德冷漠的目的是重建社会信任与构建社会和谐以实现人民美好生活。

道德冷漠这一现象是人类社会所制造出来的，那么理所当然也应由人类社会所努力去克服。对于前进道路上的困难，历来就有悲观与乐观两种截然不同的态度。悲观者过于夸大前进中的障碍与险阻，看不到人的努力及其努力的成果，因此悲观、消极、颓废与绝望。事实上，乐观主义者并非没有看到前进中的障碍、并非没有认识到社会发展的反复性，不过乐观者主义者是以一种乐观积极的态度看待社会与人生，乐观主义者认为美好生活既在前方更在脚下，我们今天为美好生活所做出的任何一点看似微不足道的努力事实上都是向着美好生活接近。因而，我们今天的所作所为、我们今天的任一努力并非没有价值，相反是极具意义的。这种积极进取的人生态度方是我们应有的生活态度，这样的生活方式方是我们应有的生存样式。我们应该相信未来、相信社会、相信我们自身。总之，我们应持这样的处世哲学——“世界是仁慈的，人们是善良的，事物都向好的方向发展，人们能够把握自己的命运。”①

如果说对于未来、社会与人心充满了信心是我们克服道德冷漠的首先前提，那么勇气便是克服道德冷漠的保障。为什么在危

① [美]埃里克·尤斯拉纳：《信任的道德基础》，张敦敏译，中国社会科学出版社 2006 年版，第 27 页。

险与紧急状况下有些人明明知道应为并且有能力而为但却仍然选择成为“冷漠的旁观者”或“沉默的大多数”呢？其根源就在于恐惧与怯懦！其根源就在于缺乏勇气！因而，对于道德冷漠的克服而言，勇气是必不可少的因素，勇气是克服道德冷漠的关键。事实上，勇气是一切德性之魂。失却了勇气，一切都将无从谈起。对于道德冷漠的克服，个体的勇气是至关重要的与必不可少的。因而，道德冷漠的克服就要求我们做到：在危险面前，我们要敢于挺身而出；在不正义面前，我们要敢拍案而起；在责任面前，我们要敢于担当。总之，面对着使命与责任，我们要有“舍我其谁”的气概。

马克思主义哲学异于其他哲学之处就在于将“实践”引入了哲学，从而使得马克思主义哲学超越了其他哲学流派。如果我们从政治哲学、道德哲学角度来解读“实践”，“实践”也便等同于“行动”。行动是主体将自身的意图能动地作用于客体并使客体发生符合主体意愿变化的现实活动。行动是重要的，行动又是必要的，行动是人的本质体现与展现。“作为人的人不是给定的存在，而是创造行动。如果自然的‘现实’是人的实在存在，那么本义上的人的存在则是其实际的行动。动物仅仅活着；但是，活着的人行动，正是通过他的实际行动，人才表现出他的人性和作为真正的人‘显现’。”[①]行动是美好生活实现的前提、动力与保障。美好生活源自我们的奋斗；美好生活源自我们的努力。

总之，道德冷漠的克服是离不开所有人的努力的。我们应为成为一个纯粹的人、一个高尚的人、一个真正的人而不断地努力！我们应为构建一个公平正义的社会、一个风清气正的社会、一个团结友善的社会而不懈地奋斗！

---

① [法]科耶夫：《黑格尔导读》，姜志辉译，译林出版社2005年版，第588页。

附　一

论伦理与道德异同

在伦理学中，通常一直将“伦理”与“道德”二者等同使用。大部分人认为，伦理与道德是相通的，是可以互用的；但也有学者认为伦理不是道德，道德也不是伦理，两者是不同的。在黑格尔那里，对二者作了较为严格的区分。“道德和伦理在习惯上几乎是当作同义词来使用，在本书中则具有本质上的不同的意义。普通看法有时似乎也把它们区别开来的。康德多半喜欢使用道德一词。其实在他的哲学中各项实践原则完全限于道德这一概念，致使伦理的观点完全不能成立，并且甚至把它公然取消，加以凌辱。但是，尽管从语源学上看来道德和伦理是同义词，仍然不妨把既经成为不同的用语对不同的概念来加以使用。”①本文拟就黑格尔有关苏格拉底之死的相关论述来对伦理与道德及其关系作一梳理。

一

苏格拉底之死是一个事件，是一个在人类文明史上不断争论的话题。黑格尔对此有其独到的论述。黑格尔认为，“苏格拉底以前的雅典人，是伦理的人，而不是道德的人；他们曾经做了对他们

① [德]黑格尔：《法哲学原理》，范扬、张企泰译，商务印书馆1961年版，第42—43页。

情况是合理的事，却未曾反思到、不认识他们是优秀的。”[①]而苏格拉底则确立起了一个道德主体性原则——“认识你自己”。苏格拉底认为人应反思自己的生活、城邦的生活，他说未经思考的生活是不值得过的。依据已有的宗教伦理、家庭伦理、风俗习惯自发地做出善事固然也是好的，但却不具有真正的道德价值，因为行为主体并没有意识到为何这样做，并未找到这样做的根由来，本质上还是他律的，还是未加省察和批判的。不但知道这样做，而且知道为何这样做，这才是自律，才具有道德的意义。但是在一个高度繁荣的伦理的民族看来，伦理就是至高无上的东西。雅典人民的精神本身，它的法制、它的整个生活是建立在伦理上面，建立在宗教上面，建立在一种自在自为的、固定的、坚固的东西上面。而现在苏格拉底却要问：这也是真正的法律吗？于是自然就与雅典人民所认为的公正和真理发生对立。因此，雅典人控告苏格拉底：不敬神，并诱惑青年。

“‘雅典人民认为是神灵的，苏格拉底不认为是神灵，’他不信旧的神灵，‘而提倡新的神灵；以及（二）他诱惑青年’”[②]。苏格拉底的教育，使一切事物的根据公共宗教趋于瓦解；妨害父母与子女的关系，这就是损害了最重要的伦理。“确立的宗教与公共的生活有如此内在的联系，因此如果没有它，国家就不能存在；宗教造成了公共立法的一个方面。因此在人民看来，提倡一种把自我意识当作原则、并且使人不服从的新的神，这当然是一种犯罪的行为。关于这一点，我们可以与雅典人争辩，但是必须承认[对于雅典]这乃是一贯的，必然的……父母与子女之间的伦理关系，在雅典人那

---

① [德]黑格尔：《哲学史讲演录》第二卷，贺麟、王太庆译，商务印书馆 1983 年版，第 43 页。

② 同上书，第 92 页。

里，比起在有了主观自由的我们这里来，还要更坚固些，还要更是生活的伦理基础。孝道乃是雅典国家的基调和实质。苏格拉底从两个基本点上对雅典生活进行了损害和攻击；雅典人感觉到这一点，并且意识到了这一点。既然这样，苏格拉底之被判决有罪，难道还值得奇怪吗？”①

黑格尔进一步分析到，“雅典人民主张他们的法律是公正的，他们坚持自己的习俗，反对这种攻击，反对苏格拉底的这种伤害。苏格拉底伤害了他的人民的精神和伦理生活；这种伤害性的行为也受到了处罚。但是苏格拉底也是一个英雄，拥有自我决定的意识的绝对权利，拥有自我确信的精神的绝对权利，拥有自我决定的意识的绝对权利。”②苏格拉底之所以被判刑乃至于被处死，是因为“这里有两种力量在相互冲突。一种力量是神圣的法律，是朴素的习俗——与意志相一致的美德、宗教，——要求人们在其规律中自由地、高尚地、合乎伦理地生活；我们用抽象的方式可以把它称为客观的自由，伦理、宗教是人固有的本质，而另一方面这个本质又是自在自为的、真实的东西，而人是与其本质一致的。与此相反，另一个原则同样是意识的神圣法律，知识的法律（主观的自由）；这是那令人识别善恶的知识之树上的果实，是来自自身的知识，也就是理性；——这是往后一切时代的哲学的普遍原则。”③

黑格尔认为苏格拉底之死是一个悲剧，是两种正义的冲突。他说：“有两种公正互相对立地出现，——并不是好像只有一个是公正的，另一个不公正的，而是两个都是公正的，它们互相抵触，一

① [德]黑格尔：《哲学史讲演录》第二卷，贺麟、王太庆译，商务印书馆 1983 年版，第 100—101 页。

② 同上书，第 104 页。

③ 同上书，第 44—45 页。

个消灭在另一个上面；两个都归于失败，而两个也彼此为对方说明存在的理由。"①因此黑格尔认为"他们是对的，他也是对的。"②

不过，黑格尔还是肯定了苏格拉底，认为他是个英雄。"因为他有意识认识了并且说出了精神的更高的原则。这个更高的原则是有绝对的权利的。这个原则现在出现了，它表现得与精神意识的另一形态处在必然的关系之中。这一种形态构成了雅典生活的实质，构成了苏格拉底所生活的世界的实质。希腊世界的原则还不能忍受主观反思的原则，因此主观反思的原则是以敌意的、破坏的状态出现……这是整个世界史上英雄们的职责；通过这些英雄才涌现出新的世界。这个新的原则是与以往的原则相矛盾的，是以破坏的姿态出现的，但是这个原则却贯彻了。"③于是黑格尔说"能够理解苏格拉底的并不是他的同代人，而是后世人，因为后世人是超出于二者之上"④

二

其实，黑格尔所谈的两种正义观的冲突，实际上可以理解为就是伦理与道德的冲突。那么究竟什么是伦理、什么是道德呢？两者又具有怎样的关系呢？

英文的伦理一词 ethic 源于希腊文，意为品性、气禀、习惯与风俗，后来又将意义扩大为表示风俗、习惯及人在风俗习惯中形成的品质。亚里士多德认为"伦理德性则是由风俗习惯沿袭出来"，他说"把习惯（ethos）一词的拼写方法略加改变，就有了'伦理'

---

① ［德］黑格尔：《哲学史讲演录》第二卷，贺麟、王太庆译，商务印书馆 1983 年版，第 106 页。
② 同上书，第 106 页。
③ 同上书，第 107 页。
④ 同上书，第 105 页。

(ethike)这个名称。”[①]而道德一词，据麦金太尔的考证，在西方“如同古希腊文一样，拉丁文中本来也没有可被我们正确译作‘道德’的词汇；宁可说，直到我们的‘道德’一词又被反译回拉丁文时，它才有了这一词汇。当然，‘Moral’的词源是拉丁文中的‘Moralis’……‘Moralis’的意思是‘关于品格’的，而一个人的品格不过是他的那些一贯地以某种方式来行为的一类导致他过一种特定生活的气质。”[②]值得特别指出的是，“在这些早期用法中，‘道德的’既不与‘谨慎的’‘自私的’相对照，也不与‘合法的’或‘宗教的’相对照。当时与这一词汇的意义最为接近的词可能仅是‘实践的’。随后，在这一词汇的用法史中，它首先通常被作为‘道德德性’的一部分，接着，因其意义变得越来越窄，而自身成为一个谓语。到了16、17世纪，它才开始具有现代意义。”[③]“（从1630年到1850年）——‘道德’一词获得了一种既普遍又特殊的意义时……‘道德’一词成为一个特殊领域的名称，在这一领域中，既非宗教神学或法律方面的，亦非美学的行为规则，被承认为一块属于自身的文化空间。”[④]“伦理”一词在中国思想史上最早见于《礼记·乐记》，“乐者，通伦理也。”东汉许慎在《说文解字》对“伦理”的解释为“伦，从人，辈也，明道也；理，从玉，治玉也。”东汉的学者郑玄则进一步明确到：“伦，犹类也；理，犹分也。”所谓伦理，是指人们在处理相互关系时所应遵循的行为准则。道的内涵就广泛多了，包括了本体、规律、必然、合理、正当、道路、方法等意，就伦理学而言，道则主要指做人的根本原则与方法，道又分为天道与人道，人道源自天

---

① [古希腊]亚里士多德：《尼各马科伦理学》，苗力田译，中国人民大学出版社2003年版，第25页。

② [美]麦金太尔：《德性之后》，龚群等译，中国社会科学出版社1995年版，第51页。

③ 同上。

④ 同上书，第51—52页。

道，从于天道。德也有很多的含义，既有本体论含义，亦有品质境界含义。《管子·心术上》："德者道之舍，物得以生，生知得以职道之精。故德者得也，得也者，其谓所得以然也。""德"与"得"是相通的，按许慎的《说文解字》即为"外得于人，内得于己"。所谓内得于己，即反省自我，端正心性，使个人内心具有善之品性。外得于人，就是在内心确立正直原则、端正心性修养基础之上，身体力行，使内心正直原则指导和约束自己的行为。《荀子·劝说》中说"故学至于礼而后止矣，夫是之谓道德之极"。在这里，"道德"一词不仅是指等级规范和关系的总称，更是指个体的所达至的极高的精神境界。

那么，黑格尔又是如何看待伦理与道德及其两者的关系呢？

黑格尔说："道德的主要环节是我的识见，我的意图；在这里，主观方面，我对于善的意见，是压倒一切的。道德学的意义，就是主体由自己自由地建立起善、伦理、公正等规定，而当主体由自己建立这些规定时，也就把'由自己建立'这一规定扬弃了，这样一来，善、伦理等规定便是永恒的、自在自为的存在了。伦理之为伦理，更在与这个自在自为的善为人所认识，为人所实行。"①而且，黑格尔认为，道德是人的自我提升过程，是个体意志上升为普遍意志的过程。道德的对象是个体精神，是自为存在的自由，是个体的自己的规定性。道德必须有客观必然性的内容，道德之所以要由特殊意志上升为普遍意志就在于特殊意志原来就不是善的，也不是自由的。特殊意志是具体的个别意志，具有偶然性、个别性和任性；特殊意志必须通过教养、磨难上升为普遍性，即把那些外在于我的意志变为我的特殊意志，成为善的内容。"个人是善的，个人

① [德]黑格尔：《哲学史讲演录》第二卷，贺麟、王太庆译，商务印书馆 1983 年版，第 42—43 页。

知道什么是善(这种状态我们便称之为道德);人应当知道公正、并且以公正的意识来作公正的事,这就是道德。”[①]

黑格尔认为道德是主观的,只有伦理才是主观与客观的统一,才是客观精神的真实体现。即个人的道德自由均以社会的客观的伦理实体为归宿。道德是个体的自觉的活动,是主体的主观的、主动的、能动的自由意志,但这一自由意志也必须得到规定,否则就是任性。因此,随着主体意识的展开,个体必须进入现实的社会生活,也就是要扬弃纯粹的自我,进入真正的社会生活,即伦理。黑格尔说:“其实,如果道德是人主观性方面来看的一般意志的形式,那末伦理不仅仅是主观的形式和意志的自我规定,而且还是以意志的概念即自由为内容的。无论法的东西和道德的东西都不能自为地实存,而必须以伦理的东西为其承担者和基础,因为法欠缺主观性的环节,而道德则仅仅具有主观性的环节,所以法和道德本身都缺乏现实性。”[②]因此,有学者认为“伦理是法与道德的统一,主要就是指伦理规范具有法与道德的两个基本特征,即行为规范的他律与自律的统一,客观性与主观性、外在性与内在性的统一。”[③]这一论断是有道理的。

伦理是一种客观精神,是既有的生活世界的精神与秩序;伦理作为一种客观精神,是对人类理性关系和关系理性的揭示;伦理也是人立身处世的应然的理念,是人类认识自身及其关系的重要标志,也是人类完善和发展自身的重要依据。而道德就是一种理性的反思,道德是对伦理的“得”,但这种“得”不是复制与克隆,而必然是

① [德]黑格尔:《哲学史讲演录》第二卷,贺麟、王太庆译,商务印书馆 1983 年版,第 68 页。

② [德]黑格尔:《法哲学原理》,范扬、张企泰译,商务印书馆 1961 年版,第 162—163 页。

③ 王伟:《行政伦理界说》,《北京行政学院学报》1999 年第 4 期,第 7 页。

经过自己自觉反思的，是个体对伦理这一客观精神的主观映像与重新的建构。道德是主观法，而伦理是客观法。伦理化为个人的自觉行为，变为内在操守，即为道德，道德以伦理为内容。伦理高于道德，因为道德是在既有的伦理中形成的，且道德要以伦理为指归。另一方面道德又往往是较高的原则，从而与既有的伦理发生冲突，进而推动伦理秩序的进步与发展，而在这一动态关系中，实现着伦理与道德的互动与流变。

三

黑格尔认为，伦理高于道德，伦理是客观精神的实现，伦理规定着个人，伦理是个人的第二性。任何个体道德的形成都是在既有的伦理秩序之下形成的，且又都以既有的伦理为评判标准。“伦理性的规定就是个人的实体性或普遍本质，个人只是作为一种偶性的东西同它发生关系。个人存在与否，对客观伦理说来是无所谓的，唯有客观伦理才是永恒的，并且是调整个人生活的力量。因此，人类把伦理看作是永恒的正义，是自在自为地存在的神，在这些神面前，个人的忙忙碌碌不过是玩跷跷板的游戏罢了。”[①]并且，“伦理性的东西就是表现为这些个人的普遍行为方式，即表现为风尚。对伦理事物的习惯，成为取代最初纯粹自然意志的第二天性，它是渗透在习惯定在中的灵魂，是习惯定在的意义和现实。它是像世界一般地活着和现存着的精神，这种精神的实体就这样地初次作为精神而存在。”[②]于是经过教育，人养成了习惯，在习惯中，自然意志、客观精神和主观意志、个体意志之间的对立消失了，个体内部的思想斗争平息了，人也就达到了“不动心”的境界了。这

---

① [德]黑格尔：《法哲学原理》，范扬、张企泰译，商务印书馆 1961 年版，第 165 页。
② [德]黑格尔：《法哲学原理》，范扬、张企泰译，商务印书馆 1961 年版，第 179 页。

或许可以理解为孔子所说的“吾十有五而志于学，三十而立，四十而不惑，五十而知天命，六十而耳顺，七十随心所欲而不逾矩”。（论语·为政）中的“随心所欲而不逾矩”的境界。

不过黑格尔却说“当他完全习惯于生活，精神和肉体都已变得迟钝，而且主观意识和精神活动之间的对立也消失了，这时他就死了。”[①]但是人不应“死”，不能“死”；精神也不应“死”，也不能“死”。如果人真的沉于习惯，社会的伦理秩序不就真的凝固了吗？但实践、生活告诉我们，伦理秩序是流变的。如果说社会的伦理秩序是流变的，那么又是什么在促使着伦理精神、伦理秩序的演进呢？我们当然应该从经济生活和政治生活中去寻求答案，但无论是政治生活还是经济生活，抑或是精神生活，都必然要通过人来展现，必然要通过人的自觉与不自觉的活动来体现，因此道德自觉、理性反思对伦理的发展具有十分重要的作用。

四

尽管伦理是客观精神的实现、是个人的第二性，但是因为作为主体的人有着主观能动性，他会思索、会反思，于是这种个体的道德反思极有可能与既有的伦理秩序发生冲突，而这种冲突恰恰就是伦理得以发展演进的动力。伦理与道德是在相互激荡中、相互冲突中，不断地前进。

当个人沉于习惯，不进行反思时，往往就是居于既有伦理的阶段。“伦理是无意识地作公正的事物。伦理的（诚实的）人就是这样，他并不事实考虑到什么是善的，善就是他的品格，是固着在他身上的。”[②]而当个体“一旦意识到了善，便产生了选择：我究竟是愿意要善

① [德]黑格尔：《法哲学原理》，范扬、张企泰译，商务印书馆 1961 年版，第 171 页。

② [德]黑格尔：《哲学史讲演录》第二卷，贺麟、王太庆译，商务印书馆 1983 年版，第 68 页。

呢，或是不愿。这种道德的意识是很容易变成有危险性的，它使个人由对自己的模糊认识中产生各种骄傲自满，这是从个人意识到这种选择而来的：我是主人，是善的选择者；这里面就包含着：我知道我是一个诚实的人——卓越的人。我是通过我的意志而决定行善。这样，我便获得了对于我的优越性的意识；这种虚骄是与道德密切地联系在一起的。"[①]而这时人"认为人自己创造出自己的特殊准则；而且个人应当关心自己、关心自己的伦理，——这也就是说，个人变成道德的人了。"[②]即当人的意识觉醒、独立、已不再盲从时，人就会对既有的伦理秩序产生质疑，就会力求寻求普遍的精神，并使之成为具有客观必然性的社会存在——成为伦理秩序。于是主体便成了规定者、决定者。不过，究竟是好的精神还是坏的精神起决定作用，现在由主体来决定了。道德本身就是应该，就是善的；道德具有客观的内容，是具有现实性，是要成为新的普遍性——伦理。"伦理之为伦理，更在于这个自在自为的善为人所认识，为人所实行。"[③]从这里，我们可以看到社会伦理与道德是互动的，伦理与道德是相互关联的。伦理要真正成为伦理，也要以主体反思为前提和基础，否则伦理就是死的普遍统一的精神。道德要向伦理进军，成为客观必然性的社会存在。而在这一流变过程中，易出现既有的伦理与道德的对立，因为个体的反思、个体的理性认识往往可能是对的，可能是较高的原则，但却不为同时代的人所认同与接受，"在任何一种场合之下，较高的原则总是显得有破坏性，因为这个原则尚未与人民的实质合而为一。"[④]于是出现既有的伦

① [德]黑格尔：《哲学史讲演录》第二卷，贺麟、王太庆译，商务印书馆 1983 年版，第 68 页。

② 同上书，第 65 页。

③ 同上书，第 43 页。

④ [德]黑格尔：《哲学史讲演录》第二卷，贺麟、王太庆译，商务印书馆 1983 年版，第 108 页。

理与道德对立，出现类似于苏格拉底事件式的现象。

包尔生对此有一精彩的论述："所有哲学都发端于个体从普遍接受的意见的解脱。个人对风俗和他周围人的意见的态度也以同样的方式改变了；他开始走自己的路，铸造他自己的生活理想。个人的行动扩大了自由的领域，个人的活动和相互联系越是丰富和变化多端，风俗也就越难于命令式地支配他。个人的生活及他人的联系越是变得带私人性（如夫妻关系、父子关系），使他们服从常规也就越困难，他们也就越多地要求专门的法律。这样良心就获得一种新的意义：一开始它仅靠风俗来衡量个人生活的价值，现在它还靠专门的理想来衡量现实生活。这种个人的理想表现出他所属的民族生活的特殊性质，它不会跟风俗脱离关系，但还是会同普遍的观念和生活方式出现巨大差别。这种差别确实非常巨大，有时甚至可以把当事者带进跟风俗的对抗之中，这种对抗并不引起他良心的痛苦，而是被他看作道德上必要的。客观道德现在遭到主观道德的反对，后者是一种更高的形式，它对事物采用了新的标准。无论什么时候，如果个人的理想使一个人与时代的客观道德相对立，使他试图重建道德的价值，如果这个人还赋有一种卓越的理智和意志力量，一种构成历史的戏剧性高潮的冲突就发生了。真正的人类英雄都经历了这样一场战斗。他们反抗传统的价值，反抗已变得无用和谬误的理想，反抗虚伪和谎言，反抗已经失去意义的常识。他们宣传新的真理，指出新的目标和新的理想，这一新的理想把新的生机注入灵魂，使它提高到一个更高的水平。"①

总之，伦理与道德是既有区别又密切联系的，伦理一种客观精神，是既有的生活世界的精神与秩序，而道德则指的是个体的德

① ［德］弗里德里希·包尔生：《伦理学体系》，何怀宏、廖申白译，中国社会科学出版社1988年版，第316页。

性，是一种理性的反思，道德是对伦理的“得”。伦理高于道德，道德是在伦理中形成的，又要以伦理为指归；另一方面，道德，即个体的反思，又往往是较高的原则，从而与既有的伦理发生冲突，进而推动伦理的进步与发展，从而实现着伦理与道德的互动与流变。

附　二

论如何看待市场行为主体的人性

——从“斯密问题”谈起

伴随着社会主义市场经济建设的深入，经济活动成为人们主要的社会实践方式与交往方式。自然，如何看待市场行为中的人性就成为一个热烈与敏感的话题。市场行为中的主体(在本文中“市场行为主体”与“经济活动主体、“经济主体”是在同等意义上使用的)究竟是“经济人”还是“道德人”，人们对此争论不休。本文拟通过对“斯密问题”的解析来试图回答这一课题。

一、何为“斯密问题”

亚当·斯密是英国古典政治经济学家、哲学家，他一生自己亲自完成了两部著作:《道德情操论》(1759)和《国民财富的性质和原因的研究》(1776)(以下分别简称为《情操论》《国富论》)，后来还有坎南编著的《亚当·斯密关于法律、警察、岁入及军备的演讲》(1836)，这些著作为资产阶级提供了自由竞争、自由贸易的经济理论，又提供了建立新的经济关系和社会生活秩序的道德学说，同时也给后人留下了颇有争议的“斯密问题”。

所谓“斯密问题”是由十九世纪中叶德国历史学派的经济学家提出来的。他们认为斯密在《情操论》中从同情心出发论述了利他主义的道德观，但在《国富论》中却又从物质利益出发论述了利己主义的经济观，这两者是矛盾的。后来又有人进一步认为《国富论》中的人是“经济人”，而《情操论》中的人是“道德人”。“经济人”是从利己出发，为我，其目的是逐利；而“道德人”则是从利他出发，为人，其目的是取义。这就是所谓的“斯密问题”。

自“斯密问题”提出以后，引起了广泛的争论。有的学者就认为，不存在“斯密问题”，起码不认为这一问题在斯密思想体系中的重要性。还有学者认为，这个问题只是一现象，但并不是个问题。中文版《道德情操论》的“译者序言”中就认为，《情操论》中的利他主义与《国富论》的利己主义就本质而言，都是一致的。这种一致关键在于“都是从人的利己本性出发的”，而且通过“看不见的手”的指引下，实现了利他的目的。① 即便在承认真正存在“斯密问题”的学者中，也有分歧，前苏联著名经济学史家卢森贝认为，斯密在《情操论》中研究的是道德世界，在《国富论》中研究的是经济世界。在西方相当一批学者认为，这两本书是一个整体，是研究同一人性的两部分，在《情操论》中研究同情心，在《国富论》中研究人性利己的一面。

为什么人们会对“斯密问题”争论不休呢？仔细思考，我们就会发现，其实这一问题关乎于如何看待市场活动中的人性这一敏感而又现实的话题。具体来讲就是：市场主体究竟是不是不讲道德的“经济人”？如果市场主体要讲道德，那么市场主体就不是“经济人”而就是“道德人”吗？可见，“斯密问题”是一个非常值得认真对待的论题。

① ［英］亚当·斯密：《道德情操论》，蒋自强等译，商务印书馆 1997 年版，第 15—18 页。

二、“斯密问题”何以产生

“经济人”与“道德人”其实都是一种理论抽象，都是为了理论分析的便利，揭示的是一个人在经济活动与道德活动中的最大可能性。“斯密问题”的产生就是基于此。我们要解答“斯密问题”，重点是从“经济人”这一理念的剖析中着手的。

“经济人”有两个鲜明的特点：完全的利己与充分的理性。经济学在研究人类的社会现象时所采用的这种理论抽象的方法，一方面给经济学带来巨大的成功，同时也蕴含着自身的局限性。“经济人”的命题从本世纪初就开始受到批判，心理学家马洛斯“需要层次理论”的提出就是对其很好的批判，同时在西方经济学界与管理学界，针对“经济人”的命题，先后提出了“社会人”“X-Y 人”和“Z 理论”来替代“经济人”的命题。“经济人”的假设虽然合理地揭示了经济活动主体的实利性一面，但是却并没有完整把握经济活动主体。作为现实的经济活动主体总是在一定的价值观念、精神气质作用下的活生生的人。事实上，人的经济行为与道德行为是相互联系的、相互渗透的，不是孤立的、互不相干的。经济关系内蕴着伦理关系，经济活动中内存着道德精神。物质利益是人的行为动机的一个方面，而且是极为重要的一个方面，但人为了自己的理想和信仰不但可以牺牲物质利益，甚至可以牺牲生命。因此，人除了作为“经济人”而存在，同时又是阶级人、宗教人、道德人……

况且，严格地考证起来，斯密本人并没有直接提出“经济人”的概念，哈耶克在《自由秩序原理》一书中写道：“即使像‘经济人’(economic man)这样著名的观念，也不是英国进化派传统的原生物……‘经济人’(homo oeconomicus)虽是青年穆勒所明确引用的一个概念，但是它在很大程度上仍属于唯理主义传统，而与进化的传统并没有多少关系。"[①]从哈耶克这段话我们能得出二点：第一，首先明确使用"经济人"概念的是穆勒，而不是斯密；第二，"经济人"的概念具有唯理主义传统，与英国进化论的传统并没有多大关系。应该说，"经济人"的命题与斯密著作中所阐述的行为者有相似之处，但更有区别：第一，斯密的观点是一种二元论，他认为人既有利己心，同时又具同情心；第二，"经济人"的概念具有唯理主义传统，与英国进化论的传统并没有多大关系。从以上的分析中可以得出这样的结论：第一，"经济人"的命题与斯密的原意有出入，彼"经济人"≠此"经济人"；第二，如果囿于"经济人"的思路，不能对"斯密问题"做出科学的解答。

"斯密问题"是随着经济学的发展而出现的。然而这一问题对斯密本人来讲，却不是个问题。从现在来看，《国富论》谈的是经济学的问题，《情操论》谈的是伦理学的问题，但若按照斯密当时的学科而言，它不属于两个分离的学科，而是同一个学科——"道德哲学"，它包括神学、伦理学、法学和政治学四大部分（其中政治经济学是政治学的一部分），这四个互相联系的部分，共同构成了斯密理论体系的基础与出发点。然而现代科学越来越细，伴随着学科的发展，也就出现了本学科思维方式无法解决的问题。"斯密问题"产生的根源就在于此。各学科是解释世界的一种图式，是对现实的生活的一个方面的解答。所以如果我们局限于本学科领域或按本学科思维方式就会遇到类似"斯密问题"式的难以解决的问题。这种学科的具体化与抽象化，在某种程度上也就是形而上学化。正如恩格斯所言："形而上学的思维方式，虽然在相当广泛的、各依对象的性质而大小不同的领域中是正当的，甚至

① [英]弗里德里希·冯·哈耶克：《自由秩序原理》上册，邓正来译，生活·读书·新知三联书店 1997 年版，第 70 页。

必要的，可是它每一次都迟早达到一个界限，一超过这个界限，它就要变成片面的、狭隘的、抽象的，并且陷入不可解决的矛盾。”①

因此，我们必须跨越学科的限制，走出形而上学的禁锢，走向生活世界的辩证法。要用发展、联系的观点看事物，而不是孤立静止地看待事物与现象。人不是只有或只应有单一的活动与单一的关系，所以，马克思说：“把所有各式各样的人类的相互关系都归结为唯一的功利关系，看起来是很愚蠢的。”②人的现实存在是多重的，人在从事的活动也是多重的。“个人，他的生活包括了一个广阔范围的多样性活动和对世界的实际关系，因此是过着一个多方面的生活。”③

三、市场主体既不是“经济人”，也不是“道德人”

如果我们仔细地阅读斯密的原著，尤其是将两部著作合在一起读，我们就可以发现，两部著作是一致的，斯密《国富论》中的人与《情操论》中的人是同一个人，应该讲两部著作集中地讨论市场经济条件下“作为自然的人，作为社会的人，他的本性是什么？他生活的终级目的、过程和形态又是什么？”④斯密认为对人性不能作简单的形而上学的划分，而要辩证地看待人性。斯密是持这样的理念的：承认人有利他心，并不否定人没有利己心；承认人有利己心，也是以人有利他心为前提的。无疑，斯密这一思想是十分伟大的。

斯密在《国富论》中写道：“我们每天所需的食料和饮料，不是

① 《马克思恩格斯全集》第 20 卷，人民出版社 1971 年版，第 24 页。
② 同上书，第 479 页。
③ 同上书，第 51 页。
④ 周辅成：《西方著名伦理学家评传》，上海人民出版社 1987 年版，第 329 页。

出自屠户、酿酒家或烙面师的恩惠，而是出自他们自利的打算。我们不说唤起他们利他心的话，而说唤起他们利己心的话。我们不说自己有需要，而说对他们有利。”[①]斯密说“我们不说唤起他们利他心的话，而说唤起他们利己心的话。”[②]可见在斯密的有的原话中，人既有利己心，更有利他心。从斯密的原话中又可进一步地驳斥为人所熟知的“经济人”的假设。同时，在《情操论》中斯密又讲到：“无论人们会认为某人怎样自私，这个人的天赋中总是明显地存在着这样一些本性，这些本性使他关心别人的命运，把别人的幸福看成是自已的事情，虽然他除了看到别人幸福而感到高兴以外，一无所得。”[③]《情操论》是作者青年时代的作品，但他一生都在对其进行修改。由此可见斯密本人始终认为两种人性是共存的，且相安无事的，他并没有用一种人性去否定另一种人性。

市场主体是有着“经济人”的特性，但市场主体却不是“经济人”，“经济人”只是市场主体的一方面的特性而已。现实经济活动中的人是活生生的，而决不是冷冰冰、单一的“经济人”。斯密看到人性是不可分的，人既有高尚的利他心，也有强烈的利己心。这两种人性是彼此纠结、相安共存的。这两种貌似矛盾的人性在人的现实生活中却是一致的。

既然市场主体具有同情心与利他心，那么，是否这就意味着市场主体就是“道德人”了呢？我们认为市场主体是有同情心的人，是讲良知的人，但却也不是人们常说的“道德人”。

在经济领域中不能将主体设定为“道德人”，更不能将人抬高为圣人。但此种观点却在中国传统的儒家思想中存在过，在传统

---

① ［英］亚当·斯密：《国民财富的性质和原因的研究》上卷，郭大力、王亚南译，商务印书馆1974年版，第14页。

② 同上书，第13页。

③ 同上书，第5页。

思想中有人曾主张“君子喻于义，小人喻于利”，认为君子是不能讲利的，讲利就是小人，甚至到后来还提出了要“存天理，灭人欲”。这样的思想与主张以他人利益为重、蔑视和贬低自己利益，这无疑是高尚的，但却也苍白。因为这种学说与宣传是“子所言者，其人与骨皆已朽矣。”将经济主体设定为“道德人”，或许只有在文学艺术的世界中才能“实现”：人人唯恐赚别人钱，买者只买高，卖者只卖低，这样的一种交往真的就能实现？恐怕这种理想或许只有在“乌托邦”中才能变为现实。然而，生活世界与经验的理性告诉我们，在现实的经济生活中，将经济主体设定为“道德人”是行不通的。事实上，一个真正的道德高尚的人在市场行为中，并不在于争购质次价高的商品，他仍然要遵守“费用最小——收益最大”的原则。他的高尚表现在他在市场交往中对他所应当承担的权利义务的遵守上以及在这种遵守中所表现出来的诸如诚实守信等道德品质上。

四、市场主体是“现实的人”

市场主体应是一完整的人、统一的人，有着健全的人格；市场主体不是分裂的人、不健全的人与单向度的人。市场主体有着“经济人”的特性，又有着“道德人”的特性。这看似矛盾，实则未必。这实质上揭示的是经济活动主体的内在精神气质的不同方面之内容。市场主体不是“经济人”也不是“道德人”，那么我们又该如何对市场主体进行抽象呢？正如马克思所说：“我们不是从人们所说的、所想像的、所设想的东西出发，也不是从只存在于口头上所说的、思考出来的、想像出来的、设想出来的人出发，去理解真正的人。我们的出发点是从事实际活动的人，而且从他们的现实生活过程中我们还可以揭示出这一生活过程在意识形态上的反射和回声的发展。”①

基于马克思主义的科学的理论与方法，我们认为，市场主体是“现实的人”。这种现实的人是现实的，而非虚幻的；他有着人的欲望与要求；他有着人的价值理想与追求；他有着人之为人的所有特性。具体而言，现实的人有着以下的特点：

第一，现实的人是具有强烈主体性的人。主体性就是指我完全意识到“我自己”，我要成为“人”。主体性的具体表现形态就是：政治上的自由，人身的独立，权利的平等，个人利益的弘扬。也就是说现实的人具备着能动性、创造性，有着强烈的自我意识。现实的人用个人的独立性、自主性的生活方式取代了小农经济中人身依附的生活方式，从而成为自立的主体。

第二，现实的人是自爱的人。自爱并不直接等同于损人利己或利己主义。对个人正当、合理利益的认识，争取与维护，是作为道德生活主体存在的个体人格建全程度的显现。斯宾诺莎指出，“一个人愈努力并且愈能够寻求他自己的利益或保持他自己的存在，则他便愈具有德性，反之，只要一个人忽略他自己的利益或忽略他自己存在的保持，则他便算是软弱无能。”②每个人都从自己的利益出发的，人是自利的(但自利与利他并不是相对的，在“无形的手”与“有形的手”调节之下，利己与利他的统一是可以做到的，而且事实上也是实现了的)。人是现实的人，有着利益需求，不过也有同情之心，可以这样讲，现实的人是有着道德感、富有着同情心的自爱的人。

第三，现实的人是平等的、自由的人。我们如果仔细品味斯密这段话——“不论是谁，如果他要与商人做买卖，他首先就要这样

---

① 《马克思恩格斯全集》第3卷，人民出版社1960年版，第30页。
② ［荷］斯宾诺莎：《伦理学》，贺麟译，商务印书馆1983年版，第185页。

提议。请给我以我所要的东西吧，同时，你也可以获得你所要的东西：这句话是交易的通义。"[1]——我们就能发现，经济交往活动中的人是平等的、自由的，即每个人自己都要成为一个"人"，并尊重他人为"人"。经济交往的主体是交互主体，他不仅是我的手段，而且，他与我一样都具目的性。"每个人在交易中只有对自己来说才是自我目的；每个人对他人来说只是手段；最后，每个人是手段同时又是目的，而且只有成为他人的手段才能达到自己的目的，并且只有达到自己的目的才能成为他人的手段。"因此，"每个主体都作为全过程的最终目的，作为支配一切的主体而从交换行为本身中返回到自身，因而就实现了主体的完全自由。"[2]

第四，现实的人是互惠的人。互惠的人是自爱的人与平等自由的人的自然的逻辑发展。互惠是平等自由的人必然的精神状态与价值选择。互惠是对以往那种"野蛮的暴力和抢夺"的行为的否定；是对那种在人身占有基础之上的掠夺的否定；是对那种不劳而获，肆意侵害他人正当合法权益的否定。互惠的人既讲义务又讲权利，互惠的人在经济交往时，自主自重，自尊自强，排斥巧取与豪夺，保护权利与收益。互惠的人实质上就是"我为人人，人人为我"式的那样的人。

第五，现实的人是具有理性精神的人。这种理性精神尤为突出地表现为追逐美德与追逐财富并不矛盾上。虽然市场主体有着求利的精神特质，但在这种求利精神中又贯注了理性精神，这种求利中的理性精神不仅仅是通常所理解的最小—最大原则，还指求利活动的方式及其目的性。在这种理性精神中隐含着这样一种内容：应以合理正当的方式增殖财富与占有并消费财富，财富的享

---

① [英]亚当·斯密：《国民财富的性质和原因的研究》上卷，郭大力、王亚南译，商务印书馆 1974 年版，第 13—14 页。

② 《马克思恩格斯全集》第 46 卷下，人民出版社 1980 年版，第 473 页。

用应当有益于人的自身的身心健康。在市场经济条件下,经济活动主体有着有别于前市场经济条件下的市场行为主体的道德意识:君子喻于义,君子亦喻于利,君子爱财,取之有道。金钱并不等同于恶,追求利益也并不羞耻。正是由于有了这种新的道德意识,有了对个人的独立、实利,对获利的途径等全新的价值判断,才会有市场经济活动主体的存在,才在总体上不至于使经济主体在经济生活和日常私人交往以及公共交往活动中分裂为二元,才保持了人格的圆满性与完美性。这就是我们希望的市场的主体所具有的精神与气质,这也就是我们所希求的现实的人。

参考文献

（以作者姓名汉语拼音为序排列）

第一部分

1.《邓小平文选》,第1—2卷,北京：人民出版社1994年版；
第3卷,北京：人民出版社1993年版。
2.《列宁全集》,北京：人民出版社,第2版。
3.《马克思恩格斯全集》,北京：人民出版社第1版。
4.《马克思恩格斯选集》,第1—4卷,北京：人民出版社1995年版。
5.《毛泽东选集》,北京：人民出版社1991年版。
6.《习近平谈治国理政》,北京：外文出版社2017年版。

第二部分

7. 慈继伟：《正义的两面》,北京：生活·读书·新知三联书店2014年版。
8. 冯永刚：《制度道德教育论》,北京：北京师范大学出版社2011年版。
9. 高德胜：《生活德育论》,北京：人民出版社2005年版。
10. 高兆明：《社会失范论》,南京：江苏人民出版社2001年版。
11. 高兆明、李萍等：《现代化进程中的伦理秩序研究》,北京：人民出版社2007年版。
12. 何怀宏：《良心论》,北京：北京大学出版社2009年版。
13. 何怀宏：《底线伦理》,沈阳：辽宁人民出版社1998年版。
14. 胡明：《陈独秀选集》,天津：天津人民出版社1990年版。
15. 黄岩：《旁观者道德研究》,北京：人民出版社2010年版。
16. 黄忠晶、黄巍：《萨特思想小品》,上海：上海社会科学院出版社1999

年版。
17. 金安：《责任》，成都：四川大学出版社 2005 年版。
18. 罗秉祥、万俊人：《宗教与道德之关系》，北京：清华大学出版社 2003 年版。
19. 罗国杰等：《伦理学教程》，北京：中国人民大学出版社 1985 年版。
20. 梁启超：《新民说》，沈阳：辽宁人民出版社 1994 年版。
21. 梁漱溟：《中国文化要义》，上海：上海人民出版社 2005 年版。
22. 林语堂：《中国人》，杭州：浙江人民出版社 1988 年版。
23. 刘小枫：《现代性社会理论绪论》，上海：上海三联书店 1998 年版。
24. 邱吉：《道德内化论》，北京：民族出版社 2004 年版。
25. 任建东：《道德信仰论》，北京：宗教文化出版社 2004 年版。
26. 唐凯麟、龙兴海：《个体道德论》，北京：中国青年出版社 1993 年版。
27. 唐全贤：《关于"自我"的是非论》，天津：天津人民出版社 1990 年版。
28. 檀传宝：《学校道德教育原理》，北京：教育科学出版社 2003 年版。
29. 万俊人：《我们都住在神的近处》，沈阳：辽宁人民出版社 1998 年版。
30. 汪晖、陈燕谷：《文化与公共性》，北京：生活·读书·新知三联书店 1998 年版。
31. 王臣瑞：《伦理学》，台北：学生书局 1981 年版。
32. 杨国荣：《理性与价值》，上海：上海三联书店 1998 年版。
33. 杨钧：《焦虑》，北京：北京大学出版社 2013 年版。
34. 俞吾金：《意识形态论》，上海：上海人民出版社 1993 年版。
35. 曾钊新：《道德与心理》，武汉：湖北教育出版社 1989 年版。
36. 曾钊新、李建华《道德心理学》，长沙：中南大学出版社 1990 年版。
37. 赵汀阳：《论可能生活》，北京：生活·读书·新知三联书店 1994 年版。
38. 周辅成：《西方伦理学名著选辑》上卷，北京：商务印书馆 1964 年版。
《西方伦理学名著选辑》下卷，北京：商务印书馆 1987 年版。
39. 周辅成：《西方著名伦理学家评传》，上海：上海人民出版社 1987 年版。
40. 郑也夫：《信任论》，北京：中国广播电视出版社 2001 年版。

第三部分

41. [英]阿克顿：《自由史论》，胡传胜等译，南京：译林出版社 2001 年版。
42. [英]阿克顿：《自由与权力》，侯健、范亚峰译，北京：商务印书馆 2001 年版。
43. [英]马丁·阿尔布罗：《官僚制》，阎步克译，北京：知识出版社 1990 年版。

44. [美]汉娜·阿伦特：《人的条件》，竺乾威等译，上海：上海人民出版社 1999 年版。
45. [美]汉娜·阿伦特：《反抗“平庸之恶”》，陈联营译，上海：上海人民出版社 2014 年版。
46. [美]汉娜·阿伦特：《艾希曼在耶路撒冷》，安尼译，南京：译林出版社 2017 年版。
47. [以色列]艾森斯塔特：《反思现代性》，旷新年、王新松译，北京：生活·读书·新知三联书店 2006 年版。
48. [美]乔伊斯·阿普尔比：《无情的革命：资本主义的历史》，宋非译，北京：社会科学文献出版社 2014 年版。
49. [美]文森特·奥斯特罗姆：《美国公共行政的思想危机》，毛寿龙译，上海：上海三联书店 1999 年版。
50. [英]毕瑟姆：《官僚制》，韩志明等译，长春：吉林人民出版社 2005 年版。
51. [德]弗里德里希·包尔生：《伦理学体系》，何怀宏、廖申白译，北京：中国社会科学出版社 1988 年版。
52. [英]齐格蒙特·鲍曼：《共同体》，欧阳景根译，南京：江苏人民出版社 2007 年版。
53. [英]齐格蒙特·鲍曼：《后现代伦理学》，张成岗译，南京：江苏人民出版社 2003 年版。
54. [英]齐格蒙特·鲍曼：《个体化社会》，范祥涛译，上海：上海三联书店 2002 年版。
55. [英]齐格蒙特·鲍曼：《立法者与阐释者》，洪涛译，上海：上海人民出版社 2000 年版。
56. [英]齐格蒙特·鲍曼：《流动的现代性》，欧阳景根译，上海：上海三联出版社 2002 年版。
57. [英]齐格蒙·鲍曼：《生活在碎片之中》，郁建兴等译，上海：学林出版社 2002 年版。
58. [英]鲍曼：《现代性与大屠杀》，杨渝东、史建华译，南京：译林出版社 2002 年版。
59. [英]齐格蒙特·鲍曼：《通过社会学去思考》，高华等译，北京：社会科学文献出版社 2002 年版。
60. [美]丹尼尔·贝尔：《资本主义文化矛盾》，赵晓等译，北京：生活·读书·新知三联书店 1989 年版。
61. [美]E. 贝克尔：《反抗死亡》，林和生译，贵阳：贵州人民出版社 1988 年版。

62. [德]乌尔里希·贝克：《世界风险社会》，吴英姿、孙淑敏译，南京：南京大学出版社2004年版。
63. [德]贝克、[英]吉登斯、[英]拉什：《自反性现代化》，赵文书译，北京：商务印书馆2001年版。
64. [美]彼得森等：《习得性无助》，戴俊毅译，北京：机械工业出版社2011年版。
65. [美]汤姆·彼彻姆：《哲学的伦理学》，雷克勤等译，北京：中国社会科学出版社1991年版。
66. [俄]别尔嘉耶夫：《人的奴役与自由》，张百春译，北京：中国城市出版社2001年版。
67. [美]彼得·伯格、[荷]安东·泽德瓦尔德：《疑之颂：如何信而不狂》，曹义昆译，北京：商务印书馆2013年版。
68. [英]埃德蒙·柏克：《自由与传统》，蒋庆等译，北京：商务印书馆2001年版。
69. [古希腊]柏拉图：《理想国》，郭斌和、张竹明译，北京：商务印书馆1986年版。
70. [法]亨利·柏格森：《道德与宗教的两个来源》，王作虹、成穷译，贵阳：贵州人民出版社2000年版。
71. [英]以赛亚·伯林：《自由论》，胡传胜译，南京：译林出版社2003年版。
72. [美]尼尔·波兹曼：《娱乐至死》，章艳译，桂林：广西师范大学出版社2004年版。
73. [英]波普尔：《猜想与反驳》，傅季重等译，上海：上海译文出版社1986年版。
74. [美]布恩哈特：《嫉妒》，王杰秀、赵培亚译，北京：中国城市经济社会出版社1990年版。
75. [美]斯蒂芬·埃里克·布隆纳：《重申启蒙》，殷杲译，南京：江苏人民出版社2006年版。
76. [美]理查德·J.伯恩斯坦：《根本恶》，王钦、朱康译，南京：译林出版社2015年版。
77. [美]彼得·布劳、马歇尔·梅耶：《现代社会中的科层制》，马戎等译，上海：学林出版社2001年版。
78. [美]乔纳森·布朗：《自我》，陈浩莺等译，北京：人民邮电出版社2004年版。
79. [法]吉尔·德勒兹：《尼采与哲学》，周颖、刘新宇译，北京：社会科学文献出版社2001年版。
80. [美]威尔·杜兰特：《哲学的故事》，金发燊等译，北京：生活·读书·新知三联书店 1997 年版。
81. [英]敦利威:《民主、官僚制与公共选择》,张庆东译,北京:中国青年出版社 2004 年版。
82. [美]亨德里克·房龙:《宽容》,迮卫、靳翠微译,北京:生活·读书·新知三联书店 1985 年版。
83. [美]凡勃伦:《有闲阶级论》,蔡受百译,北京:商务印书馆 1964 年版。
84. [英]迈克·费瑟斯通:《消解文化:全球化、后现代主义与认同》,杨渝东译,北京:北京大学出版社 2009 年版。
85. [德]费希特:《伦理学体系》,梁志学译,北京:中国社会科学出版社 1995 年版。
86. [德]曼弗雷德·S.弗林斯:《舍勒的心灵》,张志平、张任之译,上海:上海三联书店 2006 年版。
87. [英]亚当·弗格森:《文明社会史》,林本椿、王绍祥译,杭州:浙江大学出版社 2010 年版。
88. [美]埃里希·弗洛姆:《爱的艺术》,刘福堂译,合肥:安徽文艺出版社 1986 年版。
89. [美]埃里希·弗洛姆:《人心》,范瑞平等译,福州:福建人民出版社 1988 年版。
90. [美]埃里希·弗洛姆:《逃避自由》,刘林海译,北京:国际文化出版公司 2007 年版。
91. [美]埃里希·弗洛姆:《生命之爱》,王大鹏译,北京:国际文化出版公司 2007 年版。
92. [美]埃里希·弗洛姆:《健全的社会》,王大庆等译,北京:国际文化出版公司 2007 年版。
93. [美]埃里希·弗洛姆:《恶的本性》,薛冬译,北京:中国妇女出版社 1989 年版。
94. [美]弗洛姆:《人的呼唤》,王泽应等译,上海:上海三联书店 1991 年版。
95. [美]弗兰西斯·福山:《信任》,李宛蓉译,呼和浩特:远方出版社 1998 年版。
96. [美]弗兰克纳:《伦理学》,关键译,北京:生活·读书·新知三联书店 1987 年版。
97. [美]彼得·盖伊:《施尼兹勒的世纪:中产阶级文化的形成,1815—1914》,梁永安译,北京:北京大学出版社,2006 年版。
98. [美]查尔斯·T.葛德塞尔:《为官僚制正名》,张怡译,上海:复旦大学出版社 2007 年版。

99. [德]于尔根·哈贝马斯等:《文化现代性精粹读本》,周宪编,北京:中国人民大学出版社 2006 年版。
100. [英]弗里德利希·冯·哈耶克:《法律、立法与自由》,邓正来译,北京:中国大百科全书出版社 2000 年版。
101. [英]F.A.冯·哈耶克:《个人主义与经济秩序》,邓正来译,北京:生活·读书·新知三联书店 2003 年版。
102. [英]F.A.冯·哈耶克:《科学的反革命》,冯克利译,南京:译林出版社 2003 年版。
103. [英]哈耶克:《致命的自负》,冯克利等译,北京:中国社会科学出版社 2000 年版。
104. [英]弗里德利希·冯·哈耶克:《自由秩序原理》,邓正来译,北京:生活·读书·新知三联书店 1997 年版。
105. [英]罗伯特·L. 海尔布罗纳:《几位著名经济思想家的生平、时代和思想》,蔡受百等译,商务印书馆 1994 年版。
106. [荷]约翰·赫伊津哈:《中世纪的衰落》,刘军等译,北京:中国美术学院出版社 1997 年版。
107. [美]罗伯特·M. 赫钦斯:《美国高等教育》,汪利兵译,杭州:浙江教育出版社 2001 年版。
108. [美]芭芭拉·赫尔曼:《道德判断的实践》,陈虎平译,北京:东方出版社 2006 年版。
109. [德]黑格尔:《法哲学原理》,范扬、张企泰译,北京:商务印书馆 1961 年版。
110. [德]黑格尔:《精神现象学》,贺麟、王玖兴译,北京:商务印书馆 1979 年版。
111. [德]黑格尔:《哲学史讲演录》第 1、2、4 卷,贺麟、王太庆译,北京:商务印书馆 1960 年版;
《哲学史讲演录》第 3 卷,贺麟、王太庆译,北京:商务印书馆 1959 年版。
112. [德]黑格尔:《历史哲学》,王造时译,上海:上海书店出版社 2001 年版。
113. [德]黑格尔:《小逻辑》,贺麟译,北京:商务印书馆 1980 年版。
114. [美]悉尼·胡克:《历史中的英雄》,王清彬等译,上海:上海人民出版社 1964 年版。
115. [法]霍尔巴赫:《自然政治论》,陈太先译,北京:商务印书馆 1994 年版。
116. [美]E.P.霍兰德:《社会心理学原理与方法》,冯文侣等译,广州:广东高等教育出版社 1988 年版。
117. [英]安东尼·吉登斯:《超越左与右》,李惠斌、杨雪冬译,北京:社会科学文献出版社 2000 年版。
118. [英]安东尼·吉登斯:《社会的构成》,李康、李猛译,北京:生活·读书·新知三联书店 1998 年版。
119. [英]安东尼·吉登斯:《亲密关系的变革》,陈永国等译,北京:社会科学文献出版社 2001 年版。
120. [英]安东尼·吉登斯:《现代性的后果》,田禾译,南京:译林出版社 2000 年版。
121. [英]安东尼·吉登斯、克里斯多弗·皮尔森:《现代性——吉登斯访谈录》,尹宏毅译,北京:新华出版社 2001 年版。
122. [英]安东尼·吉登斯:《现代性与自我认同》,赵旭同、方文译,北京:生活·读书·新知三联书店 1998 年版。
123. [英]安东尼·吉登斯:《失控的世界——全球化如何重塑我们的生活》,周红云译,南昌:江西人民出版社 2001 年版。
124. [英]安东尼·吉登斯:《资本主义与现代社会理论》,郭忠华、潘华凌译,上海:上海译文出版社 2007 年版。
125. [英]安东尼·吉登斯:《为社会学辩护》,周红云等译,北京:社会科学文献出版社 2003 年版。
126. [英]安东尼·吉登斯:《社会理论与现代社会学》,文军、赵勇译,北京:社会科学文献出版社 2003 年版。
127. [美]金黛如:《信任与生意:障碍与桥梁》,陆晓禾等译,上海:上海社会科学院出版社 2003 年版。
128. [美]卡伦荷妮:《我们时代的病态人格》,陈收译,北京:国际文化出版公司 2001 年版。
129. [美]马泰·卡林内斯库:《现代性的五副面孔》,顾爱彬、李瑞华译,北京:商务印书馆 2002 年版。
130. [法]卡普费雷:《谣言》,郑若麟、边芹译,上海:上海人民出版社 1991 年版。
131. [澳]皮特·凯恩:《法律与道德中的责任》,罗李华译,北京:商务印书馆 2008 年版。
132. [英]坎南:《亚当·斯密关于法律、警察、岁入及军备的演讲》,陈福生、陈振骅译,北京:商务印书馆 1962 年版。
133. [德]康德:《道德形而上学原理》,苗力田译,上海:上海人民出版社 1986 年版。
134. [德]康德:《法的形而上学原理》,沈叔平译,北京:商务印书馆 1991 年版。

135. [德]康德:《实践理性批判》,韩水法译,北京:商务印书馆 1999 年版。
136. [德]康德:《历史理性批判文集》,何兆武译,北京:商务印书馆 1990 年版。
137. [德]康德:《单纯理性限度内的宗教》,李秋零译,北京:中国人民大学出版社 2003 年版。
138. [德]伊曼妞尔·康德:《实用人类学》,邓晓芒译,上海:上海人民出版社 2005 年版。
139. [美]康芒斯:《制度经济学》,于树生译,北京:商务印书馆 1962 年版。
140. [美]科恩:《论民主》,聂崇信、朱秀贤译,北京:商务印书馆 1988 年版。
141. [法]科耶夫:《黑格尔导读》,姜志辉译,南京:译林出版社 2005 年版。
142. [法]安德烈·孔特—斯蓬维尔:《小爱大德》,吴岳添译,北京:中央编译出版社 1998 年版。
143. [美]理查德·拉克曼:《不由自主的资产阶级》,郦菁等译,上海:复旦大学出版社 2013 年版。
144. 联合国教科文组织国际教育发展委员会:《学会生存:教育世界的今天和明天》,华东师范大学比较教育研究所译,北京:教育科学出版社 1996 年版。
145. [英]伯特兰·罗素:《伦理学和政治学中的人类社会》,肖巍译,北京:中国社会科学出版社 1990 年版。
146. [法]卢梭:《爱弥儿》,李平沤译,北京:商务印书馆 1978 年版。
147. [法]卢梭:《论人类不平等的起源和基础》,李常山译,北京:商务印书馆 1962 年版。
148. [法]卢梭:《社会契约论》,何兆武译,北京:商务印书馆 2003 年版。
149. [德]尼克拉斯·卢曼:《信任》,瞿铁鹏、李强译,上海:上海人民出版社 2005 年版。
150. [美]约翰·罗尔斯:《正义论》,何怀宏等译,北京:中国社会科学出版社 1988 年版。
151. [美]约翰·罗尔斯:《政治自由主义》,万俊人译,南京:译林出版社 2000 年版。
152. [瑞典]奥维·洛夫格伦、乔纳森·弗雷克曼:《美好生活:中产阶级的生活史》,赵丙祥等译,北京:北京大学出版社 2011 年版。
153. [美]雅克·洛蒂、基思·克拉斯曼:《伦理学与生活》,程立显译,北京:世界图书出版公司 2008 年版。
154. [意]尼科洛·马基雅维利:《君主论》,潘汉典译,北京:商务印书馆 1985 年版。

155. [英]马尔萨斯：《人口论》，郭大力译，北京：北京大学出版社 2008 年版。
156. [美]马斯洛：《动机与人格》，许金声、程朝翔译，北京：华夏出版社 1987 年版。
157. [美]马斯洛：《洞察未来》，许金声译，北京：改革出版社 1998 年版。
158. [意]马志尼：《论人的责任》，吕志士译，北京：商务印书馆 1995 年版。
159. [澳]约翰·L. 麦凯：《伦理学：发明对与错》，丁三东译，上海：上海译文出版社 2007 年版。
160. [英]威廉·麦孤独：《社会心理学导论》，俞国良等译，杭州：浙江教育出版社 1997 年版。
161. [美]麦金太尔：《德性之后》，龚群等译，北京：中国社会科学出版社 1995 年版。
162. [美]麦金太尔：《谁之正义？何种合理性？》，万俊人等译，北京：当代中国出版社 1996 年版。
163. [比]曼德尔：《权力与货币：马克思主义的官僚理论》，孟捷等译，北京：中央编译出版社 2001 年版。
164. [法]孟德斯鸠：《论法的精神》上册，张雁深译，北京：商务印书馆 1959 年版；
《论法的精神》下册，张雁深译，北京：商务印书馆 1963 年版。
165. [英]约翰·穆勒：《功利主义》，徐大建译，北京：商务印书馆 2014 年版。
166. [英]约翰·穆勒：《政治经济学原理》上卷，赵荣潜等译，北京：商务印书馆 1991 年版；
《政治经济学原理》下卷，胡企林、朱泱译，北京：商务印书馆 1991 年版。
167. [美]罗伯特·K. 默顿：《社会理论与社会结构》，唐少杰译，南京：译林出版社 2008 年版。
168. [美]默顿：《社会研究与社会政策》，林聚任等译，北京：生活·读书·新知三联书店 2001 年版。
169. [美]罗伯特·金. 默顿：《论理论社会学》，何凡星等译，北京：华夏出版社 1990 年版。
170. [美]莱茵霍尔德·尼布尔：《道德的人与不道德的社会》，蒋庆等译，贵阳：贵州人民出版社 1998 年版。
171. [德]尼采：《论道德的谱系》，周红译，北京：生活·读书·新知三联书店 1992 年版。
172. [美]威廉姆·A. 尼斯坎南：《官僚制与公共经济》，王浦劬等译，北京：中国青年出版社 2004 年版。

173. [美]R. T. 诺兰：《伦理学与现实生活》，姚新中等译，北京：华夏出版社 1988 年版。
174. [美]内尔诺丁斯：《学会关心——教育的另一种模式》，于天龙译，北京：教育科学出版社 2003 年版。
175. [美]诺齐克：《无政府、国家与乌托邦》，何怀宏等译，北京：中国社会科学出版社 1991 年版。
176. [法]阿兰·佩雷菲特：《官僚主义的弊害》，孟鞠如等译，北京：商务印书馆 1981 年版。
177. [英]培根：《培根论说文集》，水天同译，北京：商务印书馆 1983 年版。
178. [德]齐美尔：《社会是如何可能的》，林荣远译，桂林：广西师范大学出版社 2002 年版。
179. [法]萨特：《存在与虚无》，陈宣良等译，北京：生活·读书·新知三联书店 1987 年版。
180. [美]乔·萨托利：《民主新论》，冯克利、阎克文译，北京：东方出版社 1998 年版。
181. [美]菲利普·塞尔兹尼克：《社群主义的说服力》，马洪、李清伟译，上海：上海人民出版社 2009 年版。
182. [奥]赫·舍克：《嫉妒论》，王祖望、张田英译，北京：社会科学文献出版社 1988 年版。
183. [德]舍勒：《舍勒选集》，刘小枫选编，上海：上海三联书店 1999 年版。
184. [德]马克斯·舍勒：《价值的颠覆》，罗梯伦等译，北京：生活·读书·新知三联书店 1997 年版。
185. [波]彼德·什托姆普卡：《信任》，程胜利译，北京：中华书局 2005 年版。
186. [美]列奥·施特劳斯、约瑟夫·克罗波西：《政治哲学史》，李天然等译，石家庄：河北人民出版社 1993 年版。
187. [德]叔本华：《伦理学的两个基本问题》，任立、孟庆时译，北京：商务印书馆 1996 年版。
188. [英]丹尼斯·史密斯：《后现代性的预言家：齐格蒙特·鲍曼传》，萧韶译，南京：江苏人民出版社 2002 年版。
189. [英]莱斯利·史蒂文森：《人性七论》，袁荣生、张蕖生译，北京：商务印书馆 1999 年版。
190. [美]亚瑟·亨·史密斯：《中国人气质》，张梦阳、王丽娟译，兰州：敦煌文艺出版社 1995 年版。
191. [荷]斯宾诺莎：《伦理学》，贺麟译，北京：商务印书馆 1983 年版。
192. [荷]斯宾诺莎：《神学政治论》，温锡增译，北京：商务印书馆 1963 年版。

193. [美]托马斯·斯坎伦:《我们彼此负有什么义务》,陈代东等译,北京:人民出版社 2008 年版。
194. [英]亚当·斯密:《国民财富的性质和原因的研究》,郭大力、王亚南译,北京:商务印书馆 1974 年版。
195. [英]亚当·斯密:《道德情操论》,蒋自强等译,北京:商务印书馆 1997 年版。
196. [法]安德烈·孔特—斯蓬维尔:《小爱大德》,吴岳添译,北京:中央编译出版社 1998 年版。
197. [英]詹姆斯·斯蒂芬:《自由·平等·博爱》,冯克利、杨日鹏译,桂林:广西师范大学出版社 2007 年版。
198. [英]塞缪尔·斯迈尔斯:《品格的力量》,王强、富强译,北京:中国商务出版社 2004 年版。
199. [英]斯宾塞:《论教育》,胡毅译,北京:人民教育出版社 1962 年版。
200. [美]苏珊·桑塔格:《关于他人的痛苦》,黄灿然译,上海:上海译文出版社 2006 年版。
201. [加]查尔斯·泰勒:《现代性之隐忧》,程炼译,北京:中央编译出版社 2001 年版。
202. [美]安东尼·唐斯:《官僚制内幕》,郭小聪等译,北京:中国人民大学出版社 2006 年版。
203. [美]弗兰克·梯利:《伦理学导论》,何意译,桂林:广西师范大学出版社 2011 年版。
204. [法]托克维尔:《论美国的民主》,董果良译,北京:商务印书馆 1988 年版。
205. [美]阿尔文·托夫勒:《第三次浪潮》,朱志焱等译,北京:新华出版社 1996 年版。
206. [美]蒂利:《信任与统治》,胡位钧译,上海:上海人民出版社 2010 年版。
207. [德]马克斯·韦伯:《经济与社会》,林荣远译,北京:商务印书馆 1997 年版。
208. [德]马克斯·韦伯:《新教伦理与资本主义精神》,于晓等译,北京:生活·读书·新知三联书店 1987 年版。
209. [德]韦伯:《支配社会学》,康乐、简惠美译,桂林:广西师范大学出版社 2004 年版。
210. [美]迈克尔·沃尔泽:《论宽容》,袁建华译,上海:上海人民出版社 2000 年版。
211. [美]马克·E. 沃伦:《民主与信任》,吴辉译,北京:华夏出版社 2004 年版。

212. [奥]弗朗茨·M.乌克提茨:《恶为什么这么吸引我们?》,万怡、王莺译,北京:社会科学文献出版社 2001 年版。
213. [德]席勒:《美育书简》,徐恒醇译,北京:社会科学文献出版社 2016 年版。
214. [美]爱德华·希尔斯:《论传统》,傅铿、吕尔译,上海:上海人民出版社 2009 年版。
215. [美]丹尼尔·希罗、克拉克·麦考利:《为什么不杀光? 种族大屠杀的反思》,薛绚译,北京:生活·读书·新知三联书店 2012 年版。
216. [英]亨利·西季威克:《伦理学方法》,廖申白译,北京:中国社会科学出版社 1993 年版。
217. [德]西美尔:《货币哲学》,陈戎女等译,北京:华夏出版社 2002 年版。
218. [古罗马]西塞罗:《论老年　论友谊　论责任》,徐奕春译,北京:商务印书馆 1998 年版。
219. [澳]欧文·E.休斯:《公共管理导论》,张成福等译,北京:中国人民大学出版社 2001 年版。
220. [英]大卫·休谟:《人性论》,关文运译,北京:商务印书馆 1980 年版。
221. [美]约瑟夫·熊彼特:《资本主义、社会主义与民主》,吴良健译,北京:商务印书馆 1999 年版。
222. [法]阿尔贝·雅卡尔:《科学的灾难? 一个遗传学家的困惑》,阎雪梅译,桂林:广西师范大学出版社 2004 年版。
223. [古希腊]亚里士多德:《尼各马科伦理学》,苗力田译,北京:中国人民大学出版社 2003 年版。
224. [古希腊]亚里士多德:《政治学》,颜一、秦典华译,北京:中国人民大学出版社 2003 年版。
225. [古希腊]亚里士多德:《形而上学》,苗力田译,北京:中国人民大学 2003 年版。
226. [德]卡尔·雅斯贝斯:《时代精神的状况》,王德峰译,上海:上海译文出版 1997 年版。
227. [美]埃里克·尤斯拉纳:《信任的道德基础》,张敦敏译,北京:中国社会科学出版社 2006 年版。

第四部分

228. Luigino Bruni. *Reciprocity*, *Altruism and the Civil Society*, Routledge Taylor & Francis Group, London and New York, 2008.
229. Terry Eagleton. *Trouble with Strangers*, Wiley-Blackwell, A John

Wiley & Sons, Ltd, Publication, 2009.

230. Bernard Gert. *Morality: Its Nature and Justification*, Oxford University Press, 2005

231. Shelly Kagan. *The Limits of Morality*, Clarendon Press, Oxford, 1989.

232. Terence Irwin. *The Development of Ethics*, Oxford University Press, 2007.

233. R. S Naagarazan. *A Textbook on Professional Ethic and Human Value*, New Age International(P) Limited, Publishers, New Delhi, 2006.

234. Ross Poole. *Morality and Modernity*, Routledge, London and New York, 1991.

235. Daniel N. Robinson. *Praise and Blame: Moral Realism and Its Applications*, Princeton University Press, 2002.

236. Maxine Sheets-Johnstone. *The Roots of Morality*, Pennsylvania State University Press, UniversityPark, Pennsylvania, 2008.

237. Ryan Parick Hanley. *Adan Smith and Character of Virtue*, Cambridge University Press, 2009.

第五部分

238. 蔡春、扈春平：《德性培育与制度教化——论道德失范时期的道德教育》,《华东师范大学学报》(教育科学版)2002 年第 4 期。

239. 杜凡：《论道德冷漠及其纠正》,《中国矿业大学学报》(社会科学版)2007 年第 4 期。

240. 冯雯妍、周升普：《"见义勇为"稀缺的道德因与制度因探源——兼论道德评价的层次与道德教育的重点》,《当代教育论坛》2010 年第 1 期。

241. 高德胜：《生活中的"恶"及其德育意义》,《思想理论教育》2004 年第 11 期。

242. 高德胜：《道德冷漠与道德教育》,《教育学报》2009 年第 5 期。

243. 高德胜：《电子媒介与"旁观者"的生产——道德教育在电子媒介时代的选择》,《华东师范大学学报》(教育科学版)2007 年第 4 期。

244. 高兆明：《"道德冷漠"辨》,《河北学刊》2015 年第 1 期。

245. 高兆明、王嘉：《紧急救助中的"道德冷漠"研究》,《哲学研究》2016 年第 11 期。

246. 葛晨虹：《"道德冷漠"及社会道德问题思考》,《苏州大学学报》(哲学社会科学版)2012 年第 2 期。

247. 郭喨、张学义：《"专家信任"及其重建策略》,《自然辩证法通讯》2017 第 4

期。
248. 李志强:《道德冷漠的制度研究——基于不同类型制度的分析》,《青海社会科学》2012 年第 4 期。
249. 李保强、滕秀芹:《助人不乐现象归因分析与社会德育管理导向问津》,《教育理论与实践》2003 年第 4 期。
250. 刘泽华:《论从臣民意识向公民意识的转变》,《天津社会科学》1991 年第 4 期。
251. 刘鹤玲:《利他主义新理念与和谐社会的构建》,《伦理学研究》2010 年第 6 期。
252. 彭忠益:《道德建设中的"道德冷漠症"及其矫治》,《有色金属高教研究》1998 年第 6 期。
253. 舒毅彪:《道德冷漠产生的社会文化根源探析》,《中共中央党校学报》2011 年第 5 期。
254. 唐涛:《道德冷漠现象的心理学解读》,《求索》2008 年第 2 期。
255. 王伟:《行政伦理界说》,《北京行政学院学报》1999 年第 4 期。
256. 王鑫、李季芳:《论道德冷漠症的产生根源——兼析体制性因素的道德影响》,《湖南师范大学社会科学学报》2012 年第 3 期。
257. 王海明:《论道德榜样》,《贵州社会科学》2007 年第 3 期。
258. 王晓丽:《公共生活领域中的道德冷漠及超越》,《湖北社会科学》2012 年第 5 期。
259. 魏长领:《道德信仰危机的表现、社会根源及其扭转》,《河南师范大学学报》(哲学社会科学版)2004 年第 1 期。
260. 徐贵权:《道德理性、道德敏感与道德宽容》,《探索与争鸣》2006 年第 12 期。
261. 肖士英:《道德冷漠感与制度性道德关怀》,《陕西师范大学学报》(哲学社会科学版)2000 年第 1 期。
262. 吴蓓蓓、彭凯:《道德冷漠现象的原因分析及纠正对策》,《思想教育研究》2002 年第 9 期。
263. 杨国荣:《道德系统中的德性》,《中国社会科学》2000 年第 3 期。
264. 张国祚:《论多样化社会思潮的引领》,《求是》2007 年第 14 期。
265. 邹秀春:《论建立道德榜样的回报机制——以"受助不感恩"为个案的讨论》,《学校党建与思想教育》2008 年第 5 期。
266. 朱力:《旁观者的冷漠》,《南京大学学报》(哲学人文社科版)1997 年第 2 期。

后　记

似乎每隔一断时间社会上便会出现有关道德冷漠事件的报道，人们每每在愤慨与痛心之余似乎也没有再给予更多的关注且渐趋有习以为常的态势。我原先大概也属于此类。不过，后来由于某个偶然的契机我读了英国学者鲍曼的《现代性与大屠杀》一书之后便使我彻底地改变了对道德冷漠的认知与态度。鲍曼对大屠杀所作的冷静的、清晰的现代性阐释使我震惊与警醒。冷漠、残酷与野蛮并非与现代性社会绝缘，冷漠、残酷与野蛮更有可能与现代性社会相伴而生并且会以更新的形式对社会产生更深、更大的危害。对于我们生活于其中的社会，我们应予以足够的重视与关注。这是因为：失却了正义的社会可能会变为吞噬生命的猛兽；失却了价值导引的科学可能会成为邪恶的帮凶；失却了良知的个体可能会成为冷酷的杀手。当然，这种状况的出现是极为罕见的。不过在常态社会状况下，道德冷漠也有发生。道德冷漠的发生既与制度安排有关更与人性相联。许多人之所以未能挺身而出而选择成为旁观者往往既源于自身的怯懦更源于自我的道德催眠与自我欺骗，个体往往认为自己能够避免与逃过与不幸者类似的场合与结局。其实，这只是一种自我麻醉而已。事实上，当我们放弃了抗争，我们便开始成为恶的帮凶，并且这也注定了我们自身将成为下一个受害者。他人的命运决非与我不相关，我与他者事实上是彼此相联的命运共同体，因此，关心他人、帮助他人事实上也就是在关心自己、帮助自己。基于这样的思想转变，我开始对道德冷漠问题产生了浓厚的兴趣并试图对此做一研究。

我原来认为做这一研究可能并不十分困难，因为道德冷漠是我们都“熟知”的现象并自以为能说出一二，但真正研究道德冷漠起来却发现困难重重。首先，熟知不等同于真知。对道德冷漠的感性认知不等同于对道德冷漠的理性认知，更不能代表对道德冷漠的理性认知。其次，道德冷漠的研究不是(不应是)情感的宣泄而是理论的分析，道德冷漠的研究不是(不应是)碎片化的认知而应是全面的考查。第三，也是最为重要的一点，那就是欲实现道德冷漠的研究由感性具体经由理性抽象达至理性具体对于研究者是有极高的要求，它既需要研究者深厚的学理支撑又需要研究者有丰富的社会阅历，而我在这两个方面均存在着很大的欠缺与不足。好在有诸多人的鼓励与帮助，我才努力前行。这其中首先应该感谢的是我的导师高兆明教授。高老师是我本科、硕士与博士所有求学阶段的老师，我个人的成长是离不开高老师的指导与栽培，高老师悲天悯人的情怀、缜密严谨的学风与追求真理的勇气深深地影响着我、激励着、鼓舞着我。河北工业大学马克思主义学院2014级、2015级、2016级的硕士研究生在我所开的《马克思主义伦理学研究》选修课的课堂上对于道德冷漠富有活力的讨论给了我很大的启迪。同时，2018年对我这样平凡的人而言是人生当中，一个相对不平凡的一年，我又经历过一个工作的调动。在调动工作中，我更多地感受到了温暖——人心的善良与制度的温暖，当然也感受到些许的冷漠。尽管这些冷漠在我工作调动之中有形无形地给我带来一些不必要的麻烦，但却对我的研究大有裨益。我对于道德冷漠、制度冷漠与人的冷漠有了更为切身的体会与感受，从而使我对于道德冷漠的思考更为深入。在我看来，制度性的冷漠并非仅仅源自制度设计的不公正或不周全，制度性的冷漠也源自制度执行者的个人偏好。因而，制度性的冷漠及其克服决非与个体无关，从终极意义上而言制度的好源自人的好、制度的善源自人心的善，因而，我们既需要善的制度，更需要善的人心。

本书是2015年河北省社会科学基金项目《变革社会中的道德冷漠问题研究》(项目编号：HB15ZX017)最终成果。课题组的成员以不同的方式对本课题的完成起了一定的作用。我的学生刘丹、高洁、孙雪、刘颖、高雅帮助校对了书稿。上海三联书店郑秀艳女士对于本书的出版付出了诸多的辛苦，在此深表感谢！

于建星

2018年11月8日于古城邯郸

图书在版编目(CIP)数据

变革社会中的道德冷漠问题研究/于建星著. —上海：上海三联书店，2019.6

ISBN 978-7-5426-6656-7

Ⅰ.①变… Ⅱ.①于… Ⅲ.①道德—研究 Ⅳ.①B82

中国版本图书馆 CIP 数据核字(2019)第 059238 号

变革社会中的道德冷漠问题研究

著　　者 / 于建星

责任编辑 / 郑秀艳
装帧设计 / 一本好书
监　　制 / 姚　军
责任校对 / 王凌霄

出版发行 / 上海三联书店
(200030)中国上海市漕溪北路 331 号 A 座 6 楼
邮购电话 / 021-22895540
印　　刷 / 上海惠敦印务科技有限公司

版　　次 / 2019 年 6 月第 1 版
印　　次 / 2019 年 6 月第 1 次印刷
开　　本 / 890×1240　1/32
字　　数 / 220 千字
印　　张 / 9.125
书　　号 / ISBN 978-7-5426-6656-7/B・635
定　　价 / 55.00 元

敬启读者，如发现本书有印装质量问题，请与印刷厂联系 021-63779028